JGH Hoppmann

Lunar

Die Geburt des Mondes

ArsAstrologica

♈ *Widder*
♉ *Stier*
♊ *Zwillinge*
♋ *Krebs*
♌ *Löwe*
♍ *Jungfrau*
♎ *Waage*
♏ *Skorpion*
♐ *Schütze*
♑ *Steinbock*
♒ *Wassermann*
♓ *Fische*
⊕ *Erde*
☉ *Sonne*
☽ *Mond*
☿ *Merkur*
♀ *Venus*
♂ *Mars*
♃ *Jupiter*
♄ *Saturn*
⚷ *Chiron*
⚸ *Lilith*
♅ *Uranus*
♆ *Neptun*
♇ *Pluto*
Asc *Aszendent*
Mc *Medium Coeli*
☌ *Konjunktion*
⚹ *Sextil*
□ *Quadrat*
△ *Trigon*
☍ *Opposition*
Rad *Radix*
tr *Lunar*
⊗ *Glückspunkt*

Umschlaggestaltung, Buchsatz und Verlag: ArsAstrologica, Krischelstraße 13, 02826 Görlitz
Gemälde Frontcover: Lorenzo Gori, Berlin. Backcover: Waltraut Geister, Jauernick-Buschbach
Vollkorn Variable Font: Friedrich Althausen, Schwielowsee
Lato font family: tyPoland Lukasz Dziedzic, Warszawa
StarFont: Anthony I.P. Owen, København
ISBN 978-9403623757

Detaillierte bibliografische Informationen sind in der Deutschen Nationalbibliothek unter dnb.d-nb.de abrufbar.

Zum Geleit

Das Horoskop des Mond-Monats

Im Mittelalter war es für Astrologen nicht leicht, die Planetenstände Monate oder gar Jahre im Voraus zu berechnen. Die Zahl der mathematisch und astronomisch hoch spezialisierten Sternendeuter war gering. Deshalb griff man für die Prognose auf eine andere Technik zurück.

Mit Hilfe von Astrolabien und später dann Fernrohren wurde ein neues Horoskop berechnet, exakt auf den Tag und die Minuten der Sonnenwiederkehr am Geburtstag. Solarrevolution oder kurz Solar nannte man dieses neue Horoskop, dessen Deutung symbolisch für das jeweils neue Jahr stand.

Auf ähnliche Weise wurde dann in späteren Jahrhunderten das Lunar berechnet. Basis der Berechnungen ist die Wiederkehr des Mondes an seine Position zur Zeit der Geburt. Lunarhoroskope wirken circa vier Wochen und eignen sich hervorragend für die kurzfristige astrologische Prognose.

Während eines Jahres geht der Mond zwölf Male durch alle Tierkreiszeichen. Ein Monat entspricht also in etwa einem Mondumlauf. Das Gesicht des Mondes wandelt sich jeden Tag. Beginnend vom dunklen Neumond wird seine Sichel eine Woche lang immer größer bis zum zunehmenden Halbmond. Weitere sieben Tage und es ist Vollmond.

Nach der dritten Woche sehen wird am Himmel die Sichel des abnehmenden Halbmondes. Und nach vier Wochen ist er ganz verschwunden: Neumond. Danach beginnt dieser Zyklus wieder von Neuem, Monat für Monat.

Genauso schwankend, sich stetig verändernd und erneuernd wie unser nächtlicher Himmelsbegleiter, so geht es uns auch mit unseren Gefühlen. Jenseits der großen Zyklen unseres Lebens stehen wir mittendrin im Alltag und erleben permanent Veränderungen, gleich dem ewig wechselhaften Gesicht des Erdtrabanten.

Vieles wiederholt sich immer wieder, von Neumond zu Neumond und von Vollmond zu Vollmond. Jeden Monat beispielsweise prüfen wir zu Ultimo, ob unser monatliches Gehalt oder die monatliche Rente eingegangen ist, damit wir periodische Zahlungen wie Miete und Telefon tätigen können.

Den vierwöchigen Zyklus des Mondes erfahren wir aber auch körperlich, beispielsweise im Wechsel zwischen Eisprung und Menstruation bei der weiblichen Periode.

Das Lunar ist ein vorwiegend auf dieses Alltagsgeschehen ausgerichtetes Vorhersageinstrument in der Astrologie. Berechnet auf die Wiederkehr des Mondes zu seiner Stellung im Radix (lateinisch: Wurzel), dem Geburtshoroskop, entsteht ein völlig neues Horoskop.

Es besitzt ebenfalls einen nach dem Osthorizont ausgerichteten Aszendenten und eine nach Süden zeigende Himmelsmitte, also das Medium Coeli, ferner die zwölf Himmelshäuser, die Lichter Sonne und Mond, sowie Planeten andere Gestirnsfaktoren.

Diese Horoskopfaktoren symbolisieren die verschiedenen kosmischen Energien, die auch in uns schlummern. Sie wirken je nachdem, wie sie sich anschauen (lateinisch: aspicere), in unterschiedlichen Aspekten zu einander. Die Winkelverbindungen wirken gemäß ihrer geometrischen Ausrichtung entweder förderlich oder hinderlich, machen das Zusammenspiel der verschiedenen Kräfte entweder leicht oder fordern uns dazu auf, an Schwierigkeiten zu wachsen.

Natürlich muss bei der Deutung des Lunar-Monatshoroskops immer auch das Radix-Geburtshoroskop berücksichtigt werden. Niemand geht vollkommen vorurteilsfrei und unbelastet in die Zukunft hinein. Ab dem Zeitpunkt der Geburt trägt zwar jeder seine angeborenen Persönlichkeitsstrukturen mit sich. Doch gleichzeitig erlebt man etwas, macht Erfahrungen und verändert sich folglich.

Diese Wechselwirkung zwischen Anlage und Verhalten berücksichtigt auch die moderne Astrologie. Im Jahr der Wiedervereinigung brachte es der berühmte amerikanische Astrologe Robert Hand bei einem Vortrag auf dem ersten gesamtdeutschen Astrologiekongress auf den Punkt: »I am a process, developing in time«.

Der Mensch als Prozess, sich lebendig in der Zeit entwickelnd, und doch auch stets der Gleiche bleibend. Gleichermaßen zeigt sich der Mond, dessen Gesicht am Himmel Nacht für Nacht ein anderes ist, das sich aber auch immer wieder gleicht, von Monat zu Monat.

Zu Beginn der folgenden Prognosedeutungen geht es um das Lunar-MC, das aktuelle Hauptthema und Ziel des Prognosemonats.

Natürlich müssen wir uns in diesem Zusammenhang noch einmal das Lebensziel in Erinnerung rufen, wie es sich im Medium Coeli des Radix zeigt, der Himmelsmitte zum Zeitpunkt der Geburt. Berücksichtigt werden die Aspekte zu den derzeit aktuellen Gestirnen, also jenen des Lunar.

In ähnlicher Weise geht es dann um den Lunar-Mond. Er steht natürlich im gleichen Tierkreiszeichen wie im Radix. Doch nun befindet er sich wahrscheinlich in einem anderen Haus, ganz bestimmt aber in anderer Aspektierung zu den jetzigen Planetenpositionen. Auch ist seine Stellung zum Radix von Bedeutung.

Weiter geht es mit der Deutung des Lunar-Aszendenten, von Lunar-Sonne und Lunar-Planeten, einschließlich des Planetoiden Chiron und der Stellung von Lilith, dem schwarzen Mond.

Die aktuelle Planetenkonstellation des Lunars wird also mit der Persönlichkeitsgrundstruktur des Radix verglichen. In diesem Sinne dient die Lunar-Prognose auch ein wenig der Selbsterkenntnis. Mögen die geschätzten Leser wissen, was sie werden wollen, auf dass sie werden, was sie sind.

Medium Coeli Radix

Mc Rad

Das Lebensziel

Die Himmelsmitte des Geburtshoroskops gibt Auskunft über unser Lebensziel. Welchen Beruf wollen wir ausüben? Welche Berufung spüren wir in uns? Wohin zieht es uns? Was ist mühsam zu erreichen, jedoch erstrebenswert für ein erfülltes Leben?

Im Radix aller Menschen, die auf der Nordhalbkugel dieser Erde geboren sind, befindet sich das Medium Coeli im Süden, exakt dort also, wo die Ekliptik, der Ring der Tierkreiszeichen, seinen höchsten Punkt bildet. Bevor wir in die Prognose gehen, schauen wir also erst einmal, in welchem Tierkreiszeichen sich die Himmelsmitte zur Geburtsstunde befand.

Radix-MC in den Zeichen

MC Rad ♈

Durchsetzungskraft, lebenslang erstrebt

Geboren mit der Himmelsmitte im Zeichen Widder möchte man nicht unbedingt der Einzige sein oder den Chef spielen. Ganz sicher aber will man der Erste sein! Stillstand und Stagnation lassen sich schwer ertragen. Es ist, als ob man eine Ohnmacht überwindet, aus einem langen, komatösen Schlaf erwacht. Alle Kräfte werden gebraucht, um den Durchbruch aus der Traumwelt in die Alltagsrealität zu schaffen. Nur wer hellwach ist, kann seine Träume verwirklichen.

Sie bemühen sich ein Leben lang, mit Menschen in Kontakt zu kommen, die Ihnen das Gestalten im Hier und Jetzt ermöglichen. Sie lieben eine kraftvolle, mutige Atmosphäre, möchten Ihren Keil in die Welt treiben und scheuen das Risiko nicht. Der Wunsch, sich und seine Ideen durchzusetzen, ist stark.

Dabei ist es fast egal, um was für eine Tätigkeit es sich handelt. Man könnte auf einer Bohrinsel arbeiten, als Geschäftsführer ein Pionierunternehmen leiten oder als Soldat an vorderster Front kämpfen.

Wichtig ist nur, dass gehandelt wird und dass Neues entsteht. Was neu entsteht, wird sicherlich nicht perfekt sein. Es ist in gewisser Weise roh und unvollkommen. Kritik lässt sich nicht vermeiden. Man wird Veränderungswünsche vortragen und Bedenken äußern. Zweifel werden laut. Und natürlich kommen dann jene, die das Projekt übernehmen, die aus dem Boden gestampfte Firma übernehmen, den eroberten Raum besetzen und sich breit machen. Denen ist es nur recht, dass Sie, der Initiator, schon längst weiter gezogen sein, dorthin wo sich noch niemand hineintraut, wo wiederum Pionierarbeit zu leisten ist.

Das aktive Handeln ist ein Oberziel, das Sie bewusst oderunbewusst während Ihres ganzen Lebens immer wieder ansteuern. Wenden wir uns nun dem untergeordneten Ziel zu, auf das Sie ganz aktuell für ein paar Wochen Ihr Augenmerk legen sollten.

MC Rad ♉

Sicherheit, lebenslang erstrebt

Geboren mit der Himmelsmitte im Zeichen Stier möchte man das Leben mit all seinen Annehmlichkeiten in Ruhe genießen können. Gutes Essen, ein volles Bankkonto, Grundbesitz und möglichst auch ein eigenes Haus beruhigen und geben ein Gefühl der Sicherheit. Stress und Hektik hingegen stören diese Idylle. Ständige Veränderungen und die damit einhergehende Unsicherheit sind Gift für echte Genießer.

Sie bevorzugen eine entspannte und sinnliche Atmosphäre, möchten sich die Situation nicht aufzwingen lassen. Die Rahmenbedingungen sollten möglichst gleich bleiben, und vor allem berechenbar. Dann kann man sich getrost den Genüssen hingeben.

Folglich bemühen Sie sich ein Leben lang um Wohlstand und Stabilität. Dazu gehören ein fester Job, stabile zwischenmenschliche Beziehungen und ein gesunder Körper. Dies sind ganz langfristige Ziele, die nicht von heute auf morgen erreicht werden können. Und hat man es endlich geschafft, dann gilt es, den Status zu halten und abzusichern.

Sie sind bereit, sich über lange Zeiträume zu bescheiden und einzuschränken. Wer auf lange Sicht Wohlstand erreichen will, der spart sich tagtäglich das Kleingeld vom Munde ab und investiert es dann, wenn es sich wirklich lohnt. Und Sicherheit des Arbeitsplatzes wird dadurch erreicht, dass man sich weitmöglichst an seine Kollegen und Mitarbeiter anpasst und sich gegenseitig absichert.

So baut man ein stabiles Netzwerk auf, das aus in Krisenzeiten trägt. Und wer ein Haus bauen will, der verzichtet auf Kino- und Kneipenbesuche und bewirtet seine Gäste lieber zu einem späteren Zeitpunkt, und zwar im eigenen Domizil.

Ruhiges Absichern ist ein Oberziel, das Sie bewusst oderunbewusst während Ihres ganzen Lebens immer wieder ansteuern. Wenden wir uns nun dem untergeordneten Ziel zu, auf das Sie ganz aktuell für ein paar Wochen Ihr Augenmerk legen sollten.

MC Rad ♊

Beweglichkeit, lebenslang erstrebt

Geboren mit der Himmelsmitte im Zeichen Zwillinge möchte man wie ein Schmetterling hin- und herflattern, immer neue Kontakte zu Menschen aufbauen und vor allem Neues erleben, jeden Tag wieder. Dazu braucht es eine gewisse Flexibilität, beispielsweise im Umgang mit der Sprache oder im Gebrauch von technischen Geräten.

Besonders interessiert man sich für die moderne Kommunikationstechnologie, Telefon und Internet. Enge erdrückt. In einer muffigen und beschränkten Atmosphäre bekäme man keine Luft mehr, würde seelisch und geistig ersticken.

Und so bemühen Sie sich ein Leben lang um Beweglichkeit. Ein Beruf, in dem Sie ständig unter Menschen sind, beispielsweise als Reporter, kann verhindern, dass Sie einrosten, erstarren oder möglicherweise sogar verstummen. Die Bewegung in den Raum und das Herumtreiben in der Welt sind für Sie lebensnotwendig. Deshalb brechen Sie hin und wieder aus, verlassen Ihr angestammtes Milieu, verändern Ihre Bezugspunkte und erweitern den Kreis Ihrer Kontakte.

Ein nervöser Geist duldet keinen Stillstand. Sie brauchen Reibung und Austausch mit anderen. Körperliche und geistige Beweglichkeit sind für Sie lebensnotwendig. Immer wieder müssen Sie eine gewisse Trägheit überwinden, die sich automatisch einstellen kann. Jeder neue Kontakt zu interessanten Zeitgenossen bzw. jede technische Neuheit fasziniert Sie und gibt Ihnen die Möglichkeit, Ihre geistigen und kommunikativen Fähigkeiten zu erweitern.

Kommunikative Stärke ist ein Oberziel, das Sie bewusst oderunbewusst während Ihres ganzen Lebens immer wieder ansteuern. Wenden wir uns nun dem untergeordneten Ziel zu, auf das Sie ganz aktuell für ein paar Wochen Ihr Augenmerk legen sollten.

MC Rad ♋

Geborgenheit, lebenslang erstrebt

Geboren mit der Himmelsmitte im Zeichen Krebs möchte man zwischenmenschliche Wärme und Vertrautheit erleben. Man möchte in den Arm genommen werden, und das nicht nur für den Moment, sondern über möglichst lange Zeit hinweg, in einer vertrauten Umgebung. Man sucht Menschen, die einem vom Wesen her entsprechen und die einen akzeptieren, so wie man ist und nicht so, wie man angeblich sein sollte.

Aus diesem Grunde streben Sie einen Beruf oder Position in der Öffentlichkeit an, die Ihnen möglichst viel Gelegenheit für zwischenmenschlichen Kontakt bietet. Das Wärmende und Nährende spielt dabei eine besondere Rolle. Manchen Menschen mit dieser astrologischen Konstellation über einen ganz normalen Beruf aus, in dem sie dann aber wie eine Mutter ihre Arbeitskollegen, den Chef und die ganze Firma umsorgen.

Möglich wäre auch die heilende oder pädagogische Tätigkeit. Oder man baut einen Familienbetrieb auf. Es kann aber auch sein, dass man die eigene Familie an sich schon als Beruf auffasst. Das lebenslange Streben nach Geborgenheit ist jedoch nicht personengebunden. Man kann sich auch in der Identifikation mit einem übergeordneten Ziel verwirklichen. Die Zugehörigkeit zu einer sozialen Gruppe kann Geborgenheit geben. Das Bedürfnis nach Gemeinschaft kann aber auch abstrakt ausgelebt werden, beispielsweise über die Identifizierung mit einer Körperschaft bzw. ihrer sogenannten Corporate Identity. Auf gut Deutsch: Man liebt seine Firma, macht sie zum Familienersatz.

Ein gemütliches Nest ist ein Oberziel, das Sie bewusst oderunbewusst während Ihres ganzen Lebens immer wieder ansteuern. Wenden wir uns nun dem untergeordneten Ziel zu, auf das Sie ganz aktuell für ein paar Wochen Ihr Augenmerk legen sollten.

McRad ♌

Schöpferkraft, lebenslang erstrebt

Geboren mit der Himmelsmitte im Zeichen Löwe reicht es einem keineswegs, nur als Rädchen im Getriebe in einer Gemeinschaft oder einer Firma eingespannt zu sein. All das, was in einem steckt, will ausgelebt werden und will raus in die Welt, soll Applaus und Anerkennung erfahren. Man muss gesehen und wahrgenommen werden. Bloß nicht im stillen Kämmerchen oder im trauten Familienkreis versauern!

Das Bedürfnis, schöpferisch in der Welt zu wirken, brennt wie ein Feuer. Dafür ist man bereit auch, viele Rückschläge in Kauf zu nehmen. Und ohne das Echo der anderen ist kreatives Gestalten nicht wirklich befriedigend.

Deshalb suchen Sie immer wieder nach neuen Chancen. Im Berufsleben und in der Öffentlichkeit schaffen Sie sich kreative Freiräume. Die Bühne des Lebens gilt es zu erobern. Publikum muss gewonnen werden.

Die Nähe zu Menschen, die Sie fördern und unterstützen, ist Ihnen lieb und teuer. Ihre Gestaltungskraft will bewundert und anerkannt werden. Dabei ist es oft ein sehr, sehr langer Prozess, bis Sie endlich in die richtige gesellschaftliche Position geraten, mit den passenden Menschen in Kontakt kommen. Zweifel an den eigenen Fähigkeiten und der Einzigartigkeit Ihres Talents müssen überwunden werden, wieder und wieder. Dies ist wirklich nicht leicht. Doch die Hoffnung, seine Schöpferkraft im großen Stil verwirklichen zu können, trägt Sie und hilf, Rückschläge zu überwinden.

Kreativität ist ein Oberziel, das Sie bewusst oder unbewusst während Ihres ganzen Lebens immer wieder ansteuern. Wenden wir uns nun dem untergeordneten Ziel zu, auf das Sie ganz aktuell für ein paar Wochen Ihr Augenmerk legen sollten.

MC Rad ♍

Organisationsfähigkeit, lebenslang erstrebt

Geboren mit der Himmelsmitte im Zeichen Jungfrau gibt man sich niemals mit Halbheiten zufrieden. Anstatt im letzten Moment zu improvisieren, plant man lieber lange im Voraus. Mitunter gerät dabei man völlig in Panik, kümmert sich um Probleme, die erst in ferner Zukunft auftreten könnten.

Nach außen hin zeigt man ein etwas sorgenvolles Gesicht. Doch in der Realität bietet sich hierfür wirklich kein Anlass. Schließlich gibt es in der Gegenwart so gut wie keine Probleme. Wie denn auch? Schließlich hat man sie schon im Vorfeld ausgeräumt.

Damit ihr Organisationstalent auch wirklich sinnvoll zum Einsatz kommt, streben Sie eine berufliche Position an, in der Ihre Sorgfalt geschätzt wird. Ihr Detailwissen ist ungeheuer groß.

Manchmal verlieren Sie allerdings beim Blick auf die Kleinigkeiten den Überblick. Und so wirken Sie am besten in der zweiten Reihe, beispielsweise als Assistent der Geschäftsleitung, bei der Qualitätskontrolle oder in der Revisionsabteilung. Dort können Sie Fehlentwicklungen schon im Ansatz verhindern.

Die Organisation komplexer Zusammenhänge läuft unter Ihrer Federführung reibungslos und planvoll. Es ist nicht einfach, eine Position zu erlangen, in der Ihre Vernunft und Ihre Sorgfalt auch wirklich geschätzt und gewürdigt werden. Der Weg dorthin ist mühselig, ein lebenslanger Prozess.

Qualität und Ordnung sind Oberziele, die Sie bewusst oderunbewusst während Ihres ganzen Lebens immer wieder ansteuern. Wenden wir uns nun dem untergeordneten Ziel zu, auf das Sie ganz aktuell für ein paar Wochen Ihr Augenmerk legen sollten.

Mc Rad ♎

Zwischenmenschliche Harmonie, lebenslang erstrebt

Geboren mit der Himmelsmitte im Zeichen Waage ist man stets bestrebt, sich über Detailfragen und das Kleinklein des Alltags hinwegzusetzen. Es ist kein Zufall, dass in der großen Diplomatie stets eine gewisse Oberflächlichkeit gepflegt wird. Nur so gelingt es, ungeklärte und oft noch strittige Punkte zu umgehen und dennoch zu einer Lösung zu kommen.

Manchmal ist es besser, eine Klärung von Widersprüchen hinauszuzögern, damit man nicht schon in der Vorbereitungsphase im Streit auseinandergeht.

Im Berufsleben und in der Öffentlichkeit suchen Sie stets das größtmögliche Übereinkommen. Nichts ist Ihnen mehr ein Graus, als die ewige Zerstrittenheit über Kleinigkeiten. Sie sind der Auffassung, dass sich Probleme und Problemchen jederzeit lösen lassen. Man muss nur guten

Willens sein. Im Großen und Ganzen sollte Übereinstimmung herrschen. Ein tiefer Wunsch nach Harmonie bringt Sie dazu, auch über lange Zeiträume hinweg enervierende Spannungen zu ertragen.

Oft sitzen Sie quasi zwischen den Stühlen. Es scheint fast unmöglich, nicht zwischen den einzelnen Interessengruppen zerrissen zu werden. Sie harmonisieren, wo auch immer Sie können. Es ist ein ewiges Bemühen, das manchmal auch von Erfolg gekrönt ist.

Der Ausgleich unterschiedlichster Interessen ist ein Oberziel, das Sie bewusst oderunbewusst während Ihres ganzen Lebens immer wieder ansteuern. Wenden wir uns nun dem untergeordneten Ziel zu, auf das Sie ganz aktuell für ein paar Wochen Ihr Augenmerk legen sollten.

MC Rad ♏

Tiefgang, lebenslang erstrebt

Geboren mit der Himmelsmitte im Zeichen Skorpion ist einem nichts widerwärtiger als oberflächliche Harmonie, hinter der sich tief greifende Konflikte aufstauen und Katastrophen quasi vorhersehbar sind.

Ein ständiges Ausbalancieren unterschiedlichster Interessen ist zwar löblich, kann aber auch zur vollkommenen Handlungsunfähigkeit führen. Aus diesem Grunde legen Menschen mit dem MC im Skorpion gerne den Finger in die Wunde. Sie sind vollkommen überzeugt davon, dass nur durch aus Aufzeigen von Konflikten eine grundsätzliche Wandlung möglich ist. Und Sie glauben fest, dass danach alles besser wird.

Sie streben im Berufsleben und in der Öffentlichkeit zweifelsohne eine machtvolle Position an. Dies tun Sie nicht unbedingt aus reiner Eitelkeit. Vielmehr glauben Sie, dass es jemanden wie Sie geben muss, der in der Lage ist, eine Gemeinschaft oder ein Unternehmen kraftvoll voranzubringen und die dazu notwendigen Veränderungen kompromisslos einzuleiten.

Man wird Ihnen die Ehrlichkeit und Kompromisslosigkeit nicht immer danken. Zwischenmenschliche Beziehungen belastet das. Oft genug macht man Sie zum Buhmann, zum Schwarzen Schaf, dem die Schuld für jene unangenehmen Tatsachen aufgeladen wird, die eigentlich ganz andere zu verantworten haben.

Vor die Wahl gestellt, entweder Opfer oder Täter zu spielen, werden Sie jedoch immer wieder die Initiative ergreifen. Nur in einer einflussreichen Position lässt sich eine wirkliche Veränderung erreichen.

Der Zwang zur Wahrhaftigkeit als Oberziel zieht sich bewusst oder-unbewusst durch Ihr ganzes Leben. Wenden wir uns nun einem untergeordneten Ziel zu, auf das Sie ganz aktuell für ein paar Wochen Ihr Augenmerk legen sollten.

McRad ♐

Weltgewandtheit, lebenslang erstrebt

Geboren mit der Himmelsmitte im Zeichen Schütze treibt einen das Fernweh. Man fühlt sich fremd und zugleich in der ganzen Welt zu Hause. Der Befreiungsdrang ist stark. Und damit sind nicht nur materielle Zwänge gemeint, sondern auch das psychologische Spinnennetz. Schuldgefühle erträgt man nicht. Druck und Zwang sind einem fremd. Verständnis und Verständigung, über alle kulturellen, religiösen und ethnischen Grenzen hinweg, das will man erreichen.

Menschen mit dieser astrologischen Geburtskonstellation tragen stets eine gewisse Rastlosigkeit in sich. Sie sitzen quasi auf gepackten Koffern und ständig bereit, in ferne Länder aufzubrechen. Aus diesem Grunde streben Sie in Ihrem ganzen Leben nach einem Beruf bzw. sehen es als Berufung an, fremde Länder, Kulturen und Glaubensrichtungen zu erobern. Sie wollen Sinnhaftes gestalten. Die Bildung der Menschen und ihr Verständnis untereinander sollen gefördert werden.

Eine Position als Projektmanager, Diplomat im Außendienst, Chorleiter, Museumsdirektor, Reiseleiter, Galerist oder Lehrer wäre dazu bestens geeignet. Das Ziel ist der Weg. Allein die Stimmung des Aufbruchs reizt Sie schon. Ihre Reiselust leben Sie geografisch aus, aus Fußwanderung auf dem Jakobspfad oder hin zu fernen Kontinenten, oder aber rein philosophisch, im Sinne von Weltanschauung als geistige Anschauung der Welt.

Die größten Krisen entstehen, wenn der Sinn verloren geht und an nichts mehr geglaubt werden kann. Deshalb ist für Sie die Erweiterung des Horizonts so wichtig.

Toleranz und Expansion sind Oberziele, die Sie bewusst oderunbewusst während Ihres ganzen Lebens immer wieder ansteuern. Wenden wir uns nun dem untergeordneten Ziel zu, auf das Sie ganz aktuell für ein paar Wochen Ihr Augenmerk legen sollten.

MC Rad ♑

Führungspositionen, lebenslang erstrebt

Geboren mit der Himmelsmitte im Zeichen Steinbock hat man ein starkes Bedürfnis, die Dinge nicht nur zu erhoffen oder zu ersehnen, sondern sie auch ganz real zu verwirklichen. Dazu muss man in der Lage sein, das Machbare von Möglichen zu trennen. Man muss bereit sein, Abstriche zu machen, muss zielorientiert handeln können, Überflüssiges und Störendes hinweglassen können.

Sie gehören nicht zu jenen Zeitgenossen, die den Mund zu voll nehmen und Hoffnungen wecken, die sich dann als Illusionen herausstellen. Sie machen sich, wenn Schwierigkeiten aufkommen, nicht aus dem Staube, flüchten sich nicht in Ausreden.

Deshalb bemühen Sie sich Ihr ganzes Leben, mit wirklich handlungsfähigen Menschen in Kontakt zu kommen. Damit sind jene gemeint, die die Befugnis und die Kraft haben, Entscheidungen zu treffen und auch umzusetzen.

Noch einfacher wäre es natürlich, wenn es Ihnen selbst gelingen würde, eine führende Position in der Gesellschaft zu erlangen. Um dahin zu kommen, sind Sie bereit, eine enorme Selbstdisziplin an den Tag zu legen. Und Sie engagieren sich nur für einen Moment, sondern über außergewöhnlich lange Zeiträume hinweg.

Verantwortung ist ein Oberziel, das Sie bewusst oderunbewusst während Ihres ganzen Lebens immer wieder ansteuern. Wenden wir uns nun dem untergeordneten Ziel zu, auf das Sie ganz aktuell für ein paar Wochen Ihr Augenmerk legen sollten.

MC Rad ♒

Unabhängigkeit, lebenslang erstrebt

Geboren mit der Himmelsmitte im Zeichen Wassermann will man die Dinge aus einer höheren Warte betrachten. Von dort aus können Entscheidungen getroffen werden, die von idealistischer Natur sein können. Vor allem aber schätzen Sie die glasklare Logik. Wichtig ist Ihnen, von keiner Seite beeinflusst zu werden.

Sie begeben sich nicht gerne in Abhängigkeiten, auch nicht gegenüber jenen Menschen, die einem emotional oder sonst wie persönlich nahe stehen. Nur mit vollkommen ungetrübtem Blick sind Sie in der Lage, eine Situation wirklich objektiv zu begreifen und entsprechend zu handeln.

Die Stellung in der Gesellschaft, die Berufung bzw. der Beruf an sich ist für Sie ganz besonders wichtig. Sie sind bereit, auf jegliche persönliche Vorteile beispielsweise in materieller Hinsicht zu verzichten, wenn damit ein großer persönlicher Freiraum verbunden ist.

Andererseits ist es bei dieser astrologischen Konstellation auch vorstellbar, dass Sie großen finanziellen Wohlstand anstreben, wenn das Ihnen die Freiheit gibt, wirklich wichtige Projekte zu verwirklichen.

Priorität haben für Sie jene Angelegenheiten, die von außerpersönlichem Charakter sind. Es kann sein, dass Sie technische Entwicklungen fördern, die für die Zukunft der Menschheit wichtig sind. Oder sie engagieren sich in gesellschaftlichen Organisationen. Die Freiheit des Einzelnen, seine Unabhängigkeit von materiellen oder geistigen Zwängen, das ist für Sie stets erstrebenswert.

Individualität ist ein Oberziel, das Sie bewusst oderunbewusst während Ihres ganzen Lebens immer wieder ansteuern. Wenden wir uns nun dem untergeordneten Ziel zu, auf das Sie ganz aktuell für ein paar Wochen Ihr Augenmerk legen sollten.

MC Rad ♓

Rückzugsmöglichkeiten, lebenslang erstrebt

Geboren mit der Himmelsmitte im Zeichen Fische spielt der gesellschaftliche Status nur eine geringe Rolle. Es sei denn, die berufliche Position gibt der eigenen Persönlichkeit in all ihren feinen und allerfeinsten Facetten einen geschützten Raum, fördert die Entwicklung hin zur Selbsterkenntnis.

Jenseits allen Intellekts kann die Welt dort draußen und die Welt im Inneren im Grunde nur gefühlsmäßig erfasst werden, in ihren so unterschiedlichen Facetten. Sensibilität hat bei dieser astrologischen Konstellation einen ungeheuren Stellenwert.

Um für die innere Entwicklung der Persönlichkeit einen Raum zu schaffen, erstreben Sie eine berufliche Situation, die Ihnen Rückzugsmöglichkeiten bietet. Sie wollen sich dem Drängen des Alltags nicht schutzlos ausgeliefert. Wenn irgendwie möglich gestalten Sie Ihre Position in der Gesellschaft so, dass Empfindsamkeit und Befindlichkeiten optimal ausgelebt werden können.

Die Position eines Orchesterdirigenten mag als Beispiel dieses. Auf leisem Wink des Taktstockes hin erzeugen zahlreiche Musiker einen Klangraum, der die Seelen der Zuhörer berührt. Die Menschen werden ergriffen und in nicht mehr sichtbare, nur erahnbare Sphären fortgeführt.

Es ist jedoch durchaus auch denkbar, dass Sie sich beruflich in eine vollkommen unauffällige Position hineinbegeben. Auch so wäre es möglich, der inneren Entwicklung der Persönlichkeit zu dienen. Es kann sich hierbei um heilerischen oder seelsorgerische Tätigkeiten handeln. Sogar der Rückzug ins Kloster oder auf eine einsame Insel wäre denkbar.

Innerlichkeit ist ein Oberziel, das Sie bewusst oderunbewusst während Ihres ganzen Lebens immer wieder ansteuern. Wenden wir uns nun dem untergeordneten Ziel zu, auf das Sie ganz aktuell für ein paar Wochen Ihr Augenmerk legen sollten.

Medium Coeli Lunar

Mc tr

Das Ziel des Monats

Zwar legt das Geburtshoroskop die Grundstruktur des Charakters fest. Und auch die Entwicklungslinien und Ziele kann man aus dem Radix gut erkennen. Doch um nicht eingleisig zu werden und immer die gleichen Methoden anzuwenden, sollte man Zwischenziele definieren, kurzfristig einsetzbar, beispielsweise für einen Monat. Es ist sicher nicht schlecht, hin und wieder die Strategie zu wechseln.

Die Himmelsmitte im Lunar gibt Auskunft darüber, was für eine Stellung innerhalb der Gesellschaft der Horoskopeigner während eines bestimmten Monats erreichen möchte.

Es geht hier vor allem um das Eingebundensein in die Gemeinschaft, die Verankerung und Vernetzung der Persönlichkeit. Dieses monatliche Zwischenziel kann durchaus vom großen Lebensziel abweichen, das im Radix MC definiert ist. So kann beispielsweise die Himmelsmitte des Geburtshoroskops in ein gefühlsbetontes und eher passives Tierkreiszeichen fallen.

Und zugleich erscheint im Lunar eines bestimmten Monats an der Himmelsmitte ein aktives Zeichen. Das ist kein Widerspruch. Vielmehr sollte man dann seine Strategie kurzfristig einmal verändern. Das im Radix MC vorgegebene Lebensziel wird durch das Monatsziel des Lunar MC aber nicht ausgelöscht, sondern lediglich variiert.

Die Tierkreiszeichen am Himmel orientieren sich an der Laufbahn der Sonne während eines ganzen Jahres. Mitte März werden die Tage wieder länger als die Nächte.

Das ist der Start der Frühjahrszeichen Widder, Stier und Zwillinge. Nun geht es um die Durchsetzung, Abgrenzung und Öffnung der Persönlichkeit, in genau dieser Reihenfolge. Die Energie der Frühjahrszeichen ist vor allem körperlich ausgerichtet. Der Mensch soll sich erst einmal rein physisch entfalten.

Mit der Sommersonnenwende beginnt dann die emotionale Entwicklung. An diesem Zeitpunkt sind die Tage am längsten und die Nächte am kürzesten. Im Zeichen Krebs wird sich der Mensch seiner Gefühle bewusst. Im Hochsommer mit dem Zeichen Löwe spürt er den Drang, seinen Empfindungen einen äußeren Ausdruck zu geben. Und im Spätsommer mit dem Zeichen Jungfrau wird eben jener Ausdruck dann angepasst an die Bedingungen der Außenwelt.

Mit der Tagundnachtgleiche beginnt der Herbst. Die Nacht wird wieder länger als der Tag. Auch der Mond ist ab diesem Zeitpunkt länger am Himmel zu sehen als die Sonne. Es ist eine Zeit, in der das Individuum erkennt, dass außerhalb seines Ichs auch ein Du existiert. Das sind beispielsweise die anderen Menschen. Man taucht ein in die Welt des Geistes und von Ideen, die man nur in der Vorstellungswelt erfassen und begreifen kann. Bei den Tierkreiszeichen des Herbstes geht es zuerst einmal um die Kontaktaufnahme, das im Zeichen Waage. Dann kommt es zur Bindung an die Begegnung, im Skorpion. Und die Erweiterung und Anschaulichmachung des einst Fremden geschieht dann im Schützen.

Schließlich erleben wir zu Weihnachten die längsten Nächte und kürzesten Tage. Man begreift, dass es außer dem eigenen Ich, den eigenen Gefühlen und der Partnerschaft mit dem konkreten Du auch noch darüber hinaus gehende Aspekte des Lebens gibt. Und die erfährt man nicht nur in einer Zweierbeziehung, sondern auch in größeren Gruppen, im Berufsleben und in der Gesellschaft. Mit dem im Zeichen Steinbock werden die Grenzen zwischen Persönlichem und Außerpersönlichem gezogen. Dann im Zeichen Wassermann erfährt sich der Mensch als Teil einer großen Gemeinschaft. Im Fisch schließlich verliert er sich im großen Ganzen. Zugleich beginnt der Rückzug in die Innerlichkeit.

All dies findet wiederum seinen Abschluss mit der Frühjahrs-Tagundnachtgleiche. Der Kreis von Ich, Gefühl, Du und Gesellschaft beginnt von Neuem.

Die jährliche Bahn der Sonne durch die Ekliptik, den Kreis der Sternzeichen, ist ein Energiefeld. Es entspricht in etwa dem Magnetfeld der Erde, dem sogenannten Van-Allen-Gürtel. Davon wussten die astrologisch und gleichzeitig auch astronomisch gebildeten Universalgelehrten der Antike und frühen Neuzeit noch nichts. Leonardo da Vinci, Philipp Melanchthon, Tycho de Brahe, Johannes Kepler und Sir Isaak Newton spürten jedoch, dass Physik und Metaphysik Hand in Hand gehen.

Heutzutage kann man die Jahrtausende alten Theorien der Astrologie astronomisch weder beweisen noch widerlegen. Kaum ein professioneller Astrologe betätigt sich jetzt auch als Astronom. Und die heute forschenden Astronomen wissen kaum etwas über die Denkweise der Astrologie. Naturwissenschaft und Geisteswissenschaft gehen getrennte Wege.

Lunar-MC in den Zeichen

MCtr ♈

Aktiv sein, beherzt handeln

Während dieses Monats sollten Sie es Ihr Ziel sein, wesentlich aktiver zu werden. Ergreifen Sie öfter die Initiative. Scheuen Sie keine Konflikte. Denken Sie nicht zu lange nach. Raus aus den Federn, der Winterschlaf ist vorbei!

Sie sind jetzt in der Lage, Ihre Lebenssituation ganz real zu verbessern. Nicht länger müssen Sie gewisse unerträgliche Zustände hinnehmen. Durch beherztes Handeln kommen Sie aus der Opferrolle heraus.

Sicherlich wird es Sie eine gewisse Überwindung kosten. Beginnen Sie, Farbe zu bekennen. Bringen Sie unzweideutig zum Ausdruck, was Ihr eigentlicher Wille ist, was Sie wirklich wollen. Streitigkeiten und Konflikte können ausbrechen. Sie kommen in die Schusslinie. Aber ist das wirklich so schlimm?

Wenn Sie jetzt Ihre Zähne zeigen, nimmt man Sie wirklich ernst. Letztendlich werden Sie jede Menge Respekt ernten, sofern Sie nicht über das Ziel hinausschießen und überflüssige Streitigkeiten von Zaun reißen. Darüber hinaus werden Sie feststellen, wie viel Spaß es macht, Eigeninitiative zu entwickeln.

Sollte man Ihnen Knüppel zwischen die Beine werfen, dann verzagen Sie nicht. Probieren Sie einfach etwas anderes. Und dann noch etwas anderes. Probieren geht über studieren! Und schütteln sie überflüssige Bedenken ab. Wo gehobelt wird, fallen Späne.

Mc tr ♉

Ruhe bewahren, nichts überstürzen

Während dieses Monats sollten Sie es sich zum Ziel setzen, innere Kraft und Stärke zu erlangen. Handeln Sie wesentlich bedächtiger als sonst. Lassen Sie sich das Tempo von Ihrer Umgebung nicht aufzwingen. Bremsen Sie sich ein wenig. Zügeln Sie Ihre innere Unruhe. Nur keine Hektik. Rom ist auch nicht an einem Tag erbaut worden.

Sicherlich wird es anfangs nicht ganz leicht sein, Entscheidungen zweimal oder sogar dreimal zu überdenken. Aber das lohnt sich. Manches attraktive Sonderangebot, für das Sie sich sofort entscheiden müssen, ist es nicht wert. Eine ach so gute Gelegenheit entpuppt sich im Nachhinein als Mogelpackung.

Seien Sie misstrauisch gegenüber allen Zeitgenossen, die Sie unter Druck setzen und zum sofortigen Handeln zwingen wollen. Man braucht schon eine ganze Menge Selbstbewusstsein, um Widerstand zu leisten und nicht auf scheinbar einmalige Gelegenheiten hereinzufallen. Es hat überhaupt keinen Zweck, vom Hölzchen zum Stöckchen zu springen. Vermeiden Sie es, permanent die Richtung zu wechseln. Zersplittern Sie Ihre Kräfte nicht in hektischem Aktionismus. Gewöhnen sie sich jetzt ruhig eine gewisse Sturheit an. In der Ruhe liegt die Kraft.

Mc tr ♊

Wach sein, neugierig werden

Während dieses Monats sollten Sie es sich zum Ziel setzen, Ihren geistigen Horizont zu erweitern. Es gilt, eine gewisse Trägheit zu überwinden und übermäßige Ängstlichkeit abzubauen.

Wer sich unter dem Bett versteckt, verliert Haus und Hof, sagen die alten Chinesen. Also die Nase hinaus strecken bitteschön, Morgenluft wittern und sich einmischen. Ihre Neugier ist momentan Ihr größter Schatz.

Mancher ist schon auf seinen kunstvoll erschaffenen Produkten sitzen geblieben, weil er einfach nicht wusste, wie man Waren an den Mann bringt, auf welchen Märkten man sie anbieten kann und was man dafür verlangen kann. Um richtig Feilschen zu können, muss man mit vielen Menschen in Kontakt kommen. Man muss sich in schneller Rede üben, die Zunge trainieren und hellwach sein.

Vielleicht haben Sie Angst, übers Ohr gehauen zu werden. Doch es nützt Ihnen jetzt nichts, wenn Sie sich ins stille Kämmerlein verkriechen. Gehen Sie hinaus unter die Leute. Mischen Sie sich unters Volk. Treiben Sie sich auf den Straßen herum. Je mehr sie sich bewegen, umso öfter Sie sich auf ein Schwätzchen einlassen, desto eher erfahren Sie Neuigkeiten. Sie erkennen den Trend der Zeit und wissen sich elegant in der Welt zu bewegen. Von Mal zu Mal werden Sie gewitzter. Es wird Ihnen einen Heidenspaß machen, neue Leute kennenzulernen. Und nebenbei können Sie ein paar interessante Geschäfte tätigen.

Mctr ♋

Empfindsamer werden, Sensibilität entwickeln

Während dieses Monats sollten Sie es sich zum Ziel setzen, das Bauchgefühl zu entwickeln. Was nützt es Ihnen, wenn Sie immer neue Leute kennenlernen und sich wortgewandt ausdrücken können?

Doch tief im Inneren wissen Sie vielleicht überhaupt nicht, was Sie wollen und was Ihnen wirklich guttut. Wirklich wertvolle Entscheidungen müssen reifen. Und man muss auf seinen Bauch hören, das heißt, auf die erst einmal ganz unbewussten Gefühle.

Von heute auf morgen werden Sie nicht sensibler werden. Das kann man nicht erzwingen. Man kann nur die Voraussetzungen dafür schaffen. Gehen Sie doch einmal in einen Supermarkt und wählen Sie nur anhand Ihres ganz spontanen Impulses die Lebensmittel aus. Fühlen Sie auf Ihren Bauch, auf Ihr Innerstes, wenn Ihnen Menschen begegnen. Nehmen Sie den ersten, erst einmal ganz unbewussten Eindruck ernst, auch wenn er logisch nicht begründbar scheint.

Spüren Sie nach, wenn man Ihnen etwas sagt. Antworten Sie nicht sofort, sondern erst dann, wenn Sie sicher sind, dass Sie Ihr Gegenüber wirklich verstanden haben. Mit der Zeit werden Sie eine große Sensibilität entwickeln und sehr viel effektiver handeln können. Und das, was Sie tun, wird auch auf eine sehr viel größere Akzeptanz bei Ihrer Umgebung stoßen.

MC tr ♌

Mehr von sich zeigen, Eindruck machen

Während dieses Monats sollten Sie es sich zum Ziel setzen, von all dem, was in Ihnen schlummert, wesentlich mehr nach außen zu bringen. Es ist an der Zeit, dass Sie die Bühne der Welt betreten. Dabei kommt es nicht so sehr darauf an, was Sie darstellen, sondern wie Sie dieses tun. Seien es Gefühlsregungen, Gedanken, Ideen, Vorschläge oder ganz spontane Empfindungen: Zeigen Sie sich auf eine beeindruckende Weise. Wecken Sie das Interesse Ihrer Umgebung. Und seien Sie vor allem eines nicht: langweilig.

Wenn Sie sich anfangs ein wenig genieren, Ihr Innerstes nach außen zu kehren, dann macht das nichts. Mit der Zeit wird sich das legen. Sicherlich werden Sie anfangs in einige Fettnäpfchen treten. Vielleicht belästigen Sie Ihre Mitbürger mit gewissen Banalitäten und Nebensächlichkeiten, die wirklich niemanden interessieren.

Doch gleichzeitig steigt Ihr Unterhaltungswert enorm. Es wird interessanter, sich in Ihrer Gegenwart aufzuhalten. So etwas werden mehrere Leute feststellen. Wenn es gut läuft, scharen Sie bald einen ganzen Kreis von Fans um sich. Und weil Sie interessanter werden, erhalten Sie auch von allen Seiten Einladungen. Gesellschaft macht heiter. Mit der Zeit machen Sie einen immer fröhlicheren und zufriedeneren Eindruck. Das liegt nicht zuletzt an der Anerkennung, die man Ihnen zuteilwerden lässt. Probieren Sie es aus!

Mçtr ♍

Vernünftiger werden, klüger handeln

Während dieses Monats sollten Sie es sich zum Ziel setzen, dass wieder mehr Ordnung in Ihr Leben einkehrt. Bei alledem, was in letzter Zeit passiert ist, könnte Ihnen das Kleinklein des Alltags über den Kopf wachsen. Vielleicht vergaßen Sie vor lauter Lebenslust oder Lebensfrust, den Dingen die rechte Struktur zu geben. Chaos macht sich breit, auch wenn Ihnen das auf den ersten Blick nicht auffällt.

Wenn Sie nun nicht wissen, womit Sie anfangen, dann greifen Sie einfach zu altbewährten Strategien. Es hilf bestimmt, den Kontostand gründlich zu überprüfen. Beschäftigen Sie sich mit offenen Rechnungen. Heften Sie Dokumente ab. Schreiben Sie überfällige Briefe. Oder Sie nähern sich dem Chaos, indem Sie zuerst zu Bügeleisen und Staubsauger greifen. Ein gründlicher Hausputz kann nicht schaden. Dadurch wird ihr Kopf klar und Sie können sich endlich mit dem Papierkram beschäftigen.

Vielleicht machen Sie auch nichts von alledem und gehen erst einmal ins Fitnessstudio. Sauna und Massage wären auch nicht schlecht. Hauptsache, Sie bringen ihren Körper auf Vordermann. Dann haben sie genug Schwung, um sich dem überfälligen Kleinkram zu widmen.

Welche dieser Strategien auch immer Sie wählen, wichtig ist es nur, dass Sie überhaupt mit dem Aufräumen anfangen. Denn sobald Sie begonnen haben, werden Sie merken, wie sich ganz automatisch in Ihrem Leben eine neue Klarheit entwickelt, seelisch und geistig.

M^{c}t^{r} ♎

Freundlicher werden, Harmonie schaffen

Während dieses Monats sollten Sie Diplomatie als oberstes Ziel wählen. Ganz wichtig ist es jetzt, die Beziehungen zu den Mitmenschen zu pflegen und aufzupolieren. Obendrein sollten Sie noch viele interessante Persönlichkeiten kennenlernen. Ob unter denen auch die große Liebe ist, steht in den Sternen. Möglich ist alles.

Vielleicht wissen Sie nicht so genau, wie und bei wem Sie anfangen sollen. Sind Sie denn nicht schon sowieso ein ausnehmend freundlicher Mensch? Und wenn keine Harmonie entsteht, wieso sollte das ausgerechnet an Ihnen liegen?

Astrologisch kann man nur darauf verweisen, dass das Lunar für diesen Monat rät, in Bezug auf andere Menschen eine neue Strategie auszuprobieren. Versuchen Sie beispielsweise, jedem Menschen, der Ihnen auf der Straße begegnet, offen in die Augen zu schauen. Sicherlich werden Sie in viele grimmige Gesichter blicken. Bei manchen kommt Ihnen vielleicht sogar das Grausen.

Doch hin und wieder begegnet Ihnen auf der Straße auch ein ganz herzlicher Mensch, mit strahlendem Blick. Solches erleben Sie jedoch nur, wenn sie den Blick schweifen lassen.

Und dann ist da noch die Sache mit der Harmonie: Bemühen Sie sich in diesem Monat einmal ganz bewusst um Ihre Mitmenschen. Strengen Sie sich ganz besonders an, freundlich zu sein. Sie werden mit Erstaunen feststellen, wie Ihnen das gedankt wird.

Mars ♏

Hintergründe erfahren, tiefer schauen

Während dieses Monats sollten Sie als Ziel haben, den oberflächlichen Lack von Ihrer Umgebung abzukratzen und hinter die Fassaden zu schauen. Möglicherweise wird dies einigen Zeitgenossen überhaupt nicht recht sein. Sie werden in Abgründe schauen. Doch andererseits ist es auch ganz erstaunlich, wie viele Menschen dankbar dafür sind, wenn man sich wirklich mit ihnen beschäftigt.

Sie werden sich fragen, warum ausgerechnet Sie jetzt im Dreck wühlen sollen. Das weckt doch nur schlafende Geister und bringt Leute gegen Sie auf, schafft Unfrieden. Möglicherweise wird es dies. Aber ohne den Mut zum Tiefgang ist es nicht möglich, die wirklich notwendigen Veränderungen und Umgestaltungen durchzuführen. Sie werden, wenn Sie geschickt agieren, jetzt mit mächtigen und einflussreichen Personen in Kontakt kommen.

Momentan verfügen Sie über genug Mut, um mit beeindruckenden und vielleicht sogar furchterregenden Zeitgenossen zu verkehren. Durch Ihre Nachforschungen verfügen Sie über wertvolles Wissen. Und das macht Sie nützlich für jene, die an den Hebeln der Macht sitzen. Ihr Platz in der Gesellschaft ist jetzt genau dort, hinter den Kulissen, wo die wirklichen Entscheidungen getroffen werden.

Mars ♐

In die Ferne blicken, Visionen wagen

Während dieses Monats sollten Sie es sich zum Ziel setzen, einen weiten Blick zu bekommen, der bis zum Horizont schaut, und wenn möglich noch darüber hinaus.

Mit dieser Fähigkeit wird es Ihnen gelingen, weit reichende Zukunftsprojekte anzusteuern. Auch stärken Sie damit ihren Optimismus. Wieso machen Sie dies und das, welchen Sinn hat Ihr tagtägliches Bemühen, wohin führt all dies? Vielleicht fragen Sie sich momentan, warum Sie sich mit derartigen Sinnfragen beschäftigen. Ist denn der Alltag nicht zeitraubend genug? Haben Sie darüber hinaus Zeit für großartige philosophische Überlegungen?

Letztendlich werden Sie feststellen, dass eine langfristige Perspektive ungeheuer motivierend wirkt. Sie werden durch diese Sichtweise nicht nur sich selbst, sondern auch anderen neuen Mut machen. Vielleicht besuchen Sie jetzt einmal eine Kirche. Oder Sie gehen in Gotteshäuser anderer Religionen. Lesen Sie dicke Bücherkunde nicht nur Zeitungsartikel, SMS oder E-Mails.

Beschränken Sie den Kontakt mit Ihren Bekannten nicht nur auf den heutzutage üblichen kurzen Telegrammstil. Verabreden Sie sich ruhig einmal mit dem Ziel, längere und ausführlichere Gespräche zu führen. Vermeiden Sie Allgemeinsätze und die üblichen Floskeln. Fragen Sie genauer nach. Und bitte Sie um Antworten. Es wird Ihnen guttun. Und auch Ihren Gegenüber.

Mc tr ♑

Die Fakten sehen, ernsthafter werden

Während dieses Monats sollten Sie es sich zum Ziel setzen, die Welt so zu sehen, wie sie ist, und nicht so, wie sie vielleicht sein sollte. Dies kann ziemlich schmerzhaft sein. Denn ein Großteil aller Hoffnungen und Sehnsüchte, denen wir uns hingeben, basiert auf Fehleinschätzung der realen Gegebenheiten.

Normalerweise brauchen wir die rosarote Brille. Wir brauchen Illusionen, weil wir die ungeschminkte Wirklichkeit wirklich schwer ertragen können.

Sie fragen sich vielleicht, warum sie sich ausgerechnet jetzt diesen knallharten Realismus antun sollen. Die Antwort ist einfach: Damit Sie Ihre Kraft nicht in sinnlose Aktionen verschwenden, damit Sie Ihr Geld nicht verschwenden, damit Sie wirklich und wahrhaftig Spaß am Leben haben.

Natürlich besteht die Gefahr, dass man Sie als Miesmacher brandmarkt. Menschen, die knallhart aussprechen, was Sache ist und worum er wirklich geht, machen sich unbeliebt. Allerdings werden zu gewissen Zeiten auch genau diese trockenen Charaktere gebraucht. Man schätzt ihren Rat, wenn die Ressourcen begrenzt sind, wenn man seine Kräfte aufgebraucht hat und die Hoffnung auf einen kurzfristigen Erfolg schwindet.

Sie sind momentan genau die richtige Person, die man als Trainer oder Chef braucht, um eine Schlankheitskur durchzuziehen, wenn man gnadenlos abspecken muss. Dies gilt für Privatpersonen und im übertragenen Sinne auch für Wirtschaftsunternehmen.

Mctr ♒

Heiter werden, Teamgeist wecken

Während dieses Monats sollten Sie es sich zum Ziel setzen, in der Öffentlichkeit eine positive Rolle einzunehmen. Idealismus bedeutet im Grunde, dass man sich für die Belange anderer einsetzt. Warum macht es so viel Freude, die eigenen Interessen zurückzustellen?

Vielleicht liegt es daran, dass man auf einmal Teil einer gesellschaftlichen Bewegung wird. Die Beschränktheit und Begrenztheit des eigenen Ichs lösen sich auf. Und man erfährt, dass sich gemeinsam eine ganze Menge bewirken lässt.

Vielleicht überlegen Sie, was Ihnen solch ein öffentliches Engagement ansonsten noch bringen könnte. Und Sie fragen sich, ob Sie generell zum Teamplayer taugen. Probieren Sie es doch einfach aus. Es kann sein, dass Sie in diesem Monat Ihre Freunde einmal komplett zusammen bringen, vielleicht auf einer Party. Oder Sie haben im Berufsleben ein starkes Gemeinschaftserlebnis. Es kann dort Probleme geben, die sich nur mit vereinten Kräften lösen lassen. Vielleicht werden Sie ausgewählt, ein entsprechendes Projekt zu leiten.

Möglicherweise aber ergibt sich in diesem Monat solch ein Wirgefühl auch vollkommen spontan. Sie gehen auf eine öffentliche Veranstaltung und sind auf einmal Teil des Ganzen. Wie auch immer: Üben Sie sich in neuer Offenheit. Sie werden merken, welche Heiterkeit urplötzlich von Ihnen Besitz ergreift.

Mc tr ♓

Verkrustungen lösen, weicher werden

Während dieses Monats sollten Sie es sich zum Ziel setzen, erstarrte Grenzen jeglicher Art zu überwinden. Dabei kann es sich beispielsweise um zwischenmenschliche Beziehungen handeln, die an einem Nullpunkt angekommen sind. Niemand redet mehr mit dem anderen, wenn die Fronten absolut verhärtet sind.

Die Erstarrung kann auch in anderen Bereichen vorhanden sein, beispielsweise im Gesellschaftlichen, in Politik oder Wirtschaft. Oder aber es handelt sich hierbei um einen ganz persönlichen, inneren Zustand der Erstarrung.

Möglicherweise fragen Sie sich jetzt, wie es überhaupt zu so einer Stagnation kommen konnte. Sie versuchen, den Jetztzustand intellektuell zu erfassen, und analysieren die Situation. Doch für solche Gedankenspiele ist jetzt nicht die richtige Zeit. Es geht um wesentlich mehr als nur um den Verstand.

Diesen Monat sollten sie Ihre ganz feinen Sinne schärfen, durchgängig werden und transparent wie das Blatt eines Baumes, wenn man gegen das Sonnenlicht hält. Wenn es beispielsweise nicht möglich ist, mit einem Menschen direkt zu kommunizieren, dann nehmen Sie halt über die Körpersprache Kontakt mit ihm auf. Geht es um einen Zustand in Ihrem Inneren, dann können Sie auf die gleiche Weise vorgehen. Gehen Sie mit sich selbst um wie mit einem kleinen Kind, wie mit einem Hund oder einer Katze. Seien Sie gut zu sich selbst!

Aspekte des MC im Lunar

MC tr ☉ tr ⚹△☌

Selbstbewusstsein hilft

Mit der kraftvollen Ausstrahlung der Sonne im günstigen Winkel zum Zenit, einem Eckpunkt des Lunar-Horoskops, gelingt es Ihnen, das Ziel dieses Monats zu erreichen. Sie treffen auf Menschen, die ihre Umgebung nicht nur beobachten, sondern aktiv ins Geschehen eingreifen. Dies geschieht nicht so sehr durch tätiges Handeln, als vielmehr durch die Kraft der Persönlichkeit.

Auch Sie selbst werden etwas Sonnenhaft-Optimistisches ausstrahlen. Wer von sich selbst überzeugt ist, kann andere mitreißen. Es ist jetzt Ihr wichtigstes Anliegen, Beachtung zu finden. Je mehr Ihr Leben an der Öffentlichkeit ausgerichtet ist, umso stärker werden Sie Aufmerksamkeit und Anerkennung erfahren.

Hüten Sie sich jedoch vor übertriebener Eitelkeit. Die Sonne macht blind. Wer auf der Bühne im Rampenlicht steht, dessen Augen sind von den starken Scheinwerfern geblendet. Er erkennt das Publikum nicht mehr. Die Wünsche und Bedürfnisse unserer Mitmenschen erscheinen aus der Sicht sonnenhafter Menschen klein und nichtig. Das Ego bläht sich auf, gleich einem kleinen Kind, das sich für den Mittelpunkt der Welt hält.

MC tr ☉ tr □☍

Selbstbewusstsein hilft nicht immer

Mit dem spannungsreichen Aspekt der Sonne zum Zenit, einem Eckpunkt des Lunar-Horoskops, gelingt es Ihnen nurunter großen Mühen, das äußere Ziel dieses Monats zu erreichen. Sie sind vor allem mit sich selbst beschäftigt. Es ist eine Zeit der Innenschau. Sie widmen sich vor allem Ihrem Heim und der Familie, kümmern sich um ihre ganz private Welt.

Hüten Sie sich vor übertriebener Eitelkeit. Für Ihre Bescheidenheit ernten Sie so manches Lob. Die Sonne macht blind, gleich demjenigen, der auf der Bühne im Rampenlicht steht vor lauter Scheinwerfern, die ihm in die Augen strahlen, das Publikum nicht mehr erkennt.

Die Wünsche und Bedürfnisse unserer Mitmenschen erscheinen aus der Sicht sonnenhafter Menschen klein und nichtig. Das Ego bläht sich auf und gleicht dem eines kleinen Kindes, das sich für den Mittelpunkt der Welt hält.

MC tr ☽ tr ⚹△☌

Mütterlichkeit hilft

Der sanfte Schein des Mondes am Zenit, einem Eckpunkt des Lunar-Horoskops, fördert das Erreichen des Monatsziels. Sie werden auf angenehmen Menschen treffen. Man nimmt nicht nur die Bedürfnisse der Umwelt wahr, sondern leistet auch bemutternd und fürsorglich Unterstützung.

Auch Sie selbst werden die Kraft des Mondes erfahren, Ihre Mitmenschen so annehmen, wie sie nun einmal sind, mit all ihren Stärken und Schwächen. Und Sie geben ihnen die nötige Herzenswärme, die jedermann braucht, um sich hier auf Erden wohlzufühlen. Ihr Innenleben orientiert sich jetzt stark an Zielen und Ehrgeiz. Emotional ist die öffentliche Anerkennung für Sie jetzt ganz besonders wichtig. Und Sie brauchen viel Aufmerksamkeit.

Allerdings kann das Mütterliche auch etwas Umklammerndes und Erdrückendes mit sich bringen. Übertrieben Gluckenhaftes könnten Sie an einer fremden Person erleben oder aber in Ihren direkten Familienkreis. Auch Sie sich selbst bekommen solche Charaktereigenschaften.

Der Mond hat ein bleiches, wankelmütiges Licht. Zu schnell zieht er sich hinter Wolken zurück. Er ist launisch. Sein kindhaftes Gemüt reagiert verletzt, wenn es nicht die erwartete Anerkennung bekommt bzw. nicht mit all seinen Mimosen, Wehwehchen und wechselhaften Stimmungen unmittelbar und sofort angenommen wird.

MC tr ☽ tr □☍

Mütterlichkeit als Schwäche

Der sanfte Schein des Mondes in Opposition zum Zenit, einem Eckpunkt des Lunar-Horoskops, stört das Erreichen des Monatsziels. Sie werden selten auf Menschen treffen, welche die Bedürfnisse ihrer Umwelt nicht nur erkennen, sondern auch bemutternd und fürsorglich Unterstützung leisten. Sie selbst werden kaum die Kraft des Mondes genießen, also Ihre Mitmenschen so annehmen, wie sie nun einmal sind, mit all ihren Stärken und Schwächen.

Auch gelingt es nicht im rechten Maße, die nötige Herzenswärme geben, die viele brauchen, um sich hier auf der Erde wohlzufühlen. Ihr Innenleben ist jetzt zu eng auf Ihre Ziele und Ihren Ehrgeiz fokussiert. Emotional ist die öffentliche Anerkennung für Sie jetzt zu wichtig. Und Sie brauchen mehr Aufmerksamkeit, als man Ihnen geben kann.

Allerdings kann diese mütterliche Seite auch etwas Umklammerndes und Erdrückendes mit sich bringen. Dieses Gluckenhafte könnten Sie an einer fremden Person erleben, oder in Ihren direkten Familienkreis oder an sich selbst, ganz persönlich. Auch hat der Mond ein bleiches, wankelmütiges Licht.

Zu schnell zieht er sich hinter Wolken zurück, wenn seine Laune danach ist. Wenn er sich in seinem kindhaften Gemüt verletzt fühlt, nicht die erwartete Anerkennung bekommt bzw. sich nicht mit all seinen Mimosen, Wehwehchen und wechselhaften Stimmungen sofort angenommen fühlt, wird es kritisch.

MC tr ☿ tr ⚹△♂

Kühler Intellekt hilft

Das nervöse Licht des schnell laufenden Planeten Merkur im Sextil zum Zenit, einem Eckpunkt des Lunar-Horoskops, hilft beim Erreichen des Monatsziels. Menschen werden Ihnen begegnen, die ganz klar und logisch eine Situation analysieren. Diese Zeitgenossen können jeden noch so schwierigen Gesprächskontakt auf eine vollkommen emotionslose, rein sachliche Ebene reduzieren.

Solch ein Charakterzug ist besonders hilfreich, wenn die Gefühle allgemein verrückt spielen und Lösungsmöglichkeiten in weite Ferne gerückt zu sein scheinen. Auch Sie persönlich werden die Intellektualität des Merkur stärker denn je für sich zu nutzen wissen. Vielleicht halten Sie sogar öffentliche Reden. Die Kommunikation ist in diesem Monat auf jeden Fall ungeheuer wichtig. Allerdings besteht auch die Gefahr, bei aller Logik ein Thema zu zerreden. Es wird in tausend Facetten aufgeteilt. Mit jedem neuen Detail verliert sich der Blick auf das Ganze. Merkur redet gerne und hört sich selbst auch gerne reden. Das führt bis hin zur intellektuellen Selbstbefriedigung. Eine Neigung zu Schein-Lösungen besteht. Gut ist es, wenn man Dinge bespricht. Doch Reden allein ersetzt das Handeln nicht, auch wenn viele Merkurianer das gerne hätten.

Mc tr ☿ tr □☍

Kühler Intellekt kann schaden

Das nervöse Licht des schnell laufenden Planeten Merkur in Opposition zum Zenit, einem Eckpunkt des Lunar-Horoskops, stört beim Erreichen des Monatsziels. Menschen werden Ihnen begegnen, die zu klar und zu logisch eine Situation analysieren können. Diese Zeitgenossen reduzieren jeden noch so schwierigen Gesprächskontakt auf eine unangenehm kühle, rein sachliche Ebene.

Dies ist kaum hilfreich, wenn die Gefühle verrückt spielen und Lösungsmöglichkeiten in weite Ferne gerückt zu sein scheinen. Auch Sie persönlich werden die Intellektualität des Merkur jetzt schwerlich für sich zu nutzen wissen. Hüten Sie sich vor öffentlichen Reden. Die Kommunikation ist in diesem Monat auf jeden Fall etwas gestört.

Und es besteht die Gefahr, bei aller Logik ein Thema zu zerreden. Es wird in tausend Facetten aufgeteilt. Mit jedem neuen Detail verliert sich der Blick auf das Ganze. Merkur redet gerne und hört sich selbst auch gerne reden. Das führt bis hin zur intellektuellen Selbstbefriedigung. Eine Neigung zu Schein-Lösungen besteht.

Gut ist es, wenn man Dinge bespricht. Doch Reden allein ersetzt das Handeln nicht, auch wenn viele Merkurianer das gerne so hätten.

Mc tr ♀ tr ⚹△☌

Harmonische Ausgeglichenheit hilft

Mit den sanften Strahlen der Venus im Sextil zum Zenit, einem Eckpunkt des Lunar-Horoskops, wird die Diplomatie eine ganz besondere Rolle spielen, wenn es um das Erreichen des Monatsziels geht. Sie treffen auf Menschen, die allein durch ihren Charme und gekonntem Auftreten mehr erreichen, als andere mit einem geballten Paket von Macht und Kraft und Energie. Auch Sie persönlich werden das Talent, Menschen durch Verführung für sich einzuspannen, mehr und mehr nutzen.

Mit Fingerspitzengefühl und Ehrgeiz treiben Sie Ihre Karriere voran. Sie können ein sicheres Auftreten an den Tag legen, geben sich gerne dem Genuss hin und lieben es, sich einladen zu lassen. Dadurch werden viele neue Kontakte geschaffen, die Ihrer Karriere dienlich sind.

Zur Schattenseite der astrologischen Venus gehört ihre Oberflächlichkeit. Die astronomische Oberfläche des Planeten Venus ist mit dem Fernrohr kaum zu erkennen. Sie ist verhüllt durch einen Schleier aus heißen Gaswolken.

Venus verbirgt ihre eigentlichen Interessen gerne hinter einer lächelnden Maske. Nicht jedem kommt das geheuer vor. Zudem wird dem Planeten eine gewisse Trägheit nachgesagt. Manche reden von Passivität, andere weitaus direkter von Faulheit.

Mc tr ♀ tr □☍

Harmonische Ausgeglichenheit würde helfen

Mit den sanften Strahlen der Venus in Opposition zum Zenit, einem Eckpunkt des Lunar-Horoskops, wird die Diplomatie schwerlich eine ganz besondere Rolle spielen, wenn es um das Erreichen des Monatsziels geht. Sie werden kaum auf Menschen treffen, die allein durch Charme und gekonntes Auftreten mehr erreichen, als andere mit einem geballten Paket voller Macht und Kraft und Energie. Auch Sie persönlich können schwerlich das Talent, Menschen durch Verführung für sich einzuspannen, für sich nutzen. Mit übertriebenem Charme und Ehrgeiz treiben Sie Ihre Karriere voran. Sie legen ein derzeit wenig überzeugendes Auftreten an den Tag, geben sich zu gerne dem Genuss hin. Zu sehr lieben Sie es, sich einladen zu lassen. Dadurch werden schwerlich neue Kontakte geschaffen, die Ihrer Karriere dienen können.

Zur Schattenseite der astrologischen Venus gehört ihre Oberflächlichkeit. Die astronomische Oberfläche des Planeten Venus ist mit dem Fernrohr kaum zu erkennen, verhüllt er sich doch mit einem Schleier aus heißen Gaswolken.

Venus verbirgt ihre eigentlichen Interessen gerne hinter einer lächelnden Maske. Nicht jedem kommt das geheuer vor. Zudem wird dem Planeten eine gewisse Trägheit nachgesagt. Manche reden von Passivität, andere weitaus direkter von Faulheit.

Mc tr ♂ tr ⚹△♂

Tatendurst hilft

Der rötliche Schein des zornentbrannten Mars im Sextil zum Zenit, einem Eckpunkt des Lunar-Horoskops, wird im laufenden Monat seine unterstützende Kraft entfalten. Jetzt wird nicht mehr abgewartet, sondern mutig gehandelt. Kein Feind macht diesem Planetengott Angst, keine Aufgabe ist ihm zu anstrengend. Er kann alles, außer Abwarten. In den folgenden Wochen werden Sie Ihr Monatsziel mit sehr viel Elan anpacken.

Was kann dabei noch schief gehen? Sie richten Ihre Aktivitäten ganz auf die Außenwelt, sind wagemutig und haben die Konkurrenz fest im Blick. Risiken nehmen Sie gerne in Kauf, um das angestrebte Ziel zu erreichen.

Die Tapferkeit des Mars ist löblich. Doch je mutiger er auftritt, desto stärker drängt es auch seine Feinde aus der Reserve. Mars kämpft mit offenem Visier, frei nach dem Motto ›Viel Feind, viel Ehr‹. Manchmal wirkt er bei allem Tatendrang reichlich ungeschickt. Und er erzeugt indirekt genau jenen Widerstand, den er eigentlich bekämpfen wollte. Mitstreiterund Freunde werden verschreckt.

Achten Sie also darauf, die positiven Seiten des Roten Planeten zu nutzen. Und halten Sie seine Ungestümtheit in Schach.

MC tr ♂ tr □☍

Tatendurst kann schaden

Der rötliche Schein des zornentbrannten Mars in Opposition zum Zenit, einem Eckpunkt des Lunar-Horoskops, wird im laufenden Monat kaum seine unterstützende Kraft entfalten können. Nun wird nicht mehr klug abgewartet, sondern übereilt gehandelt.

Kein Feind ist diesem Planeten zu groß, keine Aufgabe zu anstrengend. Er kann alles, außer Abwarten. Folglich werden Sie Ihr Monatsziel mit zu viel Elan anpacken. Das kann schief gehen! Denn Ihre Energie ist gleichzeitig zu sehr auf das Private und auf psychologische Vorgänge ausgerichtet. Da kann sich die Energie stauen und explosionsartig ausbrechen.

Die Tapferkeit des Mars ist löblich. Doch je mutiger er auftritt, umso mehr lockt er auch seine Feinde aus der Reserve. Mars kämpft mit offenem Visier, frei nach dem Motto ›Viel Feind, viel Ehr‹.

Manchmal wirkt er bei allem Tatendrang reichlich ungeschickt, und er erzeugt indirekt genau jenen Widerstand, den er eigentlich bekämpfen wollte. Mitstreiterund Freunde werden verschreckt. Achten Sie also darauf, die positiven Seiten des Roten Planeten zu nutzen. Und halten Sie seine Ungestümtheit in Schach.

MC tr ♃ tr ⚹△☌

Optimismus hilft, meistens

Die Strahlen von Jupiter, dem größten Planeten des Sonnensystems, fördern im Sextil zum Zenit, einem Eckpunkt des Lunar-Horoskops, das für diesen Monat angestrebte Ziel. Es fällt Ihnen leicht, Hoffnung und Zuversicht auszustrahlen. Eine Haltung nach dem Motto ›Wird schon werden‹ ist durchaus förderlich. Das zieht Gönner an und lässt Sie persönlich in einem guten Licht dastehen. Sie strahlen Glück und Zufriedenheit aus, gerade im Hinblick auf Beruf und Karriere. So können Sie langfristige Ziele entwickeln und hoffentlich auch in die Tat umsetzen.

Ob positives Denken alleine ausreicht, die angestrebten Pläne zu verwirklichen, wird sich zeigen. Jupiter ist zwarungeheuer groß, aber auch sehr leicht, fast substanzlos. Seine mangelnde Dichte und Festigkeit wird, entsprechend der astrologischen Analogie, bei Schwierigkeiten zum Problem.

Joviale Menschen geben gerne Absichtserklärungen ab. Sie engagieren sich frei nach dem Motto ›Mir nach, ich folge‹. Wenn es wirklich darauf ankommt, müssen sie manchmal improvisieren. Auf Jupiter kann man vertrauen, in gewissem Maße, aber nicht hundertprozentig.

MC tr ♃ tr □☍

Optimismus kann störend wirken

Die Strahlen von Jupiter, dem größten Planeten des Sonnensystems, hindern in Opposition zum Zenit, einem Eckpunkt des Lunar-Horoskops, das für diesen Monat angestrebte Ziel. Es geht nun eigentlich darum, Hoffnung und Zuversicht auszustrahlen.

Eine Haltung nach dem Motto ›Wird schon werden‹ ist zwar durchaus förderlich, zieht jedoch nicht zwangsläufig Gönner an. Das lässt Sie augenblicklich nicht in einem so guten Licht dastehen. Sie strahlen nicht genug Glück und Zufriedenheit aus, was im Hinblick auf Beruf und Karriere verlangt wird.

Sie sollten sich in dieser Zeit stärker um Ihr Privatleben kümmern und sich hier einen Ausgleichspunkt zu den harten Anforderungen schaffen, die das Berufsleben Ihnen abverlangt.

Ob es ausreicht, die angestrebten Pläne zu verwirklichen, wird sich zeigen. Jupiter ist zwarungeheuer groß, aber auch sehr leicht, fast substanzlos. Seine mangelnde Dichte und Festigkeit wird dann, wenn es schwierig wird, zum Problem. Jovische Menschen geben gerne Absichtserklärungen ab, engagieren sich nach dem Motto ›Mir nach, ich folge‹.

Wenn es wirklich darauf ankommt, stehen sie manchmal ganz alleine da. Auf Jupiter kann man vertrauen, in gewissem Maße, aber nicht hundertprozentig.

MC tr ♄ tr ⚹△♂

Zielstrebigkeit hilft

Der kühle Schein des Planeten Saturn im Sextil zum Zenit, einem Eckpunkt des Lunar-Horoskops, begünstigt ganz erheblich das Erreichen des Monatsziels. Es wird dennoch nicht leicht werden. Hindernisse liegen im Weg, müssen überwunden werden. Möglicherweise stehen Ihnen ernste oder ältere Menschen zur Seite.

Doch Ihr größter Freund in dieser Situation ist die Selbstdisziplin. Sie nehmen Ihre Vorhaben jetzt sehr ernst und arbeiten hart an deren Verwirklichung. Und egal um was es sich dabei handelt, es schafft Ihnen große Befriedigung.

Üben Sie sich im Verzicht. Konzentrieren Sie sich auf das Wesentlichste und seien Sie konsequent. Helfen Sie sich selbst. Dann wird Ihnen die Kraft des Saturns beistehen, über alle Klippen und Unwägbarkeiten des Alltags hinweg.

Hüten Sie sich vor übertriebener Selbstkritik. Die größte Gefahr Saturns ist der Skeptizismus. Wer von vornherein nicht daran glaubt, dass aus einer Sache etwas wird, der baut zu viel negative Erwartungsenergie auf. Dann könnte selbst ein erreichbares Ziel in weite Ferne rücken.

MCtr ♄tr □☍

Ehrgeiz zerfrisst

Der kühle Schein des Planeten Saturn in Opposition zum Zenit, einem Eckpunkt des Lunar-Horoskops, deutet auf große Schwierigkeiten beim Erreichen des Monatsziels hin.

Es wird nicht leicht werden. Hindernisse liegen im Weg, müssen überwunden werden. Möglicherweise leisten ernste oder ältere Menschen Widerstand. Auf jeden Fall ist Ihr größter Feind in dieser Situation zu große Selbstdisziplin. Sie nehmen Ihr Ziel jetzt übertrieben ernst und arbeiten zu hart an dessen Verwirklichung.

Egal um was es sich dabei handelt, es schafft Ihnen kaum große Befriedigung. Sie könnten Einsamkeit und Isolation spüren. Störungen und Hindernisse werden auf jeden Fall Ihre Geduld überstrapazieren.

Üben Sie sich im Verzicht, konzentrieren Sie sich auf das Wesentlichste und seien Sie konsequent. Helfen Sie sich selbst. Dann wird Ihnen die Kraft des Saturns beistehen, über alle Klippen und Unwägbarkeiten des Alltags hinweg. Hüten Sie sich vor übertriebener Selbstkritik. Die größte Gefahr Saturns ist der Skeptizismus. Wer von vornherein nicht daran glaubt, dass aus einer Sache etwas wird, der baut so viel negative Erwartungsenergie auf, das selbst ein erreichbares Ziel in weite Ferne rückt.

MCtr ⚷tr ⚹△☌

Die eigenen Schwächen kennen

Das schwankende Licht des Planetoiden Chiron im Sextil zum Zenit, einem Eckpunkt des Lunar-Horoskops, bringt immer eine gewisse Unsicherheit mit sich. Erstaunlicherweise hilft genau dies beim Erreichen des Monatsziels. Möglicherweise treffen Sie jetzt auf Menschen, die ganz hervorragend dazu geeignet sind, anderen zu helfen, die mit ihren eigenen Problemen jedoch nicht umgehen können. Es kann auch sein, dass Sie selbst in der Rolle des hilflosen Helfers gefangen sind. Doch in diesen Wochen gelingt es Ihnen gut, sich daraus zu befreien.

Chiron konfrontiert einen oft mit wunden Punkten der eigenen Persönlichkeit. Es sind Probleme, an denen man ein Leben lang herumbastelt. Von außen gesehen erscheinen sie lächerlich. Subjektiv betrachtet kommen sie einem jedoch schierunlösbar vor.

Hier spürt man überdeutlich seine eigene Unzulänglichkeit. Man muss lernen, genau dies zu akzeptieren. Hüten Sie sich beim Erreichen Ihres Monatsziels vor übertriebenem Perfektionswahn!

MC tr ⚷ tr □☍

An eigenen Schwächen verzweifeln

Das schwankende Licht des Planetoiden Chiron in Opposition zum Zenit, einem Eckpunkt des Lunar-Horoskops, bringt eine starke Unsicherheit mit sich. Dies kann sich in Bezug auf das Erreichen des Monatsziels störend auswirken. Möglicherweise treffen Sie jetzt nur auf Menschen, die gut sind, wenn es darum geht, anderen zu helfen, die jedoch mit ihren eigenen Schwächen nicht umgehen können.

Es kann auch sein, dass Sie selbst in der Rolle des hilflosen Helfers gefangen sind. Doch in diesen Wochen gelingt es Ihnen schwerlich, sich daraus zu befreien.

Chiron konfrontiert Sie jetzt überdeutlich mit wunden Punkten Ihrer eigenen Persönlichkeit. Es gibt da Probleme, mit denen Sie ein Leben lang beschäftigen. Von außen gesehen erscheinen sie lächerlich. Subjektiv betrachtet kommen sie Ihnen jedoch schierunlösbar vor. Das mag sein. Aber vielleicht haben Sie momentan Ihre Ansprüche auch einfach nur viel zu hochgeschraubt. Sie müssen jetzt einfach akzeptieren, dass Sie nur ein Mensch sind, wie alle anderen auch. Übertriebener Perfektionswahn führt Sie nur in die Sackgasse!

MC tr ☾tr ⚹△☌

Leidenschaftlichkeit hilft

Die Stellung von Lilith, dem unsichtbaren Schwarzen Mond, im Sextil zum Zenit, einem Eckpunkt des Lunar-Horoskops, beeinflusst das Monatsziel. Sie gehen Ihren Leidenschaften nach und leben Ihre Triebhaftigkeit ganz natürlich aus.

Ungewöhnliche Menschen, die Ihnen einen Schrecken einjagen, entpuppen sich bei näherem Hinsehen als faszinierende Persönlichkeiten, wobei eine gewisse Vorsicht ratsam bleibt.

Lilith wirkt wie ein heilsames Gift. Nur die Überdosis richtet wirklich Schaden an. Der schwarze Mond symbolisiert jene Kräfte der Natur, denen innerhalb einer hoch zivilisierten Gesellschaft zu wenig Raum gegeben wird. In der richtigen Prise verabreicht, fördert Lilith die Lebenslust. Und genau dies fördert nun Ihre Karriere.

MC tr ☾tr □☍

Leidenschaft gefährdet

Die Stellung von Lilith, dem unsichtbaren Schwarzen Mond, in Opposition zum Zenit, einem Eckpunkt des Lunar-Horoskops, stört das Monatsziel. Sie haben nicht genug Raum, um Ihre Leidenschaften auszuleben. Für ungestillte Wut fehlt die Ausdrucksform. Ungewöhnliche Menschen, die Ihnen einen Schrecken einjagen, spiegeln Ihnen diese fälschlicherweise verbotenen Aspekte des Lebens überdeutlich wider.

Übertriebene Vorsicht verhindert, dass Sie sich Ihre triebhaften Seiten unvoreingenommen anschauen können, und deshalb können Sie dergleichen auch schlecht bei Ihren Mitmenschen zulassen.

Lilith wirkt wie ein heilsames Gift, wobei sowohl der Mangel als auch die Überdosis Schaden anrichten können.

Der schwarze Mond symbolisiert jene Kräfte der Natur, denen innerhalb einer hoch zivilisierten Gesellschaft meistens nicht der rechte Raum zugesprochen wird. Leben Sie Ihre Ekstasen harmonisch aus. Dann werden Sie von ihnen nicht beherrscht.

MC tr ♅ tr ⚹△☌

Ideen helfen weiter

Das Licht des Uranus im Sextil zum Zenit, einem Eckpunkt des Lunar-Horoskops, wird Ihnen beim Erreichen des Monatsziels zur Seite stehen. Sie treffen auf Menschen, die ihre ganz eigenen Wege gehen, die absolute Individualisten auf ihrem jeweiligen Fachgebiet sind. Auch Sie selbst spüren plötzlich eine gewisse Genialität in sich. Und da ist dann noch die Fähigkeit, Dinge aus vollkommen unterschiedlichen Perspektiven heraus zu betrachten.

So entdecken Sie Lösungsmöglichkeiten für unterschiedlichste Aufgabenstellungen. Sie bevorzugen individuelle Strategien und Herangehensweisen. Mit Überraschungen muss man bei Ihnen jetzt rechen.

Als einziger der Planeten des Sonnensystems liegt Uranus schräg in seiner Bahn. So bleibt der eine seiner Pole lange Zeit der Sonne zugewandt, und der Gegenüberliegende liegt im Dunklen. Entsprechend seiner ungewöhnlichen astronomischen Ausrichtung ist seine astrologische Wirkung.

Uranische Einflüsse schießen quer in unser Leben hinein. Nutzen wir die Kraft des Planeten, dann haben wir als Seiteneinsteiger die besten Chancen. Experimentierlust fördert die Karriere.

Mc tr ♅ tr □☍

Ideen sind nicht alles

Das Licht des Uranus in Opposition zum Zenit, einem Eckpunkt des Lunar-Horoskops, wird beim Erreichen des Monatsziels etwas stören. Sie treffen auf Menschen, die zu sehr ihre eigenen Wege gehen, die absolute Individualisten auf ihrem Gebiet sind. Und auch von Ihnen selbst geht zurzeit ein etwas übertriebener Hauch von Genialität aus. Es ist die Neigung, Dinge immer wieder aus völlig anderen Perspektiven heraus zu betrachten. Daraus ergeben sich nicht automatisch bessere Strategien oder Lösungsmöglichkeiten bei aufkommenden Problemen.

Sie bevorzugen zu sehr die ganz individuelle Taktik. Das kann zu unangenehmen Überraschungen führen. Oft erlebt man in solchen Zeiten eine mangelnde Solidarität. Kollegen und Freunde, auf die man fest gebaut hat, verlassen einen oder entziehen sich der Verantwortung.

Als einziger der Planeten des Sonnensystems liegt Uranus schräg in seiner Bahn. So bleibt der eine seiner Pole lange Zeit der Sonne zugewandt, und der Gegenüberliegende liegt im Dunklen. Entsprechend seiner ungewöhnlichen astronomischen Ausrichtung ist seine astrologische Wirkung. Uranische Einflüsse schießen quer in unser Leben hinein. Wenn damitpositive Wirkungen erreicht werden, ist das wunderschön. Doch Vorsicht, Querdenken allein ist noch kein Garant für Erfolg.

M^{C}tr ♆tr ⚹△☌

Das richtige Gespür hilft

Die Strahlen des Neptun im Sextil zum Zenit, einem Eckpunkt des Lunar-Horoskops, werden das Monatsziel erheblich beeinflussen. Allein mitpurer Logik werden Sie ihre aktuellen Pläne nicht in die Realität umsetzen können. Feingefühl und eine gewisse Intuition sind genauso notwendig. Weiter helfen könnten Ihnen Menschen mit einem künstlerisch-musischen Ansatz.

Diese etwas scheuen und eigensinnigen Charaktere werden Ihnen Umwege und Auswege anzeigen, sodass Sie letztendlich erfolgreich sein werden, jedoch vollkommen anders, als ursprünglich geplant. Sie denken jetzt vielleicht über Alternativen zum ganz normalen Berufsleben nach. Der Wunsch, aus dem ganz Alltäglichen auszusteigen, ist riesig.

Der Einfluss Neptuns hat aber immer auch etwas Illusorisches. Drogen, Sehnsüchte und Träume schieben sich vor die Realität.

Und so kann es sein, dass Sie sich zurzeit vollkommen falsche Vorstellungen über Ihr Monatsziel machen, oder dass jemand Sie täuscht, entweder aus reiner Naivität oder aus Absichten, die er vor Ihnen verborgen hält. Lassen Sie sich von Ihrem richtigen Gespür leiten, und nicht von dem falschen.

MC tr ♆ tr □☍

Falsches Gespür

Die Strahlen des Neptun in Opposition zum Zenit, einem Eckpunkt des Lunar-Horoskops, werden das Monatsziel etwas beeinträchtigen. Rein über die Intuition werden Sie ihre aktuellen Pläne nicht erreichen können. Feingefühl und Intuition könnten jetzt störend wirken.

Auch schadet ein übertrieben künstlerisch-musischer Ansatz. Versuchen sie nicht, über Umwege und Auswege zum Erfolg zu kommen. Es wird sowieso ganz anders, als ursprünglich geplant.

Sie denken recht schwärmerisch über Alternativen zum derzeitigen Berufsalltag nach und verspüren den Wunsch, aus dem ganz Alltäglichen auszusteigen. Dabei flüchten Sie vielleicht in Tagträume, was die Fähigkeit, wirklich etwas zu bewirken, erheblich verringert.

Der Einfluss Neptuns hat immer auch einen illusorischen Aspekt. Drogen, Sehnsüchte und Fantasien schieben sich vor die Realität. Und so kann es sein, dass Sie sich zurzeit vollkommen falsche Vorstellungen über Ihr Monatsziel machen. Möglich ist auch, dass jemand Sie täuscht, entweder aus reiner Naivität oder aus purer Berechnung. Sie sind jetzt leicht beeinflussbar.

MC tr ♇ tr ⚹△☌

Veränderungen helfen

Von ganz weit draußen wirken die Strahlen Plutos im Trigon zum Zenit, einem Eckpunkt des Lunar-Horoskops, und beeinflussen das Ziel des Monats. Es ist auf jeden Fall wichtig, Veränderungen einzuleiten. Dabei sollten Sie mutig vorangehen und keine faulen Kompromisse machen. Um richtig auszumisten, muss man das Unterste nach oben kehren. Menschen von beeindruckenderund manchmal auch beängstigender

Ausstrahlung werden Ihnen zur Seite stehen. Sie selbst verfolgen Ihre Ziele jetzt wie unter einem inneren Zwang. Wichtig ist, dass Sie dabei eine ethische Grundhaltung bewahren. Jegliches Fehlverhalten wird entsprechend den Gesetzen des kosmischen Ausgleichs früher oder später negativ auf Sie zurückwirken.

Allerdings müssen Sie sich davor hüten, das Kind mit dem Bade auszuschütten. Plutos Einfluss verführt dazu, dass man vor lauter Balken den Splitter im eigenen Auge nicht mehr sieht.

Man projiziert das auf die Umwelt, was man an sich selbst nicht mag, bekämpft im anderen folglich nur sich selbst. Leicht ist es, der Umwelt die Schuld an allen Problemen zu geben. Viel schwerer ist es jedoch, sich zur bitteren Wahrheit zu bekennen, dass man selbst Teil des Problems ist. Achten Sie bei Ihren Veränderungen darauf, sich nur von wirklich Überflüssigem zu trennen. Wirklich Wertvolles muss erhalten bleiben.

Mc tr ♇ tr □☍

Veränderungen wirken störend

Von ganz weit draußen wirken die Strahlen Plutos in Opposition zum Zenit, einem Eckpunkt des Lunar-Horoskops, stören das Ziel des Monats. Es ist zwar wichtig, Veränderungen einzuleiten. Aber dabei sollte man nicht zu rigide vorgehen und absolut das Unterste zu oberst kehren. Andererseits sind faule Kompromisse auch keine Lösung.

Mit Menschen von beeindruckenderund manchmal auch beängstigender Ausstrahlung werden Sie sich jetzt beschäftigen müssen. Sie selbst könnten Ihre Ziele nun wie unter einem inneren Zwang verfolgen. Fraglich ist, ob Sie dabei eine ethische Grundhaltung bewahren. Jegliches Fehlverhalten würde sich ungünstig auswirken.

Allerdings müssen Sie sich davor hüten, das Kind mit dem Bade auszuschütten. Plutos Einfluss verführt dazu, dass man vor lauter Balken den Splitter im eigenen Auge nicht mehr sieht. Man projiziert das, was man an sich selbst nicht mag, auf die Umwelt, bekämpft folglich sich selbst im anderen. Leicht ist es, der Umwelt die Schuld für einen Missstand zu geben, viel schwerer jedoch, zur bitteren Wahrheit zu stehen, dass man möglicherweise selbst Teil des Problems ist.

Achten Sie also bei Ihren Veränderungen darauf, sich nur von wirklich Überflüssigem zu lösen und Wertvolles zu behalten. Eine gewisse Ehrlichkeit sich selbst gegenüber ist dabei absolut notwendig.

Aspekte MC Lunar zum Radix

Die Himmelsmitte des Lunar-Horoskops zeigt an, was man in diesem Monat in emotionaler Hinsicht beabsichtigt. Auch zeigt diese Horoskopstellung, wie man sich mit all seinen Gefühlen in der Öffentlichkeit darstellen möchte.

Die Aspekte des Lunar-MC zum Geburtshoroskop indizieren, in wieweit das Monatsthema mit Persönlichkeitsaspekten korrespondiert, die den Horoskopeigner ein Leben lang prägen. Die sogenannten harten Aspekte wie Konjunktion, Quadrat und Opposition fordern zur Stellungnahme auf. Weiche Aspekte wie Trigon und Sextil bieten Gelegenheiten und Möglichkeiten. Doch das Glück drängt sich nicht auf.

MC tr MC Rad ⚹△☌

Berufliches wird wichtig

Jetzt müssen Sie sich ganz besonders auf Ihre Stellung in Beruf und Gesellschaft konzentrieren. Es ist möglich, dass Sie einige Erfolge erleben, auch ohne große Anstrengungen.

Mc tr Mc Rad □☍

Privates wird wichtig

Jetzt müssen Sie sich ganz besonders auf Ihre Familie und häusliche Situation konzentrieren. Es ist möglich, dass Sie einige Erfolge erleben, jedoch bedarf es dabei ziemlich großer Anstrengungen.

Mc tr Asc Rad ⚹△☌

Persönliches Auftreten

Die Maske, die Sie der Welt gegenüber aufsetzen, ist das, was man als Erstes an Ihnen erlebt und woran man sich orientiert. In diesem Moment spielt es eine ganz besondere Rolle, wie Sie persönlich in Erscheinung treten. Dazu gehört auch die Kleidung, die Sie tragen und die Art und Weise, wie es Ihnen gelingt, andere Menschen für sich einzunehmen bzw. sich gegen sie durchzusetzen.

Es fällt Ihnen jetzt leichter als sonst, Präsenz zu zeigen, Eindruck zu machen und sich machtvoll durchzusetzen.

Mc tr Asc Rad □☍

Partnerschaftliches Auftreten

In diesem Moment spielt es eine ganz besondere Rolle, wie Sie persönlich in Erscheinung treten. Dazu gehört auch die Kleidung, die Sie tragen und die Art und Weise, wie es Ihnen gelingt, andere Menschen für sich einzunehmen bzw. sich gegen sie durchzusetzen.

Die Maske, die Sie der Welt gegenüber aufsetzen, ist das, was man als Erstes an Ihnen erlebt und woran man sich orientiert. Es fällt Ihnen jetzt schwerer als sonst, Präsenz zu zeigen und sich so durchzusetzen, dass Sie Ihre augenblicklichen Ziele erreichen.

MCtr ☉Rad □☍⚹△☌

Disziplinierte Kreativität

Im Zentrum dieses Monats steht die Frage, wie Sie sich persönlich einsetzen. Es wird Ihr Selbstbewusstsein stärken, wenn Sie in die Öffentlichkeit gehen und Stellung beziehen. Schöpferisch müssen Sie werden, ganz aus sich selbst heraus handeln. Dabei müssen Sie die Bedürfnisse der anderen fest im Blick haben und sich auf das Wesentliche konzentrieren. Dies wird Ihnen nicht leicht fallen. Doch der Einsatz lohnt sich.

Bedeutsam wird nun die Schöpferkraft, was sich beispielsweise in verstärkter künstlerischer Betätigung zeigen kann. Sportlich glänzt man mit einigen Erfolgen. Eroberungen in der Liebe geben dem Leben die rechte Würze. Vergnügen beim ausgelassenen Spiel mit Kindern.

MCtr ☽Rad ⚹△☌

Konzentrierte Emotionalität

Die Betonung Ihres Geburtsmondes durch das Lunar-Horoskop zeigt an, dass die eigene Herkunft in diesem Monat besonders wichtig ist. Man beschäftigt sich vermehrt mit seinen Eltern, der Familie und dem Erbe. Auch richtet man seine Energie auf Aspekte des Wohnens, vielleicht sogar auf Grundbesitz sowie das Kaufen und Einrichten von Häusern. Konzentrieren Sie sich auf alles, was Ihnen emotional Rückhalt gibt. Dann wird Ihr Bemühen von Erfolg gekrönt sein.

MC$_{tr}$ ☽$_{Rad}$ □☍

Verkrampfte Emotionalität

Die Betonung Ihres Geburtsmondes durch das Lunar-Horoskop zeigt an, dass die eigene Herkunft in diesem Monat besonders wichtig ist, vielleicht sogar zu wichtig. Man beschäftigt sich in übertriebenem Maße mit seinen Eltern, der Familie und dem Erbe. Auch richtet sich die Energie auf Aspekte des Wohnens, vielleicht sogar auf Grundbesitz sowie das Kaufen und Einrichten von Häusern.

Allerdings sind Sie dabei oft zu verkrampft und wollen zu viel. Emotional fehlt es Ihnen oft an Rückhalt. Deshalb ist es fraglich, ob Ihr Bemühen wirklich von Erfolg gekrönt sein wird.

MC$_{tr}$ ☿$_{Rad}$ ⚹△☌

Die Wortwahl steht im Zentrum

Bedeutsam ist nun der soziale Austausch, wie er sich im Kontakt zu den Nachbarn, den Geschwistern und Verwandten zeigt. Wenn Sie geschickt mit der Sprache umgehen, wird Ihre Monatsplanung höchstwahrscheinlich von Erfolg gekrönt sein. Auch dürften Sie eine Menge nützlicher Informationen erhalten.

M♀tr ☿Rad □♂

Die Wortwahl kann Probleme machen

Bedeutsam ist nun der soziale Austausch, wie er sich im Kontakt zu den Nachbarn, den Geschwistern und Verwandten zeigt. Auch wenn Sie geschickt mit der Sprache umgehen, wird Ihre Monatsplanung nurunter größten Anstrengungen von Erfolg gekrönt sein. Der Informationsaustausch ist gestört. Manchmal ist es besser, zu schweigen, als durch unpassende Bemerkungen vor den Kopf zu stoßen.

M♀tr ♀Rad ⚹△♂

Besitz spielt eine große Rolle

Bedeutsam ist nun der Erwerbstrieb. Dies zeigt sich nicht nur im Streben nach Besitz von Geld, diversen Dingen oder Grund und Boden, sondern auch auf der psychologischen Ebene.

Wenn man ein gutes Selbstwertgefühl hat, wird man auch von der Außenwelt als wertvoll angesehen. Gehen Sie in dieser Hinsicht geschickt vor, werden Ihre materiellen Anstrengungen in diesem Monat höchstwahrscheinlich von Erfolg gekrönt sein.

MC tr ♀ Rad □☍

Besitz wird problematisch

Der Erwerbstrieb steht jetzt zu sehr im Vordergrund. Dies zeigt sich leider nicht nur im Streben nach Besitz von Geld, diversen Dingen oder Grund und Boden, sondern auch auf der psychologischen Ebene. Wenn man ein schlechtes Selbstwertgefühl hat, wird man auch von der Außenwelt als wertlos eingestuft.

Seien Sie in dieser Hinsicht ganz besonders vorsichtig, damit Ihre materiellen Anstrengungen in diesem Monat nicht im Misserfolg enden.

MC tr ♂ Rad ⚹△☌

Fitness ist entscheidend

Bedeutsam ist nun die körperliche und seelische Verfassung. Auch kommt es jetzt auf die Motivation an, mit der man ins Leben tritt. Dies zeigt sich ganz besonders im Berufsleben. Sind Sie topfit und mutig, wird Ihr Handeln jetzt höchstwahrscheinlich von Erfolg gekrönt sein.

MC tr ♂ Rad □☍

Angst wäre ein Problem

Bedeutsam ist die körperliche und seelische Verfassung sowie die Motivation, mit der man dem Leben entgegentritt. Doch am wichtigsten ist der Mut. Fehlt es an ihm, lassen Sie sich schnell ins Bockshorn jagen, wird Ihr Handeln jetzt vermutlich nicht von Erfolg gekrönt sein.

MC tr ♃ Rad ⚹△☌

Expansion ist möglich

Bedeutsam ist nun die Erweiterung des geistigen Horizontes. Beschäftigen Sie sich mit Glaubensfragen und fremden Kulturen. In wirtschaftlicher Hinsicht ist die Betätigung im Im- und Exportgeschäft interessant. All dies alles wird höchstwahrscheinlich von Erfolg gekrönt sein, da es Ihnen an Optimismus nicht mangelt.

MC tr ♃ Rad □☍

Expansion nicht um jeden Preis

Bedeutsam ist jetzt zwar die Erweiterung des geistigen Horizontes. Auch steht die Beschäftigung mit Glaubensfragen und fremden Kulturen im Vordergrund. Und in wirtschaftlicher Hinsicht geht es um Aktivitäten Im- und Exportgeschäft. Es ist jedoch anzuzweifeln, ob Sie momentan diesbezüglich erfolgreich sein werden. Hüten Sie sich vor leeren Versprechungen und nicht angebrachtem Optimismus.

MC tr ♄ Rad ⚹△☌

Ernsthafte Grundhaltung

Bedeutsam ist nun die Stellung in der Öffentlichkeit. Macht und Ansehen spielen eine große Rolle. Das wirkt sich jetzt ganz stark auf die berufliche Entwicklung aus. Sie werden Erfolg nachweisen können, wenn Sie Ihre Ziele mit dem nötigen Ernst verfolgen.

Mc tr ♄ Rad □♂

Eine zu ernsthafte Grundhaltung

Schwierig wird es jetzt mit der Ihrer Stellung in der Öffentlichkeit. Macht und Ansehen spielen eine große Rolle. Das wirft Probleme in der beruflichen Entwicklung auf. Sie werden kaum Erfolg nachweisen können, wenn Sie Ihre Ziele krampfhaft und mit übertriebenem Ernst verfolgen.

Mc tr ⚷ Rad ⚹△♂

Verletzungen akzeptieren

Sie spüren ihre alten Wunden mehr denn je. Akzeptieren Sie, dass Sie genauso wenig perfekt sind wie jeder Mensch auf dieser Welt. Das wird Ihnen zu mehr Gelassenheit verhelfen. Und Sie werden das in diesem Monat angestrebte Ziel souverän erreichen.

Mc tr ⚷ Rad □♂

Verletzungen belasten

Sie spüren ihre alten Wunden mehr denn je. Und es fällt Ihnen ungeheuer schwer, genauso wenig perfekt zu sein wie jeder andere Mensch auf dieser Welt. Ringen Sie um Gelassenheit. Denn Selbstmitleid führt dazu, dass das in diesem Monat angestrebte Ziel verfehlt wird.

MC tr ☾ Rad ✶△♇

Leidenschaftliches Engagement

In den kommenden Wochen werden Sie bei der Verwirklichung Ihrer Ziele tiefe seelische Kräfte in Ihrem Inneren aktivieren. Sie können Wut, Hass und Rachegedanken in positive, schöpferische Energien verwandeln. Wenn Sie mit der nötigen Leidenschaftlichkeit vorgehen, haben Sie sicherlich Erfolg.

MC tr ☾ Rad □♇

Leidenschaft stört das Engagement

In den kommenden Wochen werden Sie bei der Verwirklichung Ihrer Ziele mit tiefen seelischen Kräften in Ihrem Inneren konfrontiert. Wut, Hass und Rachegedanken spielen eine zentrale Rolle. Nur wenn Sie destruktive Leidenschaftlichkeit vermeiden, haben Sie Erfolg.

MC tr ♅ Rad ✶△♇

Mitstreiter sind wichtig

Bedeutsam ist derzeit Ihre Verankerung im sozialen Milieu. Sie suchen und finden Menschen, mit denen Sie Ihre eigene Lebenseinstellung teilen können, bei denen Sie gegebenenfalls Unterstützung finden. Sie brauchen Gleichgesinnte, damit die Aktivitäten dieses Monats von Erfolg gekrönt sind.

Mc tr ♅ Rad □♂

Die richtigen Mitstreiter finden

Schwierig wird es mit der Verankerung im sozialen Milieu. Dies hat immer mit Menschen zu tun, deren Lebenseinstellung man teilt. Nur wenn Sie auf Menschen mit den gleichen Interessen treffen, haben Ihre Aktivitäten in diesem Monat eine Erfolgschance.

Mc tr ♆ Rad ⚹△♂

Verdrängtes integrieren

Einen besonderen Kraftschub könnten nun die verdrängten Teile der Innen- und Außenwelt bringen. Dabei handelt es sich einerseits um innerseelische Schwachpunkte und andererseits um Randgruppen der Gesellschaft.

Sie verfügen um ein ganz besonderes Feingefühl, was Ihnen ermöglicht, Nischen aufzuspüren und mit den sonderlichsten Charakteren vorteilhaft umzugehen. Aus diesem Grund werden Ihre aktuellen Aktivitäten besonders erfolgreich sein.

MC tr ♆ Rad □☍

Verdrängtes behindert

Behindernd können nun die verdrängten Teile der Innen- und Außenwelt wirken. Dabei handelt es sich einerseits um innerseelische Schwachpunkte und andererseits um Randgruppen der Gesellschaft. Sie verfügen nicht exakt über jenes besondere Feingefühl, was es einem ermöglicht, wirklich wertvolle Nischen aufzuspüren und mit sonderlichen Charakteren vorteilhaft umzugehen. Aus diesem Grund werden Ihre aktuellen Aktivitäten nicht wirklich zum angestrebten Ziel führen.

MC tr ♇ Rad ⚹△☌

Erfolgreich Verstrickungen lösen

Sie beschäftigen sich erfolgreich mit der psychischen Innenwelt. Die tiefen seelischen und schicksalsmäßigen Verbindungen zu anderen Menschen wecken Ihr Interesse. Karmische Verflechtungen rücken in den Fokus des Bewusstseins. Sie können nun mit diesen Aspekten des Lebens so gut umgehen, dass Sie Ihr Ziel bestimmt erreichen werden.

MC tr ♇ Rad □☍

Verstricktheit

Sie beschäftigen sich zu sehr mitpsychischen Innenwelten. Die tiefen seelischen und schicksalsmäßigen Verbindungen zu anderen Menschen lassen Sie nicht los. Ihr Interesse an karmische Verflechtungen erreicht manische Ausmaße. Sie können damit nicht unverkrampft umgehen. Es wird nicht leicht, bestimmte Ziele zu erreichen.

Mond

☽

Befinden und Befindlichkeit

Das Wort Laune entstand aus dem Wort Luna, die lateinische Bezeichnung für Mond. Im Lunar-Monatshoroskop ist die Stellung des Mondes von zentraler Bedeutung. Nur wenn wir unserer sich ständig wechselndes Befinden und unsere jeweilige Befindlichkeit ernst nehmen, erreichen wir langfristig jene Kraft und innere Festigkeit, die wir brauchen, um in der Welt wirklich effektiv handeln zu können.

Am Wichtigstem im Lunar-Horoskop ist natürlich die Häuserstellung des Mondes. Sie gibt Aufschluss über die im Alltag bedeutsamen Verrichtungen dieses Monats. Und die Häuserstellung zeigt auch, wovon man sich jetzt emotional am stärksten angezogen fühlt. An ihr erkennt der Astrologe, was einem Kraft gibt und was die Gefühle anspricht.

Im Anschluss wird noch auf die Zeichenposition des Lunar-Mondes eingegangen. Selbstverständlich handelt es sich hierbei um genau das gleiche Tierkreiszeichen wie im Geburtshoroskop, dem Radix. Schließlich ist das Lunar eine Ableitung des Radix.

Das Lunarhoroskop wird auf die Wiederholung der grad- und bogenminutengenauen Zeichenstellung des Geburtsmondes berechnet. Der Lunar-Mond steht also im Tierkreis an derselben Stelle wie der Radix Mond. Nur die Häuserstellung differiert. Daher ist sie von besonderer Bedeutung. Sollte der Mond im Lunar im gleichen Haus wie im Radix stehen, dann verstärkt sich die Bedeutung der Häuserstellung um ein Vielfaches.

Der Mond im Horoskop hat immer etwas mit öffentlicher Zustimmung oder Ablehnung zu tun. Bei guten Mondaspekten im Lunar-Horoskop denkt und fühlt man so wie alle anderen auch. Die Stimmung der Masse reflektiert die individuelle Seelenwelt. Gerade im Verhältnis zu den Kollegen ist die Mondstellung wichtig.

Allerdings macht der Radix-Mond auch phlegmatisch. Will man nur seine eigenen Interessen durchsetzen, ist der Radix-Mond ungeeignet. Diesem Gestirn fehlt jegliche Kämpfernatur. Der Mond macht mit, wird nicht selbst initiativ. Wie könnten Sie auf die jeweiligen Befindlichkeiten Ihrer Umwelt besser Rücksicht nehmen? Und wie lassen sich die Menschen in diesem Monat motivieren, wie schafft man es, dass sie einem bereitwillig folgen? Die Stellung des Mondes wird Ihnen zusätzliche Hinweise geben. Orientieren Sie sich jedoch bei Vorhaben, die Eigeninitiative erfordern, an Gestirnen wie Sonne und Mars.

Lunar-Mond in den Häusern

☽tr I

Höchst sensibel

Die Position des Lunar-Mondes deutet auf eine große emotionale Beeindruckbarkeit hin. Die Erlebnis- und Ausdrucksfähigkeit verstärkt sich. Man ist bemüht, jegliche Schranken zu seinen Mitmenschen abzubauen, macht sich gefühlsmäßig vollkommen auf. Man sucht die Zustimmung anderer Menschen und wird abhängig davon, wie andere einen sehen. Positive und auch negative Feedbacks werden fast unreflektiert zugelassen. Je nachdem, wie das eigene Selbstbild ist, fühlt man sich in den Himmel gehoben oder am Boden zerstört. Gesteigert ist auch die körperliche Vitalität. Es besteht eine gute Ernährungslage.

Diese Situation verstärkt sich durch die Tierkreiszeichenposition des Mondes. Wenn man generell mit sich im Reinen ist, beginnt nun eine wunderbare Zeit. Anderenfalls neigt man jetzt dazu, die eigenen Selbstzweifel zu verstärken. Psychische und physische Schwierigkeiten können die Folge sein. Auch wirkt sich eine phlegmatische Lebenseinstellung eventuell ungünstig aus. Man fühlt sich dem eigenen Triebleben ausgeliefert.

☽tr II

Schwankendes Sicherheitsgefühl

Die Position des Lunar-Mondes deutet auf ein gefühlsmäßiges Verhältnis zum Geld hin. Man fühlt sich unsicher, wenn die finanzielle Situation nicht absolut optimal ist. Und man macht sich sehr viele Gedanken darüber, wie sich die Finanzen aufbessern ließen. Überhaupt beschäftigt man sich nun stark mit Ressourcen jeglicher Art. Damit ist nicht nur der materielle, sondern auch der emotionale Bereich gemeint. Man wünscht sich gefühlsmäßige Stärke und idealisiert beispielsweise die familiäre Geborgenheit.

Vorteile erlangt man durch gemütsbetonte Menschen. Besonders jene Partner werden geschätzt, die einen nicht nur emotional, sondern auch finanziell nähren. Dies trifft speziell auf mütterlich veranlagte Frauen bzw. väterliche Männer zu. Bedeutsam ist hierbei die Tierkreiszeichenposition des Mondes. Das ständige Schwanken der Besitzverhältnisse ist in diesem Monat ganz normal. Man ist in der Lage, viele kleine Geschäfte abzuwickeln. Gefährlich ist eine Anspruchshaltung, die zur Abhängigkeit von sozialen Institutionen führt.

☽tr III

Rege Sozialkontakte

Die Position des Lunar-Mondes zeigt ein aktives soziales Verhalten, besonders im näheren Umfeld. Man engagiert sich nachbarschaftlich, tritt schriftlich und per Telefon in Kontakt und setzt sich vielleicht sogar für die Belange seiner Nachbarn und nahen Bekannten ein, schreibt Briefe, liest die Zeitung.

Überhaupt ist man sehr neugierig und nimmt regen Anteil am Leben seiner Mitmenschen in der unmittelbaren Nähe. Es besteht eine große Anpassungsfähigkeit. Speziell das Verhältnis zu Frauen verbessert sich. Viele kleine Reisen und Ausflüge sind möglich.

Hervorgehoben werden muss noch ein verstärkter Kontakt zu den Geschwistern bzw. Menschen, denen man sich geschwisterlich verbunden fühlt.

Diese Situation verstärkt sich durch die Tierkreiszeichenposition des Mondes. Man muss ggf. jedoch auch Nachteile durch weibliche Verwandte und Bekannte in Kauf nehmen. Trägheit im geistigen Ausdruck und negative Beeinflussbarkeit gehören zu den Schattenseiten dieses Monats, sowie eine gewisse Unruhe im Alltag.

☽tr IV

Im Inneren Frieden finden

Die Position des Lunar-Mondes zeigt eine große Liebe zur Heimat, seelische Empfänglichkeit, gegebenenfalls einen Wechsel der Wohnsituation sowie günstige Bindungen zum eigenen Elternhaus an. Es ist einem in diesem Monat besonders wichtig, zur Ruhe zu kommen und einen Ort zu finden, an dem man sich zu Hause fühlt.

Dieser Ort kann in einer bestimmten Stadt oder Landschaft liegen. Heimisch fühlen kann man sich aber auch bei Menschen aus der eigenen Familie. Oder ganz losgelöst von der eigenen Herkunft findet man Geborgenheit in einer eigenen, ganz persönlichen, inneren Welt.

Die Tierkreiszeichenposition des Mondes gibt weiter Aufschlüsse. Es kann in diesem Monat jedoch auch Schwierigkeiten durch Wohnungswechsel geben. Oder man erlebt Baunot im Zusammenhang mit Immobilienprojekten. Sorgen in der Familie könnten aufkommen. Auch spürt man manchmal eine nicht genau definierbare innere Unruhe oder Ungeborgenheitsgefühle.

☽tr V

Mitten im Leben stehen

Die Position des Lunar-Mondes deutet auf eine aufregende Zeit. Man hat Freude am Spiel mit Kindern und im Ausfüllen der elterlichen Rolle. Manchmal kommt es jetzt zu Schwangerschaft und Geburt. Dies lässt sich auch im übertragenen Sinne verstehen, im Sinne von Geburt einer neuen Idee oder dem Beginn einer neuen kreativen Schaffensperiode.

Die sexuelle Potenz ist stark. Man verfügt über eine sinnliche Ausstrahlung. Gerne verlässt man das Haus, um sich unter die Leute zu mischen. Man geht auf Partys, ins Kino und Theater oder zu Musikveranstaltungen. Das Leben ist aufregend. Man verwickelt sich gerne in allerlei Aktivitäten. So lässt sich die Langweile der vorangegangenen Monate vergessen.

Diese Situation verstärkt sich durch die Tierkreiszeichenposition des Mondes. Problematisch sind in dieser Zeit Flirts, bei denen keine Gedanken an die Folgen verschwendet werden. Man fühlt sich sehr stark von den eigenen Launen und sinnlichen Begierden getrieben.

☽tr VI

Befriedigende Tätigkeit

Die Position des Lunar-Mondes zeigt, dass man jetzt besonders im Arbeitsleben nach einer sinnvollen Beschäftigung sucht, die einen emotional ausfüllt. Dies kann einhergehen mit dem Wunsch, endlich wieder wirklich eine leistungsgerechte Bezahlung zu erhalten.

Auch wünscht man sich guten Kontakt besonders zu den weiblichen Kollegen im Betrieb. Man verfügt über große Leistungskraft, besonders bei Routineangelegenheiten. Ein positives Arbeitsklima wird angestrebt. Ferner steht die eigene Gesundheit im Zentrum.

Es ist eine gute Zeit, um endlich einmal auf Kur zu gehen. Oder zumindest sollte man sich vom Arzt ein paar Massagen verschreiben lassen.

Die genaue Herangehensweise erklärt sich durch die Tierkreiszeichenposition des Mondes. Auf der negativen Seite der Deutungspalette steht ein Verlust an Freude bei der Arbeit.

Hinzu könnten eine gewisse Trägheit und Unwohlsein kommen. Schlimmstenfalls stehen Berufskrankheiten ins Haus, bedingt durch belastende Arbeitsbedingungen oder ständigen Wechsel des Beschäftigungsverhältnisses.

☽tr VII

Offen für neue Beziehungen

Die Position des Mondes deutet auf einen verstärkten Wunsch nach zwischenmenschlichen Beziehungen. Man hat ein sicheres Gefühl bei der Partnerwahl. In der Ehe sucht man nach seelischer Übereinstimmung. Der Bindungswunsch ist generell ausgeprägt.

Man ist für alle Arten von Partnerschaften empfänglich. Und das fördert die Kontakte in der Öffentlichkeit ungemein. Man weiß nun besser als sonst, was man will und was man braucht. Und man wählt nur das aus, wer wirklich gut für einen ist.

Durch die Tierkreiszeichenposition des Mondes verfeinern sich diese Tendenzen. Jedoch kann es auch zu ständigen Veränderungen in der Partnerschaft kommen. Disharmonie der Gefühlswelten, Scheidungstendenzen und seelische Belastungen durch Seitensprünge gehören zu den Schattenseiten dieses Monats.

☽tr VIII

Mit Krisen umgehen können

Die Position des Mondes zeigt ein starkes seelisches Ahnungsvermögen. Man träumt intensiv von anderen Menschen. Häufig erlebt man jetzt Veränderungen in den Vermögensverhältnissen des Partners. Doch psychisch hat man sehr viel Kraft, die man am besten einsetzt, um die Chancen der Krise zu nutzen. Man ist möglicherweise an einem Wendepunkt angelangt.

Die enge Bindung an einen ganz bestimmten Menschen sollte gelockert werden. Positiv ist, dass man in dieser Zeit häufig eine Geldzuwendung erfährt. Oder eine ganz bestimmte Person ist bereit, in Sie zu investieren. Die tiefen Emotionen spielen dabei eine große Rolle.

Die weiteren Umstände erklären sich durch die Tierkreiszeichenposition des Mondes. Extreme Schwankungen der Stimmungen und Launen sind möglich. Denkbar sind auch Probleme durch Frauen. Man fühlt sich belastet durch Schuldgefühle oder leidet unter einem zwanghaften Sexualverhalten. Vielleicht muss hier ein Schlussstrich gezogen werden.

☽tr IX

Überall auf der Welt zu Hause

Die Position des Lunar-Mondes zeigt intensive Sehnsüchte an. Man fühlt sich oft nur auf Reisen zu Hause oder in der Fremde. Dieses Fernweh kann aber auch geistig ausgelebt werden, beispielsweise im Universitätsstudium, in der Beschäftigung mit dem Glauben und über verschiedenste Religionen.

Oder aber man fühlt sich nun ganz besonders zu klugen und gebildeten Menschen hingezogen. Vielleicht verliebt man sich in einen Lehrer. Oder es kommt zu intensiveren Kontakten mit Personen, die aus einem fremden Land stammen.

Mehr lässt sich durch die Tierkreiszeichenposition des Mondes erfahren. Problematisch wird es, wenn man sich in der Fremde ungeborgen fühlt.

Auch verträgt man das viele Reisen körperlich vielleicht nicht so gut. Oder man erkennt, dass man sich beim besten Willen nicht an eine fremde Kultur anpassen kann.

☽tr X

Wohlfühlen als Chef

Die Position des Lunar-Mondes zeigt das starke Bedürfnis, in der Gesellschaft eine herausgehobene Rolle spielen zu können. Man möchte Anerkennung erfahren und Dinge tun, bei denen die eigene Leistung stärker im Vordergrund steht. Die öffentliche Reputation wird wichtig. Und es sollte nach außen hin deutlich werden, welche Position man einnimmt und was man bedeutet.

Man möchte im Grunde einfach nur wichtig sein. Dazu dienen gute zwischenmenschliche Kontakte im Geschäftsbereich. Ständig wechselnde Tätigkeiten sind möglich. Man verbucht besonders bei Serviceleistungen geschäftlichen Erfolg.

Diese Situation verstärkt sich durch die Tierkreiszeichenposition des Mondes. Problematisch wird es, wenn man jetzt erkennt, dass Privatleben und Beruf sich gegenseitig stören. Auch leidet man eventuell darunter, dass die berufliche Motivation ständig wechselt. Oder private Ereignisse stören das berufliche Vorwärtskommen, beispielsweise eine Schwangerschaft.

☽tr X⊥

Sicherheit in der Gruppe

Die Position des Lunar-Mondes deutet auf Seelenverwandtschaft. Man erfährt Förderung durch mütterliche Wesen. Popularität in der Gesellschaft ist wichtig, und das Mitgefühl von Freunden.

Besonders die Eingebundenheit in Gruppen mit lockeren, informellen Strukturen gibt einem das Gefühl, nicht ganz alleine auf diäWWnken der Popularität erleben.

Unangenehm wird es, wenn einen Freunde seelisch nicht mehr auffangen, Gönner unzuverlässig werden. Man muss aufpassen, bei anderen keine falschen Hoffnungen und Sehnsüchte zu wecken.

☽♓ XII

Ruhige Selbstbeschäftigung

Die Position des Mondes zeigt ein starkes Bedürfnis, sich einen Monat lang vor der Welt zurückzuziehen. Man hat ein starkes Bedürfnis nach Ruhe und Schutz. Vieles dort draußen kommt einem momentan vielleicht kalt und ungemütlich vor. Ganz im Stillen regenerieren, das wäre jetzt schön. Anderen Menschen gegenüber pflegt man eine einfühlsame Haltung. Allerdings ist man auch etwas versponnen, zu stark beeinflussbar.

Das nächtliche Traumleben verstärkt sich. Und tagsüber geht man scheinbar absichtslos durch die Welt. Man sollte sich jetzt die Zeit für Meditation nehmen oder andere Wege gehen, um zur Besinnung zu kommen. Es ist kein Fehler, sich ruhig auch einmal nur mit sich selbst zu beschäftigen.

Diese Situation verstärkt sich durch die Tierkreiszeichenposition des Mondes. Eventuell erlebt man sich diesen Monat ohne innere Orientierung, leidet an Ich-Schwäche, fühlt sich den psychischen Launen vollkommen ausgeliefert und pflegt einen verdeckten Masochismus.

Es ist aber auch ganz erstaunlich, wie liebevoll sich manche Menschen jetzt um einen kümmern. Man muss diese Unterstützung wertschätzen und entsprechend dankbar dafür sein.

Sonne Lunar in den Zeichen

☽ ♈

Aus dem Gefühl heraus handeln

Aus einem spontanen Impuls heraus seine Gefühle zeigen, ohne sich groß zusammenreißen zu müssen, das gefällt Ihnen am besten. Ihr Aktivitätspegel schwankt dabei ganz erheblich, ist von der Tagesform abhängig. Wenn Ihre Energie überschießt, könnten Sie ohne böse Absicht verletzend wirken. Zu einem späteren Zeitpunkt sind Sie dann wieder ganz Sie selbst, äußerst empfindsam und verletzlich.

Generell symbolisiert der Mond im Widder einen sportlichen Typ, der nicht lange überlegen will, sondern am liebsten zur Tat schreitet, wenn ihm danach ist. Seine Launen verändern sich, von Stunde zu Stunde und von Tag zu Tag.

Es macht Ihnen nichts aus, in Beziehungen die Initiative zu ergreifen. Sie gehen ganz offen auf Menschen zu und offenbaren Ihr Innerstes. Dadurch machen Sie auf andere Menschen einen starken Eindruck.

Sie reagieren stets spontan, manchmal jedoch zu offen, sodass sie auf gewisse Zeitgenossen wie eine kalte Dusche wirken. Aber das verzeiht man Ihnen, denn Sie wirken glaubhaft und ehrlich.

☽tr ♉

Aus dem Gefühl heraus zur Ruhe kommen

In einer berechenbaren und beständigen Situation entsteht ein Gefühl von Geborgenheit. Wechsel werden nicht gut vertragen.

Der Mond im Zeichen Stier ein ganz gemütlicher Geselle. Er kommt etwas schwer in die Gänge, handelt dann aber ruhig und bedächtig, mit einerungeheuren Ausdauer und Kraft. Die Verankerung in der sozialen Gemeinschaft ist äußerst wichtig.

Das Sinnliche hat bei Ihnen einen ganz hohen Stellenwert. Erotik und gutes Essen schätzen Sie sehr, ebenso die Betätigung in der freien Natur, beispielsweise im Garten oder auf einem Bauernhof. Eine Neigung zu Fettleibigkeit ist nicht auszuschließen. Jedoch sind Sie auch mit ganz einfachen Genüssen zufriedenzustellen.

☽tr ♊

Aus dem Gefühl heraus kommunizieren

Die Seele liegt quasi auf der Zunge. Der Kontakt mit den Nachbarn und Geschwistern trägt immer wieder zum Wohlbefinden bei. Auch genießen Sie es, unter Menschen zu sein und sich körperlich zu bewegen.

Der Mond im Zeichen Zwillingen am liebsten unterwegs, mal hier und dann wieder dort. Er liebt die Abwechslung und Stillstand ist ihm sein Graus.

Sie verfügen über eine ungeheure Neugier, sind an fast allem und fast jedem interessiert. Sprachen faszinieren Sie. Am liebsten würden Sie mit jedem Menschen auf dieser Welt in seiner Muttersprache reden können. Allerdings sollten diese Gespräche nicht zu tiefgründig sein. Natürlich lieben Sie die intellektuelle Unterhaltung und analysieren auch gerne. Doch irgendwann setzen Sie dann einen Schlusspunkt. Andere würden dies oberflächlich nennen. Sie selbst bezeichnen dieses Verhalten eher als leicht und locker.

☽tr ♋

Aus dem Gefühl heraus Wärme verbreiten

Geborgenheit in der Familie, bei den Eltern oder mit den Kindern hat oberste Priorität. Sie mögen keine Hektik und keinen Stress. Lieber ganz gemütlich zusammen einen Kuchen backen oder miteinander schmusen.

Generell ist der Mond im Zeichen Krebs sehr an menschlicher Wärme und Vertrautheit interessiert. Er öffnet sich nur ungern gegenüber dem Fremden, denn zur Versicherung und Stärkung der eigenen Identität ist er darauf angewiesen, sich immer und immer wieder in stets den gleichen Menschen zu spiegeln.

Sie verlassen sich im Allgemeinen sehr auf Ihre Instinkte. Durch die ungeheure Nähe, die Sie zu Ihrer Umgebung aufbauen, sind sie sehr verletzlich. Und Sie spüren die Verletzlichkeit Ihrer Umwelt stark. Gerne übernehmen Sie beschützende, nährende und pflegende Rolle. Sie sorgen sich liebevoll um diejenigen, die Sie in Ihr Herz geschlossen haben.

☽ in ♌

Aus dem Gefühl heraus im Mittelpunkt stehen

Viel Aufmerksamkeit und auch Applaus möchte man bekommen. Die Gefühle sollen lauthals und unvermittelt in die ganze Welt hinausposaunt werden. Man gibt sich spielerisch wie Kind und heimst Anerkennung ein.

Der Mond im Zeichen Löwen sehr kraftvoll, aber auch ziemlich naiv. Er kann spontan schöpferisch sein, ist mit ungeheurem Selbstbewusstsein ausgestattet. Jedoch zu gewissen Zeiten steigt seine Empfindlichkeit gegenüber Kritik.

Sie möchten sich stets authentisch zum Ausdruck bringen, ganz ungezwungen, ohne Hemmungen und Verklemmungen. Dabei gestehen Sie Ihren Mitmenschen gerne die Rolle des applaudierenden Publikums zu. Das wirkt sicherlich belebend und inspirierend. Doch fällt es Ihnen schwer, auch die Bedürfnisse Ihrer Umwelt richtig wahrzunehmen.

☽ in ♍

Aus dem Gefühl heraus die Dinge organisieren

Viele Kleinigkeiten müssen berücksichtigt und bedacht werden, wenn man sich eine wirklich perfekte Umgebung schaffen will. Generell ist der Mond im Zeichen Jungfrau analytisch ausgerichtet. Jedes Gefühl möchte man am liebsten im Detail besprechen, es von jeder Seite betrachten und in all seine Einzelheiten zerlegen.

Der Jungfraumond erlebt sich in großer Abhängigkeit von seiner Umwelt, quasi als Spielball fremder Kräfte.

Es ist für Sie ungeheuer wichtig, den Alltag klar zu strukturieren, sodass eine Ordnung vorherrscht. Dann ist das Leben wirklich angenehm und bequem. Diese Ordnung kann in Pedanterie und Sterilität ausarten. Und je aufgeräumter es wird, desto stärker wird die Unsicherheit.

Perfektionsanspruch ist eine Belastung. Sie erkennen hoffentlich früher oder später, dass zu einer gesunden und ausgewogenen Lebensweise auch ein gewisses Maß an Schlampigkeit und »laissez faire« gehört.

☽tr ♎

Aus dem Gefühl heraus für Harmonie sorgen

Es macht viel Freude, gemeinsam durch die Welt zu schreiten und das Erlebte zu teilen. Über eine Partnerschaft oder geistige Beschäftigung, beispielsweise mit Kunst und Literatur, bekommt man neue Eindrücke. Und dann ist man auch in der Lage, die Grenzen des eigenen Ichs zu sprengen.

Generell möchte der Mond im Zeichen Waage fühlen, was der Partner fühlt. Dies ist für ihn eine große Bereicherung. Der Mond im Zeichen Waage ist nicht gerne alleine, hat Angst vor der Einsamkeit.

Sie brauchen Partnerschaften, im Privaten und auch im Berufsleben. Und Sie brauchen für Ihr Wohlergehen eine ästhetische Umgebung. Das eigene Heim sollte geschmackvoll eingerichtet sein und generell eine harmonische Ausstrahlung haben.

Um diese zu erreichen, werden aufkommende Spannungen und Widersprüche quasi mit einem bunten Tuch verdeckt. So werden Konflikte verschleiert, nicht jedoch gelöst. Der Mond im Zeichen Waage leidet unter Spannungen. Zugleich aber verhindert er durch sein zwanghaft harmonisches Verhalten, dass Probleme zwischenmenschlicher Art gelöst werden können. Und dadurch erzeugt der Waagemond eben jene Verhältnisse, unter denen er dann so leidet.

☽tr ♏

Aus dem Gefühl heraus Bindungen herstellen

Hier besteht das tiefe Bedürfnis, sich einem anderen Menschen vollkommen hinzugeben. Man möchte intensive Nähe erleben, sucht nach emotionaler Sicherheit und leidenschaftlicher Sexualität.

Generell neigt der Mond im Zeichen Skorpion zu Extremen. Für ihn gibt es nur Licht und Schatten, Freund oder Feind, gut oder schlecht. Er ist bereit, alles zu geben, kann sich aber auch vollkommen abwenden und verzeiht so gut wie niemals.

Sie sind bereit, sich emotional sehr stark zu binden. Dies kann mit starken persönlichen Veränderungen und notfalls auch Opfern einhergehen. Diese Bindungen haben nicht nur psychischen, sondern auch physischen Charakter.

Der Körper des anderen spielt für Sie eine große Rolle, ebenso seine finanzielle Situation und der daraus resultierende gemeinsame Besitz.

☽tr ♐

Aus dem Gefühl heraus die Welt erobern

Man möchte sich in der ganzen Welt zu Hause fühlen können. Nur zu gerne geht die Seele auf Reisen. Man kann sich mit einem guten Buch in der häuslichen Abgeschiedenheit einigeln, zieht aber auch gerne los, mit dem Rucksack oder gepackten Koffern.

Der Mond im Zeichen Schützen ein Weltenbummler, genießt das und leidet unter dem Fernweh. Sie fühlen sich stark zu anderen Kulturen hingezogen. Ihr Bedürfnis nach Freiheit und Abenteuern ist riesengroß.

Dabei zeigen Sie eine erstaunlich positive Einstellung zum Leben. Manchmal setzen Sie sich ganz unbewusst eine rosarote Brille auf. Sie sind felsenfest davon überzeugt, dass dort draußen alles gut ist, dass man Sie überall willkommen heißen wird. Sie möchten Ihren Horizont erweitern. Deshalb sind Sie auch gerne bereit, im Alltagsleben Kompromisse einzugehen.

☽ ♑

Aus dem Gefühl heraus eine wichtige Rolle spielen

Man möchte in der Gesellschaft etwas gelten, ist am Liebsten mit reiferen oder älteren Menschen zusammen, findet Geborgenheit dort, wo das Leben ernst genommen wird.

Generell ist der Mond im Zeichen Steinbock recht kühl und realistisch. Nur das, was sich wirklich bewährt, zählt für ihn.

Sie zeigen sich eher reserviert und bewahren vornehme Distanz. Das Praktische schätzen Sie mehr als kurzfristige emotionale Befriedigung. Ihre Einschätzung einer Situation ist stets realistisch. Sie ziehen es vor, die Dinge so zu sehen, wie sie wirklich sind, zumindest Ihrer Meinung nach. Sie richten Ihre Gefühle stark an Ihren Zielvorstellungen aus.

Bindungen gehen Sie bevorzugt mit Menschen ein, die Ihnen zu einem höheren gesellschaftlichen Status verhelfen. Der Arbeitsplatz kann zu Ihrer Heimat werden. Manchmal leidet unter solch einer ehrgeizigen Haltung das Liebesleben. Sie fühlen sich dort, wo Sie leben, zwar sicher, aber im Grunde ungeborgen.

☽tr ♒

Aus dem Gefühl heraus Freiheit erleben

Man sucht nach Gemeinsamkeiten mit Gleichgesinnten und möchte seine Gefühlsregungen auch in der Öffentlichkeit spontan zum Ausdruck bringen können, jenseits aller Konventionen, auf möglichst ungewöhnliche Art und Weise.

Der Mond im Wassermann auf Abwechslung aus. Er schwebt am liebsten über den Niederungen des Alltags, vollkommen losgelöst und ungebunden. Wahre Freiheit erfährt er nicht in der Einsamkeit, sondern nur in der Masse. Am besten kann er sich bei entsprechender gemeinsamer Interessenlage unter Menschen, mit denen er sich nicht verwandtschaftlich, sondern einzig vom Wesen her verbunden ist, wohlfühlen.

Sie experimentieren gerne mit Ihrem Lebensstil. So kann es vorkommen, dass Sie von heute auf morgen Ihre Wohnung total umgestalten. Manche Menschen mit dieser Konstellation stopfen ihre Wohnung mit verrücktesten Flohmarkt-Errungenschaften voll.

Andere räumen sie vollkommen leer und stellen nur ein paar ultramoderne Designermöbel hinein. Wichtig ist dem Wassermannmond nur, dass die eigene Individualität zum Ausdruck kommt.

☽ ♓

Aus dem Gefühl heraus die eigene Wirklichkeit leben

Man sucht Zuflucht in der Ruhe, im Versteck. Erst einmal möchte man ganz alleine sein, um sich dann, nach einer Besinnungspause, wieder ganz träumerisch und sensibel für seine Mitmenschen öffnen zu können, grenzenlos und mit vollkommener Hingabe.

Generell ist der Mond im Zeichen Fischen hin- und hergerissen zwischen Rückzug ins Eremiten-Dasein und Auflösung der Ich-Grenzen in der Gemeinschaft.

Sie verspüren nur zu oft das Bedürfnis, mit einem anderen Menschen bzw. mit dem großen Ganzen zu verschmelzen. Am liebsten gehen Sie symbiontische Beziehungen ein. Im zwischenmenschlichen Bereich kann das zu ganz traumhaften Partnerschaften führen.

Die Gefahr der Verwirrung und Konfusion ist allerdings groß. Wer sich selbst vollkommen aufgeben will, gibt gerne die Verantwortung für das eigene Leben ab. Von dort aus ist es dann nicht mehr weit bis zu Schuldzuweisungen an Dritte. Hin und wieder ist deshalb der totale Rückzug von der Gemeinschaft notwendig. Nur in der Isolation, die schmerzhaft sein kann, findet der Fischemond wieder zu sich selbst und erkennt sein eigenes Wesen.

Aspekte des Mondes im Lunar

☽tr ☿tr ⚹△♂

Gefühlvolle Kommunikation

Melodisch sind Stimme und Ausdruck, mit einem ganz bestimmten Touch, der Sie populär machen könnte. Sie reden mit des Volkes Stimme und erhalten überall Zustimmung. Jedoch sind Sie auch ein wenig träge und reaktionslahm. Aber dafür Sie können sich ganz gut mit den Leuten unterhalten, so einfach vom Du zum Du.

Ganz automatisch fließen Ihnen immer neue wertvolle Informationen zu.

☽tr ☿tr □☍

Gefühlsschwangere Kommunikation

Etwas unmelodisch und mit einem ganz bestimmten Touch, der Sie jetzt schwerlich populär machen kann, so kommen Sie bei manchen rüber. Sie bemühen sich zwar, den richtigen Ton zu treffen, doch erhalten Sie kaum Zustimmung. Unkontrolliert zeigen Sie Ihre eigenen Empfindungen. Im Gespräch lässt ich nichts erreichen. Hören Sie lieber zu.

☽tr ♀tr ⚹△☌

Harmonische Kontaktaufnahme

Leicht gelingt Ihnen jetzt der Austausch von Zärtlichkeit und Wärme. Es ist Ihnen jedoch wahrscheinlich selbst nicht ganz klar, ob Sie wirklich flirten wollen und es auf ein Abenteuer abgesehen haben, oder ob Sie nur einfach ganz unverbindlich nett sein wollen. Rein gefühlsmäßig kommen Sie mit den Leuten jedenfalls gut klar.

☽tr ♀tr □☍

Unharmonische Kontaktaufnahme

Schwer gelingt Ihnen jetzt der Austausch von Zärtlichkeit und Wärme. Es ist Ihnen wahrscheinlich selber nicht ganz klar, ob Sie Flirten wollen, es auf ein Abenteuer abgesehen haben, oder ob Sie nur ganz unverbindlich nett sein wollen. Zu schwankend sind Sie in Ihren Absichten. Sie wollen zu viel Nähe. Das wirkt abstoßend.

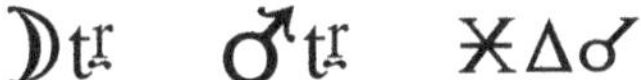

Stürmische Gefühle

Sie handeln oft, ohne vorher gründlich nachzudenken. Wichtig ist, dass überhaupt etwas geschieht. Dabei kann es ruhig lauter werden. Zimperlich darf man bei Ihnen nicht sein. Übertreiben Sie es nicht.

Abrupte Gefühlsausbrüche

Sie handeln jetzt leider, ohne vorher wirklich nachzudenken. Meist geht es Ihnen nur darum, dass überhaupt etwas geschieht. Und vermutlich wird es laut werden. Zimperlich darf man in Ihrer Nähe nicht sein. Sie übertreiben es ein wenig!

☽tr ♃tr ⚹△☌

Gefühlsanwallungen

Nur zu gerne lassen Sie Ihre Mitmenschen wissen, wie es Ihnen geht. Das Mitteilungsbedürfnis ist groß. Zudem verströmen sie eine große Herzlichkeit, verwöhnen und bemuttern gerne. Sie sind in guter Übereinstimmung mit eigentlich jedem und allem, denn Sie suchen und finden Gemeinsamkeiten.

☽tr ♃tr □☍

Gefühlsausbrüche

Leider weihen Sie Ihre Mitmenschen zu aufdringlich in Ihre Gefühlswelt ein. Diese Mitteilsamkeit wirkt übertrieben. Man würde jetzt lieber wissen, wie es Ihnen wirklich geht, und gibt sich nicht gerne mit Halbheiten zufrieden. Zudem stellt sich bei Ihnen momentan eine gewisse Bequemlichkeit ein, die nahe an der Grenze zur Faulheit liegt.

☽tr ♄tr ⚹△☌

Verhärtete Gefühlswelt

Ernst und tief sind die Gefühle. Sie fühlen sich in der Verantwortung, nehmen alles sehr ernst, besonders die Probleme des Alltags. Dabei fällt es Ihnen immer schwerer, auch die heiteren Seiten des Lebens im Blick zu behalten. Doch besonders bei älteren Menschen kommen Sie jetzt gut an und ernten Sympathiepunkte.

☽tr ♄tr □☍

Erkaltete Gefühlswelt

Zu ernst und tiefgründig sind die Gefühle. Sie fühlen sich ungeheuer in der Verantwortung, nehmen alles außerordentlich ernst, besonders die Probleme des Alltags. Dabei ist es Ihnen kaum mehr möglich, die heiteren Seiten des Lebens im Blick zu behalten. Sie drücken auf die Stimmung, können mit oberflächlicher Heiterkeit nicht viel anfangen und machen einen etwas griesgrämigen Eindruck.

☽tr ⚷tr ⚹△☌

Verletzliche Gefühlswelt

Sie verspüren das Bedürfnis, sich stärker mit den Wunden und Narben Ihrer Seele zu beschäftigen. Verletzlichkeit und Verzweiflung. Hüten Sie sich vor einem übergroßen Perfektionswahn. Akzeptieren Sie Ihre Schwächen. Auch dies ist ein Weg zur Heilung.

☽tr ⚷tr □☍

Verletzte Gefühlswelt

Sie verspüren ganz extrem das Bedürfnis, sich mit den Wunden und Narben Ihrer Seele zu beschäftigen. Sie fühlen sich überaus verletzlich und zweifeln möglicherweise an sich selbst.

Eventuell verbirgt sich dahinter übertriebener Perfektionswahn. Akzeptieren Sie Ihre Schwächen und heilen Sie das, was heilbar ist.

☽tr ☾tr □☍⚹△☌

Leidenschaftliche Gefühlswelt

Sie spüren den Wunsch, sich mit den dunklen Aspekten Ihrer Seele zu beschäftigen. Und dabei gelingt es Ihnen, sich nicht von negativen Emotionen wie Hass und Rachsucht bestimmen zu lassen.

☽tr ⛢tr ⚹△☌

Wechselnde Gefühle

Schnell und locker reagieren Sie auf den Wechsel von Gewohntem zu Ungewohntem. Es macht Ihnen überhaupt nichts aus, Ihr angestammtes Milieu zu verlassen, auch oder gerade, weil Sie sich schon so sehr daran gewöhnt haben. Ihre Seele ist im Aufbruch. Sie brechen mit der Routine und stehen eigentlich zurzeit über allem.

☽tr ♅tr □☍

Sprunghafte Gefühle

Überaus nervös reagieren Sie beim Wechsel von Gewohntem zu Ungewohntem. Es macht Ihnen sehr viel aus, Ihr angestammtes Milieu zu verlassen, obwohl Sie sich nie richtig daran gewöhnt hatten. Ihre Seele ist ständig im Aufbruch. Sie reagieren unruhig, geraten schnell in Panik und stehen wirklich zu sehr über allem.

☽tr ♆tr ⚹△☌

Feinsinnige Gefühlswelt

Sie reagieren sensibel und empfindsam auf Ihre Umwelt. Es ist fast so, als ob Sie Gedanken lesen könnten. Mit der übergroßen Sensibilität, die Sie in diesem Monat auszeichnet, dürften Sie sich ungeheuer stark in die Psyche anderer Menschen einfühlen. Dies mag gut sein, wenn Mitgefühl und Verständnis gefragt sind.

Der Einzelne fühlt sich nicht mehr so alleine in dieser Gesellschaft. Doch müssen Sie aufpassen, dass Sie nicht von den negativen und destruktiven Emotionen Ihrer Umwelt emotional überschwemmt werden. Haben Sie Verständnis, doch bewahren Sie zugleich Distanz. Dann treffen leichter auf Menschen, die exakt Ihrer Wellenlänge entsprechen.

☽tr ♆tr □☍

Übersteigerte Gefühlswelt

Sie reagieren zu sensibel und empfindsam auf Ihre Umwelt. Vielleicht denken Sie, dass Sie Gedanken lesen können. Doch tatsächlich fühlen Sie sich mit einer übergroßen Sensibilität in die Psyche ihres jeweiligen Gegenübers ein. Dies mag in dem Moment gut sein, wenn Mitgefühl und Verständnis nötig sind. Der Einzelne fühlt sich dann nicht mehr so alleine in dieser Gesellschaft. Doch besteht die Gefahr, dass Sie emotional überschwemmt werden von negativen oder destruktiven Emotionen Ihre Umwelt.

Haben Sie Verständnis, doch bewahren Sie auch Distanz. Sonst wandeln Sie in Traumwelten, werden zu selbstmitleidig und geben sich Launen und Sehnsüchten hin. Damit würden Sie eine ziemliche Verwirrung erzeugen.

☽tr ♇tr ⚹△☌

Dunkle Gefühle

Sie reagieren in diesem Monat emotional vor allem auf das Dunkle, nur hinter den Kulissen Sichtbare. Manchmal bilden Sie sich nur ein, eine gewisse Stimmungslage durchschaut zu haben, und manchmal können Sie sich auf Ihr detektivisches Gespür verlassen.

Sie spüren auf jeden Fall deutlich, dass es jetzt um mehr geht als einfach nur um den Austausch von Nettigkeiten. Tabus müssen gebrochen werden. Die Wahrheit soll ans Licht kommen. Es ist, als ob eine dunkle Gewitterwolke am Horizont steht und jedermann nur darauf wartet, dass sich die Spannung endlich entlädt.

☽tr ♇tr □☍

Dunkelste Gefühle

Sie reagieren in diesem Monat emotional nur noch auf das Verborgene, das sich hinter den Kulissen befindet. Meist bilden Sie sich ein, eine gewisse Stimmungslage durchschaut zu haben. Nur selten funktioniert Ihr detektivisches Gespür. Sie fühlen zwar deutlich, dass es jetzt um mehr geht als einfach nur um Nettigkeiten. Tabus müssen jedoch nicht um jeden Preis gebrochen werden.

Die Wahrheit kann man nicht ans Licht zwingen. Als ob eine dunkle Gewitterwolke am Horizont steht und jedermann nur darauf wartet, dass das Unwetter beginnt. Eine gefühlsschwangere Atmosphäre.

Aspekte des Lunar-Mondes zum Radix

☽tr Asc Rad ⚹△☌

Entspannter auftreten

Die ganze Einstellung zum Leben wird menschlicher. Man kann sich besser auf andere einstellen und ist weniger berechnend. Das gibt Sympathiepunkte.

☽tr Asc Rad □☍

Spannungen in der Partnerschaft

Die Einstellung zum Gegenüber wird schwieriger. Man kann sich schlechter auf andere einstellen und ist weniger leistungsorientiert.

☽tr Mc Rad ⚹△☌

Entspannter in der Karriere

Die Beziehungen zur Öffentlichkeit verbessern sich, ebenso das Arbeitsklima. Interessante geschäftliche Kontakte bahnen sich an.

☽tr Mc Rad □☍

Zu entspannt für die Karriere

Die Beziehungen zur Öffentlichkeit verschlechtern sich, ebenso das Arbeitsklima. Persönliche Kontakte stören im Berufsleben. Man wird unzuverlässig. Die Arbeitsleistung schwankt.

☽tr ☉Rad ⚹△☌

Entspannte Selbstdarstellung

Sie können sich lockerund unverkrampft zeigen. Und Sie strahlen eine Selbstsicherheit aus, die beinahe jeden überzeugt.

☽tr ☉Rad □☍

Zu entspannte Selbstdarstellung

Sie zeigen sich zu locker, was unsicher wirkt und nicht überzeugt. Es fällt Ihnen schwer, zu entscheiden, ob Sie selbst die Initiative ergreifen oder sich besser den anderen unterordnen sollten.

☽tr ☿Rad ⚹△☌

Intellektuell entspannter

Diese gewisse Relaxtheit bringt Ihnen Vorteile im Schriftverkehr und bei kaufmännischen Aktivitäten. Sie lieben jetzt vor allem die geistige Betätigung und sind körperlich ebenfalls äußerst agil.

☽tr ☿Rad □♂

Intellektuell zu entspannt

Eine gewisse geistige Bequemlichkeit schafft Probleme im Schriftverkehr und bei kaufmännischen Aktivitäten. Sie scheuen jetzt die geistige Betätigung. Auch körperlich sind Sie nicht sehr agil, reagieren eherunkonzentriert, nervös, vergesslich, geistig eher träge und ziellos. Akzeptieren Sie diese Stimmungen. Lassen Sie Ihre Seele baumeln.

☽tr ♀Rad ⚹△♂

Entspannte Erotik

Sie pflegen gute Kontakte zur Nachbarschaft, genießen die kleinen Freuden des Alltags und sind sportlich leistungsfähig. Darüber hinaus ergibt sich manche Gelegenheit für sinnliche Vergnügungen.

☽tr ♀Rad □♂

Verspannte Erotik

Durch Ihr launisches Verhalten oder Kapriolen vonseiten Dritter könnten normalerweise gute Beziehungen Schaden nehmen. Auch wird das Auftreten mancher Personen von Ihnen als plump und unästhetisch empfunden. Dies wirkt sich eventuell störend auf die Sinneslust aus.

☽tr ♂Rad ⚹△☌

Entspannte Aktivität

Sie verfügen über eine gute Leistungsfähigkeit und Ihr Aktivitätsdrang ist hoch. Ihr willensmäßiger Antrieb könnte nicht stärker sein. Folglich finden Ihre Initiativen allgemein guten Anklang.

Zu wenig Aktivität

Sie verfügen zeitweilig nur über eine geringe Leistungsfähigkeit. Dann wieder verschreckt nassforsches Verhalten die Mitmenschen. Es passieren Ungeschicklichkeiten im Alltagsleben und infolgedessen zeigt sich eine aggressive Reizbarkeit.

☽tr ♃Rad ⚹△☌

Entspannter Aufbruch

Ihre Einstellung gegenüber den Erfordernissen des Alltags ist positiv bis optimistisch, der Kontakt zu Ämtern gut. Sie können Ihre Pläne und Vorstellungen locker an den Mann bringen, ohne zwanghaft etwas einfordern zu wollen.

☽tr ♃Rad □☍

Schwankend im Aufbruch

Sie sind jetzt manchmal zu tolerant sich selbst gegenüber, neigen zur Bequemlichkeit und meiden unangenehme Pflichten und Aufgaben. Passen Sie auf, dass Sie sich nicht die ganze Zeit treiben lassen.

☽tr ♄Rad ⚹△☌

Entspannt dem Ziel entgegen

Bei der Erledigung von Alltagspflichten können Sie die nötige Sorgfalt aufbringen. Mehr noch: Die Routinearbeit macht Ihnen sogar noch Spaß.

☽tr ♄Rad □☍

Unsicher dem Ziel entgegen

Irgendwie gelingt es Ihnen jetzt nicht richtig, sich zu konzentrieren. Gesundheitlich befinden Sie sich in einer schwachen Phase. Sie neigen zur Unterkühlung, auch im übertragenen Sinne. Ein gut strukturierter Tagesablauf gibt Ihnen das notwendige Gerüst, um diese schwierige Zeit durchzustehen.

☽tr ⚷Rad ⚹△♂

Gefühl für Schwäche

Sie sind in der Lage, gut mit ihren Mängeln und Fehlern umzugehen. Es gibt immer etwas, das Sie im eigenen Leben verbessern könnten. Da Sie auf übertriebene Selbstkritik verzichten, kommen Sie ein gutes Stück voran.

☽tr ⚷Rad □☍

Schwächen wirken belastend

Sie sind jetzt nur schwerlich in der Lage, Ihre eigenen Mängel und Fehler zu akzeptieren. Es gibt tausenderlei, was Sie an Ihrem eigenen Leben verbessern wollen. Verzichten Sie auf übertriebene Selbstkritik, dann kommen Sie ein Stückchen weiter.

☽tr ⚸Rad ⚹△♂

Entspannte Leidenschaftlichkeit

Sie können sich jetzt sehr gut mit den wilden und scheinbar irrationalen Anteilen Ihrer Psyche beschäftigen. Auch gelingt es Ihnen, Menschen von etwas Furcht einflößendem Äußeren zu bändigen. Sie entwaffnen mit Sanftheit und Gemütlichkeit, siegen mit Charme.

☽^{tr} ☾^{Rad} □☍

Bedrohliche Leidenschaften

Sie fühlen sich genötigt, auch die wilden und scheinbar irrationalen Anteile Ihrer Psyche genauer anzuschauen. Dies ist emotional ungeheuer anstrengend. Und ob es Ihnen gelingt, auch Menschen von etwas Furcht einflößendem Äußeren durch Sanftheit und Gemütlichkeit zu entwaffnen und auf Ihre Seite zu bringen, ist fraglich. Aber bis zu einem Waffenstillstand sollten Sie es schon kommen lassen.

☽^{tr} ⛢^{Rad} ⚹△☌

Entspannt unter Freunden

Sie sind jederzeit offen für Neuerungen, besonders wenn sich diese praktisch in den Alltag umsetzen lassen. Auch haben Sie Spaß an verrückten Sachen, besonders wenn sie unter Gleichgesinnten sind.

☽^{tr} ⛢^{Rad} □☍

Unsicherunter Freunden

Sie leiden derzeit unter mangelnder Kompromissfähigkeit. Spannungen im Alltagsleben sind scheinbarunvermeidlich. Eventuell kommt es zu Beziehungskrisen. Unangenehme Zwischenfälle sind möglich. Man erntet Widerspruch von allen Seiten. Passen Sie auf, dass Sie mit Ihrer Unsicherheit nicht im Freundeskreis hausieren gehen.

☽ tr ♆ Rad ⚹△♂

Entspannt den Träumen nachgehen

Sie verfügen über eine große Sensibilität, haben Einfühlungsvermögen, vielleicht sogar Visionen, und genießen eigenartige Stimmungen. Es ist eine Zeit, in der Sie in die Welt der Mystik eintauchen, voller Genuss.

☽ tr ♆ Rad □♂

Den Träumen ausgeliefert

Sie sind momentan übersensibel, verlieren sich in Fantasien bis zur Ich-Losigkeit, kultivieren vielleicht sogar eine Opferhaltung. In diesem Monat sind sie ein wenig zu nahe am Wasser gebaut, könnten Irrtümern erliegen. Hüten Sie sich vor Intrigen, Enttäuschungen, Psychosen und Wahnbildern.

Entspannt in die Tiefe gehen

Sie verfügen über große psychologische Fähigkeiten. Dies ist eine sehr fruchtbare Zeit. Manchmal kommt es jetzt zu Schwangerschaften. Ganz bestimmt jedoch lernt man machtvolle Frauen kennen.

☽tr ♇Rad □♂

Zu viel Tiefgang

Sie sind jetzt äußerst sensibel gegenüber Schuldgefühlen. Passen Sie auf, dass Sie sich seelisch nicht negativ fixieren. Manchmal kommt es in solch einer Zeit zu Abtreibungen. Auf jeden Fall erlebt man jedoch familiäre Verstrickungen.

Aszendent Radix

Asc Rad

Das Grundanliegen

Charakter ist Schicksal. Die angeborenen Persönlichkeitsanlagen formen unser Leben. Ab dem Zeitpunkt der Geburt treffen wir aufgrund unseres Charakters Entscheidungen. Und so formen wir mit unserem Verhalten unsere Zukunft. Der Aszendent (ascendere = aufsteigen) ist das zum Zeitpunkt der Geburt am Osthorizont aufsteigenden Zeichen. Es zeigt unser Grundanliegen an.

Zugleich gibt des Aszendent Aufschluss über die äußere Erscheinung, also die Art und Weise, wie wir uns kleiden, welches Gesicht wir aufsetzen, ob wir die Welt lächelnd oder ernst anschauen.

Der Radix-Aszendent gibt Aufschluss über das Grundthema Ihrer Persönlichkeit, die Rolle, die Sie im Leben spielen wollen, Ihre tiefen Sehnsüchte, Wünsche und Hoffnungen. Am Radix-Aszendent zeigt sich Ihr unser Selbstverständnis. So wollen Sie gesehen werden, das erhoffen Sie sich von der Welt.

Radix-ASC in den Zeichen

ASC Rad ♈

Kraftvolles Austreten

Generell gehen Sie energisch und aggressiv in die Welt hinein. Es sind vor allem die ersten Impulse, die Sie setzen. Die weitere Gestaltung kann dann von anderen übernommen werden. Auf der Suche nach Identität geben sie sich einem Energiestrom der Tat und des Handelns hin. Sie gehen einfach los und zeigen damit, dass Sie da sind. Widerstand ist zwecklos.

In der Partnerschaft brauchen Sie ein harmonisches Gegenüber, also jemanden, der mit Ihrer Impulsivität gut umgehen kann, der Sie erst einmal machen lässt und über ein gehöriges Maß an Diplomatie verfügt.

ASC Rad ♉

Absicherndes Auftreten

Generell gehen Sie ruhig und kraftvoll in die Welt hinein, setzen erste Impulse. Auf der Suche nach Identität richten Sie Ihr Interesse vor allem auf die materiellen Ressourcen. Sie gehen ganz langsam und bedächtig an die Dinge heran, geben nur ungern alte Gewohnheiten auf. Und Sie fragen sich bei jeder Aktion, ob sich daraus ein Geschäft machen lassen könnte.

In der Partnerschaft benötigen Sie eine Person, die leidenschaftlich an Ihnen hängt und notfalls auch einmal Druck auf Sie ausüben kann, damit Sie aus der Reserve herausgelockt werden und Ihr Bestes geben.

Asc Rad ♊

Kommunikatives Auftreten

Generell gehen Sie geistig rege in die Welt hinein, setzen so die ersten Impulse. Auf der Suche nach Identität agieren Sie intellektuell und mit analytischem Geist. Sie geben sich interessiert und finden nichts schlimmer als Langeweile.

In der Partnerschaft wünschen Sie sich ein Gegenüber, das einen Überblick über die großen Zusammenhänge hat und genug Toleranz aufbringt, um mit Ihrer etwas sprunghaften und nervösen Natur gut umgehen zu können.

Asc Rad ♋

Familiäres Auftreten

Generell gehen Sie gefühlvoll und ein wenig launisch in die Welt hinein, setzen erste Impulse im emotionalen Bereich. Auf der Suche nach Identität investieren Sie sehr viel Gefühl und appellieren an Beschützerinstinkte. Stets befürchten Sie, verletzt zu werden, und bitten um Rücksicht. Gleichzeitig sind Sie jedoch bereit, sich für Schwächere einzusetzen, vor allem, wenn es sich um die Mitglieder Ihrer eigenen Familie handelt.

In der Partnerschaft wünschen Sie sich eine Person, die vernünftig ist und bereit ist, viel Verantwortung zu übernehmen. Manchmal schlüpfen Sie in die Rolle des Kindes hinein und können es genießen, wenn Ihr Gegenüber den Erwachsenenpart übernimmt.

Asc Rad ♌

Schöpferisches Auftreten

Generell gehen Sie auf beeindruckende Weise in die Welt hinein, treten manchmal aber auch ziemlich selbstherrlich auf. Ihre eigene Emotionalität und Subjektivität stellen Sie stark in den Vordergrund. Sie strahlen Persönlichkeit aus und sind etwas egozentrisch in Ihrem Auftreten. Sie möchten, dass man Sie anschaut, und halten sich für ein ganz besonderes Individuum.

In der Partnerschaft brauchen Sie eine Person, die sehr idealistisch eingestellt ist, sich selber am liebsten zurückhält und sich auch ab und zu vollkommen ausklinken kann, wenn Sie sich selbst wieder einmal zu wichtig nehmen.

Asc Rad ♍

Kompetentes Auftreten

Generell gehen Sie scharfsinnig und etwas penibel vor, setzen durch Kompetenz Ihren ersten Impuls. Auf der Suche nach Identität bauen Sie vor allem auf Vernunft. Ihnen eigen ist die Kunst des Heilens und der sinnvollen Ordnung. Strukturen, die Sie setzen, erweisen sich meist als höchst wirkungsvoll, auch auf lange Sicht. Jedoch sind Sie sehr kritisch, finden irgendwo immer ein Haar in der Suppe. Deshalb schauen Sie sich jede Sache und jeden Menschen immer ganz genau an.

In der Partnerschaft sind Sie am besten aufgehoben bei einem gefühlsstarken, liebevollen Menschen, der Ihre Aufgeräumtheit und Zuverlässigkeit zu schätzen weiß, und zugleich in der Lage ist, Ihre übertriebene Sorgfalt zu tolerieren.

Asc Rad ♎

Elegantes Auftreten

Generell gehen Sie elegant in die Welt hinein, etwas vornehm und zögerlich. Sie setzen auf diplomatische Art und Weise Ihre ersten Impulse. Auf der Suche nach Identität werden Sinnlichkeit und Charme eingesetzt. Sie überlegen intensiv, was die anderen tun könnten. Sie scheuen sich, selbst zu handeln. Vieles von dem, was in der Welt geschicht, kommt Ihnen unüberlegt vor. Sie versichern sich, bevor Sie zur Tat schreiten, stets der Zustimmung Ihrer Mitmenschen.

In der Partnerschaft schätzen Sie ein aktives und kraftvolles Gegenüber, das spontan handelt und Ihnen die geistige Führung überlässt.

Asc Rad ♏

Tiefschürfendes Auftreten

Generell gehen Sie zielbewusst und klar überlegt in die Welt hinein, setzen erste strategische Impulse. Auf der Suche nach Identität werden innere Bilder entwickelt und starke psychische Kräfte freigesetzt. Und Sie haben ein starkes kriminalistisches Gespür. Überall dort, wo Tabus die Weiterentwicklung behindern oder wo dunkle Geheimnisse auf Ihre Entdeckung warten, schreiten Sie ein.

In der Partnerschaft brauchen Sie ein gemütliches, sinnliches Gegenüber, das treu zu Ihnen steht, sich nicht unbedingt in all Ihre psychologisch verschraubten Gedankengänge hineinverwickeln lässt und ganz einfach Spaß am Leben hat.

AscRad ♐

Expansives Auftreten

Generell gehen Sie optimistisch und wagemutig in die Welt hinein, setzen mit Ihrer positiven Grundeinstellung erste Impulse. Auf der Suche nach Identität entfachen Sie das geistige Feuer und gehen auf Entdeckungstour. Sie wollen expandieren. Die Probleme sehen Sie schon, doch Ihre Toleranz ist groß und Ihr Optimismus noch viel größer. Zudem sind Sie stets bemüht, die Dinge in ihren Zusammenhängen wahrzunehmen.

In der Partnerschaft schätzen Sie ein Gegenüber, das sich mit dem Kleinklein des Alltags bestens auskennt, über gute kommunikative und handwerkliche Fähigkeiten verfügt, Sie aber gleichzeitig schätzt, vor allem wegen Ihrer philosophischen Fähigkeiten und Ihres Talents, das Große und Ganze im Blick zu behalten.

Asc Rad ♑

Diszipliniertes Auftreten

Generell gehen Sie konzentriert und skeptisch an die Welt heran, setzen wesentliche Impulse auf dem Gebiet der Rationalisierung und dem Einsparen von Kräften. Auf der Suche nach Identität orientieren Sie sich vorwiegend an außerpersönlichen Maßstäben. Sie wollen in Ihrem Auftreten vorbildhaft wirken und eine Orientierung bieten. Mit Ihrer skeptischen Grundhaltung halten Sie vieles für verzichtbar. Sie verabscheuen eine kindische Haltung, sind jederzeit zu Verzicht bereit und haben stets das Wesentliche im Blick.

In der Partnerschaft benötigen Sie ein gefühlvolles Gegenüber, das Ihnen die nötige Wärme und Liebe gibt, zugleich aber Ihren Führungsanspruch nicht infrage stellt.

Asc Rad ♒

Freundschaftliches Auftreten

Generell gehen Sie auf originelle Weise und ziemlich sprunghaft auf Ihre Mitmenschen zu. Gerne setzten Sie erste neue Impulse, wobei Sie die Begeisterung Ihrer Mitmenschen stets im Auge haben, denn es muss auch Leute geben, die Ihre Ideen dann langfristig weiterverfolgen.

Auf der Suche nach Identität eifern Sie Idealen von Freiheit, Gleichheit und Brüderlichkeit nach. Sie schätzen es, von einer höheren Warte aus auf die Welt zu schauen und lieben es, eine Situation vollkommen abstrakt und theoretisch zu erfassen. Auch treibt Sie eine große Ungeduld. Um stockende Prozesse in Fahrt zu bringen, brechen Sie nur allzu gerne mit althergebrachten Traditionen.

In der Partnerschaft schätzen Sie ein kraftvolles und großzügiges Gegenüber. Auch stellen Sie sich selbst nicht so gerne in den Mittelpunkt und genießen es, die zermürbenden Rivalitätskämpfe des Alltags im Windschatten eines starken Partners zu erleben.

AscRad ♓

Diskretes Auftreten

Generell gehen Sie feinfühlig in die Welt hinein, und meist ein wenig verträumt. Nur ganz behutsam setzen Sie neue Impulse. Auf der Suche nach Identität bemühen Sie sich immer wiederum vollkommene Offenheit. Dabei lassen Sie sich gänzlich von Ihrer Intuition leiten.

Ordnung in der materiellen Welt ist für Sie nicht mehr als eine Krücke, die nur Dilettanten gebrauchen. Geradezu genial finden Sie es, das Chaos zu beherrschen.

In der Partnerschaft suchen Sie nach einem analytisch denkenden und handelnden Partner, der sich um die Details kümmert und Ihnen hin und wieder bei der Bewältigung von Alltagsproblemchen zur Seite steht, der zugleich aber auch Ihre Sinnlichkeit und Ihr großes Feingefühl zu schätzen weiß.

Aszendent Lunar

Asc tr

Das Anliegen des Monats

Der Aszendent des in diesem Monats aktuellen Lunars gibt die augenblickliche Motivation wider, mit der Sie in die Welt hineingehen. Jetzt zeigen Sie der Welt ein ganz spezielles Gesicht, möchten Sie ganz besondere Bedürfnisse befriedigt sehen. Und sie entwickeln eine ganz besondere Strategie, um in der Welt wahrgenommen zu werden und Aufsehen zu erregen.

Die Aspekte der Lichter und Planeten zum Lunar-Aszendenten verstärken die Art und Weise, wie wir uns präsentieren. Sie fördern bzw. behindern entsprechend der Aspektierung, der Winkelverbindungen zum Osthorizont des Monatshoroskops, das Auftreten und das Anliegen, welches es jetzt zu verwirklichen gilt.

Lunar-ASC in den Zeichen

Asc tr ♈

Jetzt wird gehandelt

In den nächsten vier Wochen zeigen Sie sich von Ihrer mutigsten Seite. Sie gehen ran, scheuen keinen Widerstand und provozieren ruhig ein bisschen. Ihre äußere Erscheinung ist entsprechend burschikos. Praktische Kleidung, die den Willen zur Tat unterstreicht, ist dazu bestens geeignet. Der Partner? Er hat sich gefälligst zu fügen. Im Gegenzug riskieren Sie notfalls Kopf und Kragen, um ihn zu beschützen.

Asc tr ♉

Jetzt muss Ruhe einkehren

In den nächsten vier Wochen zeigen Sie sich bedächtig und friedliebend. Sie schaffen mit Ihrer ruhigen Art Vertrauen und dämpfen übertriebenen Aktionismus. Ihre äußere Erscheinung ist entsprechend seriös. Eine einfache, aber gut ausgesuchte Kleidung, die Liebe zur Natur und Beständigkeit ausdrückt, ist dazu bestens geeignet.

Ihr Partner sollte nun gefälligst Ihren Wert erkennen und sich voller Leidenschaft auf Sie fixieren.

Asc tr ♊

Jetzt den Mund aufmachen

In den nächsten vier Wochen zeigen Sie sich gesprächsbereit und wissbegierig. Sie bauen zu sehr vielen Menschen Kontakt auf und sind schnell mit jedem per du. Ihre äußere Erscheinung ist entsprechend locker. Eine flatterige und immer ein wenig improvisiert wirkende Kleidung unterstreicht Ihren Charakter.

Dazu kommen alle möglichen Utensilien, die man für die schnelle Kontaktaufnahme benötigt. Ihr Partner sollte Ihnen auf jeden Fall genug Freiraum geben. Und wenn Sie mal nicht weiter wissen, wäre sein kluger Rat durchaus erwünscht.

Asc tr ♋

Jetzt wird es gemütlich

In den nächsten vier Wochen zeigen Sie sich betont gemütlich und volksnah. Sie werden zum guten Zuhörer und zeigen viel Verständnis. Ihre äußere Erscheinung strahlt etwas Warmherziges aus, das sofort sympathisch wirkt.

Eine runde, vielleicht mütterlich bzw. ländlich wirkende Kleidung ist dazu bestens geeignet. Ihr Partner sollte jetzt Verantwortung zeigen und für Ihre jeweiligen Launen vollstes Verständnis haben.

Asc tr ♌

Jetzt beginnt die Show

In den nächsten Wochen zeigen Sie sich betont farbenfroh, sodass Sie sofort die Blicke auf sich lenken. Sie werden zum fantastischen Alleinunterhalterund in Ihrer Gegenwart wird einem nie langweilig. Eine auffallende Kleidung, in der auch starke Kontraste vorherrschen können, ist bestens geeignet, um Aufmerksamkeit zu erregen.

Von Ihrem Partner erwarten Sie natürlich, dass er als aufmerksames Publikum fungiert und sich mit eignen Aktivitäten weitgehend zurückhält.

Asc tr ♍

Jetzt wird aufgeräumt

In den nächsten vier Wochen zeigen Sie sich betont sachlich, sodass man Ihnen Ihre Sachkompetenz sofort abkauft. Sie werden überall dort gebraucht, wo Probleme zu lösen sind, brillieren durch Ihr analytisches Wesen. Eine praktische Kleidung mit einigen sorgsam ausgesuchten Details ist bestens geeignet, Ihr ordnungsliebendes Wesen zu unterstreichen.

Ihr Partner kann ruhig etwas schusselig sein. Hauptsache, er schätzt Ihren Ordnungssinn und überlässt Ihnen die ganze Organisation. Dann kann eigentlich nichts schief gehen.

Asc tr ♎

Jetzt wird es stilvoll

In den nächsten vier Wochen zeigen Sie sich elegant und sprühen vor Charme, sodass Sie sofort die Sympathien Ihrer Mitmenschen erlangen. Es fällt Ihnen leicht, ganz persönliche Kontakte aufzubauen.

Sie lassen sich auch gerne auf einen Flirt ein. Ein recht hübsches und leicht erotisches Äußeres ist dazu bestens geeignet. Ihr Partner sollte davon angetan sein, Ihnen die Welt zu Füßen legen und recht viel Power haben. Das reicht.

Asc tr ♏

Jetzt wird es verbindlich

In den nächsten vier Wochen zeigen Sie sich besonders tiefgründig und gehen sehr nahe an Ihr jeweiliges Gegenüber heran. Sie suchen den engen Kontakt und scheuen auch vor Intimitäten nicht zurück.

Eine in gewisser Weise magisch wirkende Kleidung, in der starke Rot- und Schwarztöne dominieren, unterstreicht Ihr Anliegen. Ihr Partner sollte finanziell und auch sonst recht gut ausgestattet sein. Und er wird sich jetzt hoffentlich von Ihnen hypnotisieren lassen!

Asc tr ♐

Jetzt nach vorne schauen

In den nächsten vier Wochen zeigen Sie sich optimistisch und ganz besonders positiv eingestellt. Eine gewisse Großzügigkeit und Weltoffenheit bei der Wahl der Kleidungsstücke unterstreicht dies.

Auf diese Weise gelingt es Ihnen, sehr schnell das Vertrauen anderer Menschen zu erlangen und Hoffnungen in ihnen zu wecken. Ihr Partner sollte quicklebendig sein und ganz begeistert Ihre Ideen in die Tat umsetzen.

Asc tr ♑

Jetzt mal ernst

In den nächsten vier Wochen zeigen Sie sich mit dem nötigen Ernst, den man braucht, um in wichtige Entscheidungsprozesse eingebunden zu werden. Sie zeigen einen gewissen Skeptizismus, befassen sich vor allem mit Fakten und Tatsachen.

Eine dezent-sparsame Kleidung mit konservativen Elementen unterstreicht Ihr Anliegen. Ihr Partner sollte verstehen, dass Sie sich mit wirklich ernsten Dingen beschäftigen, und Ihnen die Freizeit möglichst angenehm und gemütlich gestalten.

Asctr ♒

Jetzt wird's lustig

In den nächsten vier Wochen zeigen Sie sich experimentierlustig und sehr aufgeschlossen. Sie agieren verstärkt in der Öffentlichkeit und geben zu verstehen, dass Sie schon viel herumgekommen sind. Eine ganz individuelle Note in Ihrer Kleidung gepaart mit dem Mut, auch Unkonventionelles zu wagen, gibt dem Ganzen eine heitere Note.

Ihr Partner sollte genug Kraft haben, um Ihre Kapriolen nicht nur zu ertragen, sondern auch zu genießen. Und überhaupt sollte er jetzt recht großzügig sein.

Asctr ♓

Jetzt mal Pause

In den nächsten vier Wochen zeigen Sie sich betont zurückhaltend, sodass man Sie auf den ersten Blick übersehen könnte. Das ist durchaus beabsichtigt, denn so kommen Sie erst einmal aus der Schusslinie.

Eine Kleidung, in der alternative Mode-Accessoires dezent eingearbeitet sind, wird jedoch die Blicke gewisser Menschen ganz im Geheimen auf Sie lenken. Ihr Partner sollte genug analytisches Verständnis haben, um Ihrer Situation gerecht zu werden. Wenn er sich dann auch noch um ein paar Problemchen des Alltags kümmert, sind Sie mehr als zufrieden.

Aspekte des ASC im Lunar

ASC tr ☉ tr ⚹△☌

Aufsehen erregen

Sie werden in diesem Monat auf jeden Fall im Mittelpunkt stehen. Man nimmt Notiz von Ihnen. Sie strahlen großes Selbstbewusstsein aus und bringen sich voll ein.

ASC tr ☉ tr □☍

Aufsehen erleben

Ihr Partner steht in diesem Monat im Mittelpunkt. Man nimmt Notiz von ihm. Er strahlt großes Selbstbewusstsein aus und bringt sich voll ein.

ASC tr ☽ tr ⚹△☌

Offenherzigkeit imponiert

Sie gehen jetzt voll auf andere Menschen zu. Schnell stellt sich Nähe ein, und zwar auf beiden Seiten.

Asc tr ☽ tr □☍

Offenherzigkeit gefällt

Sie gehen jetzt zu offen auf andere Menschen zu. Nicht jeder will das.

Asc tr ☿ tr ⚹△☌

Gesprächig

Sie sind jetzt nicht auf den Mund gefallen, reden sehr viel und finden auch meist das richtige Wort.

Asc tr ☿ tr □☍

Geschwätzig

Ihre Partner reden sehr viel, manchmal zu viel.

Asc tr ♀ tr ⚹△☌

Eleganz beeindruckt

Sie legen großen Wert auf Ihr Äußeres. Man merkt, Sie wollen gefallen.

Asc tr ♀ tr □☍

Eleganz beeindruckt

Sie legen jetzt Ihr Äußeres zu großen Wert, wollen auf Teufel komm' raus gefallen und das merkt man leider.

Asc tr ♂ tr ⚹△☌

Auf Angriff gehen

Wenig Geduld, viel Kraft, Eroberungsfeldzug. Das imponiert.

Asc tr ♂ tr □☍

Angriff wagen

Sie haben keine Geduld mit Ihren Partnern und gehen überflüssigerweise auf Konfrontationskurs. Das stört ganz gewaltig.

Asc tr ♃ tr ⚹△☌

Neuland erobern

Sie strahlen ungeheuren Optimismus aus und lassen sich auch von Rückschlägen nicht entmutigen. Sie gehen ganz neue Wege.

Asc tr ♃ tr □♂

Neuland erforschen

Ihre Partner strahlen ungeheuren Optimismus aus und lassen sich auch von Rückschlägen nicht entmutigen. Das macht Sie neugierig.

Asc tr ♄ tr ⚹△♂

Skeptische Herangehensweise

Sie handeln mit angezogener Handbremse, möchten sich nicht verausgaben und bevorzugen erprobte Vorgehensweisen.

Asc tr ♄ tr □♂

Skeptische Partnersuche

Sie handeln in Bezug auf Ihre Partnerwahl mit angezogener Handbremse, möchten nicht enttäuscht werden und sind höchst reserviert.

Asc tr ⚷ tr ⚹△♂

Hilfsbereites Auftreten

Sie sind gerne bereit, sich für andere Menschen einzusetzen, strahlen aber selbst eine gewisse Unsicherheit aus, die irritiert.

Asc tr ⚷ tr □☍

Hilfsbereites Entgegenkommen

Sie sind gerne bereit, sich für andere Menschen einzusetzen, sehen die Unsicherheit der anderen und lassen sich nicht irritieren.

Asc tr ☾ tr ⚹△♂

Leidenschaft fasziniert

Sie sehen sich vor die Wahl gestellt, entweder Macht auszuüben oder Ohnmacht zu akzeptieren. Auf andere Menschen machen Sie einen tiefen Eindruck. Manche erschrecken Sie auch.

Asc tr ☾ tr □☍

Leidenschaftlich faszinierend

Sie sehen sich vor die Wahl gestellt, in Partnerschaften entweder Macht auszuüben oder Ohnmacht zu akzeptieren. Das wird manche ganz schön erschreckend, auf andere wiederum anziehend.

Asc tr ♅ tr ⚹△☌

Überraschend auftreten

Sie handeln jetzt ungeheuer schnell und unkonventionell. Oft setzen Sie neue Impulse. Doch selten bleibt mehr als nur ein Strohfeuer.

Asc tr ♅ tr □☍

Überraschende Kontaktaufnahme

Sie gehen jetzt ungeheuer schnell und unkonventionell auf andere Menschen zu. Oft kommt es zu einem heiteren Flirt. Doch selten bleibt mehr als nur Strohfeuer.

Asc tr ♆ tr ⚹△♂

Verträumtes Auftreten

Sie handeln jetzt äußerst intuitiv, sodass man denken könnte, Sie träumen. Doch tatsächlich versuchen Sie nur, mit Gespür eine Situation zu erfassen, um dann sensibel reagieren zu können.

Asc tr ♆ tr □☍

Verträumte Begegnungen

Sie erfahren Ihre jeweiligen Gegenüber jetzt vor allem intuitiv, sodass man denken könnte, Sie träumen. Doch tatsächlich versuchen Sie nur, mit Gespür den Partner zu erfassen, um dann sensibel Kontakt aufnehmen zu können.

Asc tr ♇ tr ⚹△♂

Intensives Auftreten

Momentan spüren Sie starke Widerstände und Tabus, gegen die Sie vorgehen wollen. Dabei setzen Sie sich mit voller Intensität ein und werden so manche Veränderung in Gang setzen.

Asc tr ♇ tr □☍

Intensive Partnerwahl

Momentan spüren Sie im Beziehungsbereich starke Widerstände und Tabus, gegen die Sie vorgehen wollen. Dabei setzen Sie sich mit voller Intensität ein und werden so manche Veränderung in Gang setzen.

Aspekte ASC Lunar zum Radix

Asc tr Asc Rad ⚹△☌

Starkes Auftreten

Ihr Auftreten ist in diesem Monat ziemlich authentisch und Sie können Ihre Grundbedürfnisse gut durchsetzen.

Asc tr Asc Rad □☍

Schwieriges Auftreten

Ihr Auftreten erfordert viele Kompromisse und es fällt Ihnen schwer, auch nur Grundbedürfnisse durchzusetzen.

Asc tr MC Rad ⚹△♂

Zielgerichtetes Auftreten

Ihr Auftreten dient in diesem Monat durchaus dem Ziel, sich langfristig durchzusetzen. Sie machen in der Öffentlichkeit einen außerordentlich guten Eindruck.

Asc tr MC Rad □☍

Zielwidriges Auftreten

Ihr Auftreten dient Ihnen in diesem Monat nicht unbedingt, um langfristige Ziele durchzusetzen. Sie machen in der Öffentlichkeit nicht den Eindruck, den es dafür braucht.

Asc tr ☉ Rad ⚹△♂

Selbstbewusstes Auftreten

Die Aktivität zeigt sich in dieser Zeit hauptsächlich in der Kreativität, der Sexualität, im Sport und in der Kunst. Man findet Lebensfreude auch bei der Beschäftigung mit Kindern. Dabei spielt die persönliche Initiative in den meisten Fällen eine ausschlaggebende Rolle.

Asc tr ☉ Rad □♂

Zu selbstbewusstes Auftreten

Die Aktivität richtet sich in dieser Zeit zu sehr auf Sexualität, Sport und Kunst. Man versucht, sich durch die Beschäftigung mit Kindern abzulenken. Dabei ergreift man oft ungefragt die Initiative, was in den meisten Fällen störend wirken kann.

Asc tr ☽ Rad ⚹△♂

Gefühlvolles Auftreten

Das momentane Interesse richtet sich auf die eigene Herkunft, die Eltern, Familie und Erbe. Wichtig werden auch Wohnen, Grundbesitz sowie Kauf und Bau von Häusern. Dabei bringt die persönliche Initiative in den meisten Fällen den ersehnten Erfolg.

Asc tr ☽ Rad □♂

Zu gefühlvolles Auftreten

Einige Probleme gibt es momentan mit der eigenen Herkunft, den eigenen Eltern, der Familie und dem Erbe sowie mit Wohnen, Grundbesitz, Kauf und Bau von Häusern. Wer in dieser Hinsicht allzu stürmisch vorgeht, wird jetzt mehr kaputtmachen als neu aufbauen.

Asc tr ☿ Rad ⚹△♂

Kommunikatives Auftreten

Das derzeitige Streben zielt auf den sozialen Austausch, wie er sich im Kontakt zu den Nachbarn, den Geschwistern und Verwandten offenbart. Man hat Erfolg, wenn man jetzt initiativ wird.

Asc tr ☿ Rad □☍

Zu kommunikatives Auftreten

Das derzeitige Streben zielt auf den sozialen Austausch, wie er sich im Kontakt zu den Nachbarn, den Geschwistern und Verwandten zeigt. Allerdings wirkt man zu nervös und es besteht die Gefahr, dass man mit Geschwätzigkeit unangenehm auffällt.

Asc tr ♀ Rad ⚹△♂

Sinnliches Auftreten

Starke Impulsivität zielt auf den Erwerbstrieb, wie er sich im Besitz von Geld, Dingen, Grund und Boden sowie im eigenen Selbstwertgefühl zeigt. Der eigene Auftritt dient dazu, diese Ziele zu erreichen. Sie sind mit sich selbst in Harmonie.

Asc tr ♀ Rad □☍

Zu sinnliches Auftreten

Starke Impulsivität zielt auf den Erwerbstrieb, wie er sich im Besitz von Geld, Dingen, Grund und Boden sowie im eigenen Selbstwertgefühl zeigt. Ihr Auftritt ist momentan nicht geeignet, Ihre Ziele zu erreichen. Sie sind mit sich selbst im Widerspruch.

Asc tr ♂ Rad ⚹△☌

Energisches Auftreten

Der momentane Wille zielt auf die körperliche und seelische Verfassung. Ausschlaggebend ist die Motivation, mit der man dem Leben entgegentritt. Dies zeigt sich ganz besonders in Partnerschaften. Dabei bringt die persönliche Initiative in den meisten Fällen den Durchbruch.

Asc tr ♂ Rad □☍

Zu energisches Auftreten

Der momentane Wille zielt auf die körperliche und seelische Verfassung. Ausschlaggebend ist die Motivation, mit der man dem Leben entgegentritt. Dies zeigt sich ganz besonders in Partnerschaften. Wer jetzt aber stürmisch vorgeht, wird nur kaputtmachen und den Durchbruch nicht schaffen.

Asc tr ♃ Rad ⚹△☌

Optimistisches Auftreten

Die Aktivität richtet sich in dieser Zeit hauptsächlich auf Erweiterung des geistigen Horizontes. Die Beschäftigung mit Glaubensfragen und fremden Kulturen spielt eine große Rolle. Wirtschaftlich geht es um Im- und Export. Dabei wirkt die persönliche Initiative glückhaft.

Asc tr ♃ Rad □☍

Zu optimistisches Auftreten

Die Aktivität richtet sich in dieser Zeit hauptsächlich auf Erweiterung des geistigen Horizontes. Die Beschäftigung mit Glaubensfragen und fremden Kulturen spielt eine große Rolle. Wirtschaftlich geht es um Im- und Export. Wer jetzt zu sehr drängelt, wird nicht glücklich werden.

Asc tr ♄ Rad ⚹△☌

Reserviertes Auftreten

Die Aktivität richtet sich in dieser Zeit hauptsächlich auf die Stärkung der öffentlichen Stellung. Macht und Ansehen spielen eine große Rolle. Das zeigt sich in der beruflichen Entwicklung. Die persönliche Initiative bringt messbare Erfolge.

Asc tr ♄ Rad □☍

Sehr reserviertes Auftreten

Die Kraft zielt jetzt auf die Stärkung der öffentlichen Stellung ab. Macht und Ansehen spielen eine große Rolle. Das zeigt sich auch in der beruflichen Entwicklung. Dabei bringt die persönliche Initiative nur dann messbaren Erfolg, wenn man nicht allzu sehr drängelt.

Asc tr ⚷ Rad ☌

Hilfsbereites Auftreten

Die Energie wird jetzt für die Linderung von Sorgen und Nöten anderer eingesetzt. Dabei ist man erfolgreich, vorausgesetzt, dass man sich selbst nicht zu sehr in den Mittelpunkt stellt.

Asc tr ⚷ Rad ⚹△☌

Hilfsbereites Auftreten

Die Energie wird jetzt für die Linderung von Sorgen und Nöten anderer eingesetzt. Dabei ist man erfolgreich, vorausgesetzt, dass man sich selbst nicht zu sehr in den Mittelpunkt stellt.

Asc tr ⚷ Rad □♂

Zu hilfsbereites Auftreten

Die Energie wird jetzt für die Linderung von Sorgen und Nöten anderer eingesetzt. Dabei ist fraglich, ob man erfolgreich ist. Keinesfalls darf man sich selbst zu sehr in den Mittelpunkt stellen.

Asc tr ☾ Rad ⚹△♂

Leidenschaftliches Auftreten

Die Aktivität richtet sich in dieser Zeit hauptsächlich auf jene verborgenen Leidenschaften, die zum Ausbruch drängen. Etwas in Ihre Seele lässt sich nicht unterdrücken. Man sieht es Ihnen an. Lassen Sie es raus!

Asc tr ☾ Rad □♂

Leidenschaftliches Auftreten

Die Aktivität richtet sich in dieser Zeit hauptsächlich auf verborgene Leidenschaften, die zum Ausbruch drängen. Etwas in Ihre Seele lässt Sie nicht ruhen. Eine belastende Situation!

Asc tr ♅ Rad ⚹△☌

Ungewöhnliches Auftreten

Momentan bemüht man sich um eine Verankerung im sozialen Milieu. Dies hat immer mit der Suche nach Menschen zu tun, mit denen sich die eigene Lebenseinstellung teilen lässt, bei denen man gegebenenfalls Unterstützung findet. Die persönliche Initiative bringt die Dinge in den meisten Fällen weiter.

Asc tr ♅ Rad □☍

Zu ungewöhnliches Auftreten

Momentan bemüht man sich um eine Verankerung im sozialen Milieu. Dies hat immer mit der Suche nach Menschen zu tun, mit denen man die eigene Lebenseinstellung teilen kann, bei denen man gegebenenfalls Unterstützung findet. Dabei bringt die persönliche Initiative einen nur dann weiter, wenn man die Konventionen nicht zu sehr überschreitet.

Asc tr ♆ Rad ⚹△☌

Nebulöses Auftreten

Jetzt interessieren besonders die verdrängten Teile der Innen- und Außenwelt, man richtet sein Augenmerk besonders auf seelische Schwachpunkte und Randgruppen der Gesellschaft. Dabei bringt die persönliche Initiative in den meisten Fällen die Dinge voran.

Asc tr ♆ Rad □♂

Zu nebulöses Auftreten

Jetzt interessieren besonders die verdrängten Teile der Innen- und Außenwelt, man richtet sein Augenmerk besonders auf seelische Schwachpunkte und Randgruppen der Gesellschaft. Dabei bringt einen die persönliche Initiative nur dann weiter, wenn man Traum und Wirklichkeit unterscheiden kann.

Asc tr ♇ Rad ⚹△♂

Zwanghaftes Auftreten

Die psychische Innenwelt kommt in den Fokus des Interesses, besonders die tiefen seelischen und sogar schicksalsmäßigen Verbindungen zu anderen Menschen, und ganz speziell die karmischen Verflechtungen. Dabei bringt Sie die persönliche Initiative einen ganzen Schritt weiter.

Asc tr ♇ Rad □♂

Zu zwanghaftes Auftreten

Die psychische Innenwelt kommt in den Fokus des Interesses, besonders die tiefen seelischen und sogar schicksalsmäßigen Verbindungen zu anderen Menschen, und ganz speziell die karmischen Verflechtungen. Wer jetzt allerdings zu viel verlangt, wird nur Widerstand hervorrufen.

Sonne

Persönliche Entfaltung

Gleich den Strahlen der Sonne am Himmel setzen wir uns in ein strahlendes Licht, entfalten wir unsere Schöpferkraft. Mit der Sonne im Horoskop setzen wir uns in den Mittelpunkt, wie ein Kind, das bei allem, was es tut, Applaus und Anerkennung erwartet.

Eitel macht uns die Sonne, doch sie gibt uns auch jene Liebe, die wir brauchen, um am Leben Spaß zu haben. Und die Sonne erfüllt uns auch mit Kraft.

So gut wie jeder kennt sein Sternzeichen. Aber damit bezeichnet der Laie im Grunde nur die Position der Sonne im Horoskop. Im Lunar steht die Sonne stets in jenem Zeichen, dass zur Zeit des Prognosemonats aktuell ist.

Dieses Sternzeichen gibt die allgemeine Stimmung des Monats vor. Es hat also eher einen kollektiven denn einen individuellen Charakter. Bei der Lunardeutung spielt deshalb der Häuserstand der Sonne eine größere Rolle. An ihm erkennen wir, in welchem Lebensbereich wir unsere Schöpferkraft am wirkungsvollsten einsetzen. Genau so, wie es das Lunar vorgibt, stellen wir uns in den Mittelpunkt und erschaffen eine persönliche Realität.

Lunar-Sonne in den Häusern

⊙tr ⊥

Jetzt wird gehandelt

Sie beeindrucken in diesem Monat besonders durch Ihre Ichbezogenheit. Ihr ganz persönliches Auftreten zeigt eine erstaunliche Unmittelbarkeit. Vollkommen ungezwungen gehen Sie auf die Welt zu. Selbstzweifel kennen Sie nicht. Sie haben großen Mut. Sicherlich rührt das auch daher, dass Sie die Wirklichkeit ein wenig ausblenden.

So können Sie ganz ungezwungen zur Tat schreiten. Und Sie erschaffen eine neue Wirklichkeit, die ist nicht unbedingt besser ist als all das, was vorher existierte. Aber durch Ihr Handeln haben Sie der Welt Ihren Stempel aufgedrückt. Und das macht Sie froh.

☉tr II

Jetzt wird abgesichert

Sie beeindrucken in diesem Monat besonders durch ein vorsichtiges und absicherndes Handeln. Sie konzentrieren sich auf materiellen Gewinn, möchten Ihren Besitz mehren und nicht mindern. Deshalb gehen Sie sehr vorsichtig mit Ihren eigenen Ressourcen um. Ihre Sympathie gilt allen schönen Dingen dieser Welt, vor allem den sinnlichen Genüssen, einschließlich jenen, die Ihr eigener Körper hervorbringt.

Es ist eine gute Zeit, um Sport zu treiben. Sie investieren Energie und Kraft in die Verschönerung Ihres Körpers. Und in diesem Monat steigt auch die Lust an gutem Essen und Trinken. Trotz aller Aktivität ist deshalb eine Gewichtszunahme zu erwarten.

☉tr III

Jetzt wird Kontakt aufgenommen

Sie beeindrucken in diesem Monat besonders durch Ihr springlebendiges und besonders umtriebiges Handeln. Sie gehen auf alle möglichen Menschen zu.

Es macht Ihnen Spaß, zu telefonieren und Briefe und E-Mails zu schreiben. Sie treffen sich mit Hinz und Kunz. Dadurch gelangen Sie an die allerneuesten Informationen. Und Sie durchbrechen eine gewisse Isolation, die in der Vergangenheit Ihr Leben eingeschränkt hat.

☉tr IV

Jetzt wird Heimat geschaffen

Sie beeindrucken in diesem Monat besonders durch ein gefühlvolles Auftreten. Sie interessieren sich stark für die Natur. Und mit ganz einfachen Menschen kommen Sie besonders gut klar, besonders auf dem Lande. Vielleicht besuchen Sie jetzt die Gegend, in der Sie Ihre Wurzeln haben. Auch dürfte sich der Kontakt zu den Familienangehörigen intensivieren. Der Begriff Heimat bekommt einen höheren Stellenwert. Sie möchten sich stärker verwurzeln. Deshalb machen Sie sich auf die Suche nach einem Flecken auf dieser Erde, an dem Sie zur Ruhe kommen können.

☉tr V

Jetzt wird gestaltet

Sie beeindrucken in diesem Monat besonders durch selbstständiges und eigenverantwortliches Handeln. Sie verlieren jegliche Scheu vor Peinlichkeiten, legen Verklemmungen ab. Auch verstecken Sie sich nicht mehr. Ganz im Gegenteil suchen Sie jetzt nach Aufmerksamkeit, Applaus und Anerkennung. Sie möchten vielleicht ein wenig Gott spielen und die Welt wissen lassen, dass Sie existieren. Eine besondere Lebenslust prägt diese Zeit.

☉tr VI

Jetzt wird aufgeräumt

Sie beeindrucken in diesem Monat besonders durch Gründlichkeit und Sachlichkeit. Es gelingt Ihnen mühelos, Ordnung und Strukturen zu schaffen, die das Leben angenehmer und unkomplizierter machen. Der Alltag zu Hause und am Arbeitsplatz wird neu organisiert, was zu wesentlichen Erleichterungen führt.

Auch sind Sie jetzt in der Lage, sich körperlich zu regenerieren. Längst überfällige Arztbesuche werden in Angriff genommen. Im Haushalt werden einige Reparaturen vorgenommen. Und vieles, was auf der Arbeit liegen geblieben ist, wird nun erledigt. Die Beschäftigung mit Kleinkram macht Ihnen ungewöhnlich viel Spaß.

☉tr VII

Jetzt wird geflirtet

Sie beeindrucken in diesem Monat besonders durch ein höfliches und charmantes Auftreten. Sie gehen mit einem ungeheuren Selbstbewusstsein auf andere Menschen zu. Eine Konkurrenzsituation am Arbeitsplatz wird zu Ihren Gunsten geklärt.

Sie können sowohl intellektuell scharf auftreten, als auch liebreizend brillieren, bis hin zum heißen Flirt. Dadurch schaffen Sie sich mühelos Vorteile, die Sie durch Fleiß oder harte Arbeit nur schwerlich erlangt hätten.

⊙tr VIII

Jetzt wird umgestaltet

Sie beeindrucken in diesem Monat besonders durch radikales, kompromissloses Handeln. In einer bestehenden Beziehung schaffen Sie klare Verhältnisse. Und aus einer wackligen Affäre wird jetzt entweder etwas Richtiges, oder es wird Schluss gemacht. Man ist für Sie oder man ist gegen Sie. Jegliche Halbheiten werden beseitigt.

Dieser Mut zur Umgestaltung wirkt sich auch auf Ihr Berufsleben aus. Sie schließen Verträge ab, die langfristig sind und erhebliche finanzielle Konsequenzen nach sich ziehen. Allerdings werden Sie in dieser Zeit auch Allianzen beendet, die sich totgelaufen haben und im Grunde nicht mehr zu retten sind.

⊙tr IX

Jetzt geht es hinaus

Sie beeindrucken in diesem Monat besonders durch überlegenes und weltoffenes Handeln. Sie lieben es in diesem Monat, sich in der großen weiten Welt herumzutreiben, und denken sogar ein bisschen global. Vor allem aber sprühen Sie vor Optimismus. Dadurch können Sie sich selbst und andere mitreißen. Bildung steht hoch im Kurs.

Sie möchten überall und nirgends sein, aber auf keinen Fall zu Hause im stillen Kämmerlein versauern.

⊙tr X

Jetzt wird es ernst

Sie beeindrucken in diesem Monat besonders durch Verantwortungsbewusstheit und handeln zielbewusst. Ernst wollen Sie genommen werden. So gut wie nichts nehmen Sie auf die leichte Schulter. Sie haben Ziele, privaterund beruflicher Natur.

Und auf die wollen Sie sich zubewegen, nicht in der Fantasie, sondern in der Realität. Sie gehen sehr sorgsam mit Ihren Ressourcen um, setzen Ihre Kräfte nur gebündelt ein.

⊙tr X⊥

Jetzt wird es modern

Sie beeindrucken in diesem Monat besonders durch solidarisches und kollegiales Handeln. Sie werden sich vor allem in Gruppen wohlfühlen.

Sie erhalten Anerkennung für Ihren Idealismus, auch von wildfremden Menschen. Das tut Ihnen wirklich gut. Um Freundschaften aufrecht zu erhalten, sind Sie bereit, auf persönliche Vorteile zu verzichten. Sie spüren deutlich, das alles, was man der Welt gibt, auf die eine oder andere Weise wieder zu einem zurückkommt.

☉tr XII

Jetzt wird es ruhig

Sie beeindrucken in diesem Monat besonders durch Stille und Innerlichkeit. Am Liebsten handeln Sie im Verborgenen. Das, was Sie tun, soll wirklich einen Sinn haben, nicht nur vordergründig. Deshalb halten Sie sich erst einmal aus dem ganzen öffentlichen Trubel raus.

Oft entwickeln sich in solch scheinbar passiven Lebensphasen ganz neue Visionen, die erst viel später dann konkret sichtbar werden.

Lunar-Sonne in den Zeichen

☉tr ♈

Tollkühn

Generell hat man jetzt einen starken Willen und ist nach außen gerichtet. Manche halten einen für tollkühn. Doch vielleicht ist man nur etwas übereilig. Sie handeln erst und denken später dann nach. OK, dabei machen Sie so einige Fehler. Aber die können Sie ja korrigieren - indem Sie erneut handeln.

☉tr ♉

Bedächtig

Generell ist man jetzt erdverbunden und ziemlich an der Realität orientiert. Manche halten einen für konservativ. Doch im Grunde ist man nur standhaft.

Sie lassen sich nicht so schnell aus der Reserve bringen und leisten gekonnt Widerstand. Aufgrund dieser Taktik gehören Sie nicht unbedingt zu den Schnellsten. Aber mit Ihrer Sturheit erreichen Sie letztendlich doch stets genau das, was Sie wollen.

☉tr ♊

Wissbegierig

Generell gibt man sich jetzt ziemlich sprunghaft. Man hat eine besonders schnelle Auffassungsgabe. Manche halten einen für oberflächlich. Doch dahinter steckt nur eine gewisse Lässigkeit.

Sie sind auf jeden Fall nicht auf den Mund gefallen. Natürlich reden Sie jetzt mehr als sonst. Und ein Quäntchen Unsinn ist auch dabei. Aberunterhaltsam sind Sie auf jeden Fall.

☉tr ♋

Empfindlich

Generell hat man jetzt viel Gefühl und handelt in allem besonders fantasiebetont. Manche halten einen für anlehnungsbedürftig. Doch dahinter steckt nur ein großer Familiensinn. Sie laufen vor allem zu Hause zur Hochform auf. Nicht dass Sie es zum Patriarchen bzw. zur Obermama bringen wollen. Aber mit ein bisschen Gemütlichkeit geht alles sehr viel besser.

☉tr ♌

Spielerisch

Generell legt man jetzt ein etwas egozentrisches Gehabe an den Tag. Manchen halten einen für geltungsbedürftig, doch dahinter steckt nur der Wunsch nach Selbstbestimmung.

Sie scheuen sich auf jeden Fall nicht, im Mittelpunkt zu stehen, und laufen auch bei peinlichen Situationen nicht davon. Und das soll Ihnen erst einmal jemand nachmachen!

☉tr ♍

Fleißig

Generell ist man jetzt gründlich und schaut die Welt mit kritischen Augen an. Manche halten einen jetzt für kleinlich, doch dahinter steckt nur großer Fleiß.

Sie meckern zugegebener Maßen ein bisschen viel herum. Aber man muss auch notgedrungen zugeben, dass Sie meistens im Recht sind.

☉tr ♎

Ästhetisch

Generell zeigt man jetzt genau jene Ausgeglichenheit, die es für ein angenehmes Zusammenleben braucht. Manche halten einen für entscheidungsschwach, doch dahinter steckt nur sehr viel Diplomatie.

Sie können sehr gut mit Leuten umgehen, wickeln fast jeden um den kleinen Finger. Aber befriedigt das auf Dauer wirklich?

☉tr ♏

Manipulativ

Generell hat man jetzt genau die Zähigkeit, die man braucht, wenn man wirklich etwas verändern will. Manche halten einen für triebhaft. Doch dahinter steckt nur reiner Überlebenswille.

Sie machen einigen Leuten ganz schön Angst. Aber vielleicht wollen Sie das ja auch?

☉tr ♐

Verschwenderisch

Generell zeigt man jetzt über ziemlich viel Toleranz und schätzt vor allem kulturell gebildete Menschen. Manche halten einen für einen Blender, doch dahinter steckt nur ein riesengroßer Optimismus.

Sie möchten durch die Welt reisen, viel Geld besitzen, jede Menge Komfort, viele Freunde, und, und, und .... Aber wäre nicht auch weniger mehr?

☉tr ♑

Distanziert

Generell legt man jetzt über eine gewisse Nüchternheit an den Tag. Das ermöglicht einem, realistischer zu handeln. Manche entdecken da einen gewissen Standesdünkel. Doch im Grunde zeigt man nur Pflichtbewusstsein.

Sie zeigen den Leuten, wo es wirklich lang geht. Aber wer will schon den lieben langen Tag wie ein Kleinkind behandelt werden?

Erfinderisch

Generell verfügt man jetzt über viel Intuition und ist äußerst erfinderisch. Manche halten einen jetzt für nervös. Doch dahinter steckt nur eine ungewöhnlich starke Intellektualität.

Sie lassen jedem die Freiheit, die er braucht, und nehmen sich selbst auch nicht davon aus. Passen Sie auf, nicht den Halt zu verlieren!

☉tr ♓

Schüchtern

Generell zeigt man jetzt ein bisschen viel Selbstmitleid. Auch ist man etwas verträumt. Doch dahinter steckt eine große Einfühlsamkeit, die bis ins Mediale hineingehen kann. Sie spüren und ahnen viel. Doch was nützt das, wenn niemand davon erfährt?

Aspekte der Sonne im Lunar

☉tr ☽tr ⚹△

Interessenausgleich

Bei dieser Sonne-Mond-Konstellation ist ein harmonisches Zusammenspiel zwischen Gefühl und Verstand möglich. Somit können neue Impulse gesetzt werden, die in der Außenwelt Akzeptanz finden.

☉tr ☽tr □☍ ☌

Willensdominanz

Bei dieser Sonne-Mond-Konstellation geschieht es schnell, dass die Gefühle unterdrückt werden. Das aktive Handeln steht im Vordergrund, was auf Kosten des körperlichen Wohlbefindens gehen kann.

☉tr ☿tr ☌

Machtworte

Bei dieser Sonne-Merkur-Konstellation wird man schnell zum Wortführer, wird mit der eigenen Meinung nicht hinter dem Berg gehalten. Dies macht zwar anfangs erheblichen Eindruck, erzeugt aber auch Widerspruch. Es fällt schwer, den anderen zu Wort kommen zu lassen.

☉tr ♀tr ☌

Liebeswerben

Bei dieser Sonne-Venus-Konstellation fällt es einem leicht, die Sympathien seiner Mitmenschen zu erlangen. Allerdings geht damit auch immer eine gewisse Eitelkeit einher, die auf Dauer unangenehm wirken kann.

☉tr ♂tr ⚹△☌

Kraftakte

Bei dieser Sonne-Mars-Konstellation neigt man zu einsamen Entscheidungen. Man will schnell handeln und geht immer ganz bedacht vor. Zeitweilig steht eine ungeheure Kraft zur Verfügung. Und die will abreagiert werden, entweder konstruktiv oder destruktiv. Man ist in der Lage, die Verhältnisse schnell und grundlegend umzugestalten, bemüht sich um Ausdauer.

☉tr ♂tr □☍

Schrotschüsses

Bei dieser Sonne-Mars-Konstellation entscheidet man schnell und nicht immer ganz bedacht. Man verfügt zeitweilig über eine ungeheure Kraft, die sich abreagieren muss, konstruktiv oder destruktiv. Man ist in der Lage, die Verhältnisse schnell und grundlegend umzugestalten, verfügt jedoch über wenig Ausdauer.

☉tr ♃tr ⚹△☌

Frohsinn

Bei dieser Sonne-Jupiter-Konstellation will man hoch hinaus und wirbt entsprechend um Unterstützung. Wohlwollende Gönner wären einem am liebsten, und manchmal findet man sie auch. In der Regel wird man jedoch mit den Niederungen des Alltags konfrontiert. Dabei zeigt sich dann, ob man auch bei Enttäuschungen, die nicht ausbleiben werden, froh und heiter sein kann.

☉tr ♃tr □☍

Frohsinn

Bei dieser Sonne-Jupiter-Konstellation will man zu hoch hinaus. Man wirbt etwas übertrieben um Unterstützung. Wohlwollende Gönner werden dadurch abgestoßen. In der Regel wird man jetzt mit den Niederungen des Alltags konfrontiert.

Und dabei zeigt sich dann, dass Enttäuschungen nicht ausbleiben werden. Es ist ratsam, ein wenig auf Distanz zu sich selbst zu gehen.

☉tr ♄tr ⚹△☌

Selbstprüfung

Mit dieser Sonne-Saturn-Konstellation verfügt man meist über zu wenige Reserven, als dass man sich eine Verschwendung leisten könnte. Man lebt von der Substanz. Und man ist bemüht, weitere Substanz aufzubauen. An sich selbst und seine Umgebung setzt man strenge Maßstäbe. Eitelkeit oder Minderwertigkeitsgefühle können das Urteil trüben. Es scheint schwer, sich selbst und anderen wirklich gerecht zu werden. Aber mit viel Disziplin kommt man immer wieder ein Stück voran.

☉tr ♄tr □☍

Selbstkritik

Mit dieser Sonne-Saturn-Konstellation verfügt man über zu wenige Reserven, als dass man sich eine Verschwendung leisten könnte. Man lebt von der Substanz. An sich selbst und seine Umgebung setzt man äußerst strenge Maßstäbe. Eitelkeit oder Minderwertigkeitsgefühle dominieren. Es wird schwer, sich selbst und anderen wirklich gerecht zu werden. Nur mit äußerster Disziplin kommt man stückweise voran.

☉tr ⚷tr ⚹△☌

Irritationen

Mit dieser Sonne-Chiron-Konstellation muss man lernen, die eigenen Fehler zu akzeptieren. Ein übersteigerter Perfektionswahn könnte sonst das eigene Selbstbild beschädigen oder sich durch übersteigerte Anforderungen an die Mitmenschen destruktiv auswirken. Eine Stärke dieser astrologischen Konstellation ist die Fähigkeit, als Lehrer zu wirken. Auch kann man Schmerzen gut lindern und sogar heilen.

☉tr ⚷tr □☍

Störungen

Mit dieser Sonne-Chiron-Konstellation fällt es ungeheuer schwer, die eigenen Fehler zu akzeptieren. Ein übersteigerter Perfektionswahn beschädigt das Selbstbild. Auch wirken sich übersteigerte Anforderungen an die Mitmenschen destruktiv aus. Eine Schwäche dieser astrologischen Konstellation ist die der Wunsch, als Lehrer zu wirken, auch wenn dafür manchmal die Kompetenz fehlt.

☉tr ☾tr ⚹△☌

Natürliches Auftreten

Durch die Verbindung von Sonne und Lilith können sie Ihren ureigenen Impulsen und Leidenschaften gut nachkommen. Sie geben ihnen einen schöpferischen Ausdruck, der sogar überzeugt und Eindruck macht.

☉tr ☾tr □☍

Willkürliches Auftreten

Die Verbindung von Sonne zu Lilith behindert in dieser Konstellation den harmonischen Ausdruck der ureigensten Impulse und Leidenschaften. Es fällt ausgesprochen schwer, diesen Gefühlen einen schöpferischen und produktiven Ausdruck zu verleihen.

☉tr ⛢tr ⚹△☌

Geschwindigkeit

Bei dieser Sonne-Uranus-Konstellation muss immer alles sehr schnell gehen. Und zwischendurch passiert lange Zeit überhaupt nichts. Die sonst üblichen Gesetze der Zeit gelten nicht mehr. Entwicklungen vollziehen sich jetzt nicht kontinuierlich, sondern in Sprüngen. Und ob dabei wertvolles Porzellan zerschlagen wird oder wirklich wertvolles Neues entsteht, wird sich erst in der Rückschau erkennen lassen. Zu vermuten ist jedoch, dass blitzartiges Handeln und Mut zur Eigeninitiative durchaus Vorteile bringen.

☉tr ♅tr □☍

Hektik

Mit dieser Sonne-Uranus-Konstellation gibt es keine vorausberechenbaren Ereignisse. Entweder geht alles zu schnell, oder es herrscht gähnende Langeweile. Die sonst üblichen Gesetze der Zeit gelten nicht mehr. Die Entwicklung vollzieht sich abrupt, in Sprüngen. Meist wird dabei wertvolles Porzellan zerschlagen. Erst in der Rückschau wird man den Ereignissen auch positive Aspekte abgewinnen können.

☉tr ♆tr ⚹△☌

Träumerei

Mit dieser Sonne-Neptun-Konstellation ist die Fantasie ganz besonders ausgeprägt. Dies versetzt einen in die Lage, dass man Marktnischen erkennt und zu nutzen weiß. Auch werden zukünftige Wirtschaftstrends erahnt. Man spürt, was die Menschen sich ersehen. Und dann verkauft man ihnen ihre Träume.

Das Filmgeschäft und das Internet leben zu großen Teilen von diesen Mechanismen. Anderseits neigt man jetzt auch Selbsttäuschungen, versinkt nur allzu leicht in Phlegma und Passivität. So kann man selbst ein Opfer von Illusionen werden. Traum und Wirklichkeit vermischen sich.

☉tr ♆tr □♂

Illusionen

Die Fantasie schlägt Blasen bei dieser Sonne-Neptun-Konstellation. Man unterliegt Täuschungen, kann Traum und Realität nicht mehr voneinanderunterscheiden. Dadurch schwächt sich die Handlungsfähigkeit. Man wird verletzlich und angreifbar.

Wahrhaftigkeit

Mit dieser Sonne-Pluto-Konstellation sieht man sich stets als Hüter der Wahrheit - und das auch dann, wenn diese nur von einem selbst als solche gesehen wird. Die Tabulosigkeit, mit der man seine eigene Umwelt erforscht, öffnet den Blick auf verborgene Schätze.

Doch auch allzu leicht verstrickt man sich in Projektionen, bekämpft im anderen lediglich Schatten der eigenen Persönlichkeit, die man bei sich selbst weder gerne sieht noch akzeptiert, sondern verdrängt.

☉tr ♇tr □☍

Projektionen

Bei dieser Sonne-Pluto-Konstellation verstrickt man sich leicht in Projektionen. Das, was man beim anderen ablehnt, ist oft nicht viel mehr als der verdrängte Schatten eigener Persönlichkeitsanteile, die man bei sich selbst weder gerne sieht noch akzeptiert.

Aspekte der Sonne zum Radix

☉tr MC Rad ⚹△☌

Klare Zielvorstellung

Die Durchsetzung ist leichter als sonst möglich und man hat Vorteile besonders im beruflichen Wirken.

☉tr MC Rad □☍

Unklare Zielvorstellung

Die Zielsetzung ist unklar und man geht zu wenig aus sich heraus.

☉tr Asc Rad ⚹△♂

Klare Selbstdarstellung

Die Voraussetzungen für persönliches Wirken sind günstig. Gesundheitlich geht es besser und die Beziehungen zur Umwelt werden lebhafter.

☉tr Asc Rad □☍

Unklare Selbstdarstellung

Körperlich können Belastungen auftreten. Störungen, meist durch die Umwelt hervorgerufen, können zu persönlichem Versagen führen. Man sollte sich selbst in diesen Tagen nicht zu ernst nehmen.

☉tr ☉Rad ⚹△☌

Große Darstellungskraft

Eine große körperliche und geistige Präsenz ist vorhanden. Das wird in diesem Monat in vielen Angelegenheiten von Vorteil sein.

☉tr ☉Rad □☍

Aufdringliche Darstellung

Die körperliche und geistige Präsenz ist momentan nicht optimal. Das kann Ihnen in diesem Monat bei einigen Angelegenheiten zum Nachteil gereichen.

☉tr ☽Rad ⚹△☌

Klare Gefühlswelt

Es besteht eine Ausgeglichenheit zwischen Bewusstem und Unterbewusstem. Und man kann mit seinen Trieben gut umgehen. Der Zeit ist günstig für Gesellschaften, Besuche und Reisen.

☉tr ☽Rad □☍

Unklare Gefühlswelt

Das seelische Gleichgewicht ist gestört, die Gesundheit möglicherweise labil. Die Zeit ist für Gesellschaften, Besuche und Reisen nicht so günstig. Permanent wechselt die Stimmung.

☉tr ☿Rad ⚹△♂

Klare Gedanken

Jetzt kann man den Schriftverkehr besonders gut erledigen. Kurze Reisen werden getätigt, geschäftliche Verbindungen geknüpft. Der Kopf wird frei.

☉tr ☿Rad □♂

Störende Gedanken

Konzentrationsschwierigkeiten behindern das Erledigen des Schriftverkehrs. Kurze Reisen lenken nur ab. Es fällt schwer, den Kopf freizumachen.

☉tr ♀Rad ⚹△♂

Klare Sympathien

Viel Erfolg in der Liebe. Und auch sonst können interessante neue Kontakte aufgebaut werden. Die Stimmung ist harmonisch und man hat viel Spaß am Leben.

☉tr ♀Rad □☍

Sympathiewerte sinken

Kaum Erfolg in der Liebe. Und auch sonst werden kaum interessante Kontakte aufgebaut. Die Stimmung ist zerrissen und es fällt schwer, Spaß am Leben zu haben.

Klare Handlung

Man kann direkt zupacken und sich richtig entscheiden. Dann handelt man. Zudem verfügt man über eine positive Geisteshaltung und steht positiv dem Leben gegenüber.

Unklare Handlung

Körperlich ist man leicht zu überfordern. Psychisch ist man jetzt häufig gereizt und bei vielen Aktionen fahrlässig bis hin zur Unvorsichtigkeit.

☉tr ♃Rad ⚹△☌

Klare Zukunftsorientierung

Die Stimmung ist gehoben und optimistisch. Man lebt vernünftig und ist erfolgreich tätig.

☉tr ♃Rad □☍

Unklare Zukunftsorientierung

Der Kontakt zu den Behörden ist wenig Erfolg versprechend. Man gibt zu viel Geld aus, verschwendet Ressourcen und kennt kein Maß.

☉tr ♄Rad ⚹△☌

Klare Beschränkung

Man hat Erfolg durch Sparsamkeit, ist ausdauernd und verfügt über ökonomisches Geschick. Langfristig Geplantes erweist sich als fruchtbar.

☉tr ♄Rad □♂

Unklare Beschränkung

Eine schwache Vitalität und geminderte Leistung drücken die Stimmung. Es besteht die Gefahr, dass Sie sich willensmäßig überfordern.

☉tr ⚷Rad ⚹△♂

Klare Hilfestellung

Unzufriedenheit darf nicht blockierend wirken. Es ist wichtig, dass Sie jetzt genau wissen, was Sie wollen. Dann können Sie sich selbst und anderen am wirkungsvollsten helfen.

Unklare Hilfestellung

Unzufriedenheit könnte Sie jetzt blockieren. Und es ist problematisch, dass Sie nicht genau wissen, wie Sie sich selbst und anderen helfen können.

☉tr ☾Rad ⚹△☌

Klarer Gefühlsausdruck

Auch starke und dunkle Aspekte des Seelischen werden jetzt deutlich gezeigt. Und das geschieht auf eine theatralische Art und Weise, die Eindruck macht und für Unterhaltung sorgt.

☉tr ☾Rad □☍

Unklarer Gefühlsausdruck

Jetzt werden die harten und tiefen Aspekte des Seelischen aufdringlich zur Schau gestellt. Das macht wirklich keinen Eindruck.

☉tr ♅Rad ⚹△☌

Klare Ideen

Man hat sehr viele neue Ideen und der Wunsch nach Veränderungen ist stark. Vor allem aber kann man blitzschnell zuschlagen, auch in Situationen, wo niemand das erwartet.

☉tr ♅Rad □☌

Unklare Ideen

Man hat zwar neue Ideen und der Wunsch nach Veränderungen ist stark. Doch das bleibt alles irgendwie vage und unausgegoren. Möglicherweise wechseln Sie zu schnell von einem Projekt zum nächsten.

☉tr ♆Rad ⚹△☌

Klare Intuition

Man erlebt besonders des Nachts im Traum viele Abenteuer. Wenn man sich am Morgen bemüht, kann man sich an vieles erinnern. Und dies wirkt sich inspirierend auf die Bewältigung des Alltags aus.

☉tr ♆Rad □☌

Unklare Intuition

Man neigt zu Betrug und Selbstbetrug, leidet unter unklaren Verhältnissen. Und eine phlegmatische Grundeinstellung trägt auch nicht dazu bei, die Situation zu verbessern.

☉tr ♇Rad ⚹△☌

Klare Wandlungen

Man hat ganz starke eigene Vorstellungen, die man unbedingt überzeugend vermitteln will. Die Leidenschaft, mit der man sie vertritt, imponiert und führt zum Erfolg.

☉tr ♇Rad □☍

Unklare Wandlungen

Man überschätzt das eigene Kraftpotenzial und neigt dazu, anderen seinen Willen aufzudrängen.

Merkur

Mitteilungsfähigkeit

Merkur ist neutral. Er möchte alles und jeden kennenlernen. In der klassischen Mythologie fungierte er als Bote zwischen den Göttern, die sich oft untereinander zerstritten hatten und einen Vermittler benötigten, um sich überhaupt noch austauschen zu können.

Der sonnennahe Planet verkörpert im Horoskop die Fähigkeit, mit der Umwelt in Kontakt zu treten. Seine Werkzeuge sind die Sprachen, Gesten und Körperhaltungen sowie Schriften und Symbole. Der Mensch erlernt den Gebrauch dieser Kommunikationstalente in frühester Kindheit vor allem durch die Familie.

Merkur hat auch immer etwas mit der Beziehung zu Geschwistern und Verwandten zu tun. Im Lunar-Horoskop zeigt der Götterboten-Planet an, wie wir jetzt Kontakt mit der Welt aufnehmen, wie wir uns mitteilen und auf uns aufmerksam machen. Auch haben wir es dieser Planetenenergie zu verdanken, dass wir uns überhaupt für die Welt interessieren, und unvoreingenommen und ohne besondere Auswahl.

Lunar-Merkur in den Häusern

☿tr I

Gesprächsinitiative

Nun treten Ihre intellektuellen Begabungen ganz besonders stark hervor. Die geistige Leistungsfähigkeit ist stark. Man engagiert sich klar und logisch. Die Interessen könnten sich aber auch zersplittern. Man ist ständig nervös, etwas unzuverlässig und unbeständig.

☿tr II

Geschäftsgespräche

Nun tritt das kaufmännische Geschick in den Vordergrund. Man tätigt Einkommen aus geistiger Betätigung, schließt günstiger Abmachungen und Verträge ab. Aber fehlerhafte Berechnungen könnten zu finanziellen Verlusten führen, besonders bei unrentablen oderunsicheren Einnahmequellen.

☿tr III

Gesprächigkeit

Nun ist man geistig und körperlich regsam, wagt kurze Reisen und stürzt sich in Schriftverkehr. Auch führt man Telefonate und schreibt viele E-Mails. Deshalb ist man jetzt immer auf dem neuesten Stand. Doch intellektuelle Auseinandersetzungen mit Nachbarn und Verwandten wirken sich störend aus. Man zersplittert seine Interessen und neigt zu nervösen Störungen.

☿tr IV

Familiengespräche

Nun hält man sich jetzt am liebsten zu Hause auf. Dort kann man seinen Privatstudien nachgehen und technische Verbesserungen durchführen. Aber es kann auch zu Meinungsverschiedenheiten innerhalb der Familie kommen.

☿tr VI

Gesprächslust

Nun hat man besonders im Spiel und in der Unterhaltung viel Geschick. Aber eine übersteigerte Lust am Glücksspiel kann zum Verhängnis werden. Und man zersplittert sich in überflüssigen Aktivitäten. Die Kinder könnten zur Nervenbelastung werden.

☿tr VII

Gesprächsmethodik

Nun kann man besonders geschickt organisieren und auch einen gewissen Wissensvorsprung nutzen, besonders in der Kommunikation. Aber es gibt auch eine ganze Menge an Problemen zu lösen bei der Arbeit, im Haushalt und zudem im gesundheitlichen Bereich.

☿tr VIII

Gesprächslust

Man hat nun viel Freude an persönlichen Kontakten, die man nun vollkommen kühl und objektiv betrachten kann, was wesentlich dazu beiträgt, dass sich das zwischenmenschliche Miteinander entspannt.

Aber zunehmend wird die Beziehungsfähigkeit auch durch eine zu einseitig intellektuelle Denkweise gestört. Man diskutiert um das Diskutieren willen, bis hin zu öffentlich ausgetragenen Meinungsverschiedenheiten.

☿tr VIII

Sprachlicher Tiefgang

Nun beschäftigt man sich gerne mit tiefenpsychologischen Aspekten der Gesprächsführung, analysiert die Worte des anderen bis ins Detail. Finanzielle Aspekte spielen dabei stets eine große Rolle.

Mit aussagekräftigen, manchmal auch unangenehmen Mitteilungen muss man rechnen. Man sollte vermeiden, ständig über die gleichen Dinge zu reden.

☿tr IX

Gesprächsreisen

Nun pflegt man mit Vorliebe mit dem Ausland, drückt sich in fremden Sprachen aus und studiert die Gebräuche ferner Länder. Aber gleichzeitig besteht auch die Gefahr, dass man sich über Glaubensfragen zerstreitet. Fehlplanungen durch zu laxe Organisation oder Nachlässigkeit sind zu erwarten.

☿tr X

Geschäftsgespräche

Nun bemüht man sich um große Logik und Verbindlichkeit, was ja im Geschäftsleben gang und gäbe ist. Und man legt man seine Worte auf die Goldwaage, denn es steht zu viel auf dem Spiel. Missverständnisse will man nicht aufkommen lassen. Wenige Worten können die entscheidende Wendung nehmen. Leider kommt das Emotionale zu kurz.

☿tr XI

Sprachakrobatik

Nun findet man geistige Anregungen besonders außerhalb des familiären und beruflichen Kreises. Geistigen Austausch gibt es bei Gleichgesinnten, mit denen man lockere Freundschaften pflegt. Aber die Gefahr, diese Kontakte durch intellektuelle Meinungsverschiedenheiten aufs Spiel zu setzen, ist leider auch vorhanden.

☿tr XII

Gespräch ohne Worte

Nun konzentriert man sich im Gespräch auf das Unausgesprochene, auch auf die Körpersprache, und übt sich darin, im schriftlichen Austausch zwischen den Zeilen zu lesen. Zugleich fällt man mehr und mehr in die eigene Traumwelt zurück, was sicherlich inspirierend ist, aber bei der Bewältigung des Alltags hinderlich wirkt.

Lunar-Merkur in den Zeichen

☿tr ♈

Kommunikativer Schlagabtausch

Man ist jetzt etwas witzig und schlagfertig, wirklich nicht auf den Mund gefallen. Manchmal kommt diese neue Art etwas rau rüber. Das wirkt dann verletzend.

☿tr ♉

Kommunikative Positionierung

Man ist jetzt etwas zurückhaltend. Die Einstellung dem Leben gegenüber ist realistisch und man redet nicht gerne um die Dinge herum. Das kann auf andere desillusionierend wirken.

☿tr ♊

Kommunikative Wechselsprünge

Man ist jetzt ziemlich aufgeschlossen, schnell und wendig in der Sprache. Manchmal trickst man ein wenig herum und wendet Listen an. Dann werden erfolgreiche Geschäfte abgeschlossen.

☿tr ♋

Kommunikative Eindrücke

Man ist jetzt etwas launisch und wechselhaft, denkt sensibel und bauchbetont. Schnell ändert man seine Meinung und vergisst nichts, vor allem kein böses Wort, das einem jemals entgegengebracht wird.

☿tr ♌

Kommunikative Selbstdarstellung

Man ist jetzt sprachlich ziemlich beeindruckend und überzeugend. Manchmal tritt man mit zu lauter Stimme auf. Über alles kann man reden. Nur Selbstkritik darf man von Ihnen nicht verlangen.

☿tr ♍

Kommunikative Analytik

Man ist jetzt im Denken ganz besonders scharf, exakt und geradezu wissenschaftlich. Und wenn man ein Problem gelöst hat, entdeckt man gleich zwei neue.

☿tr ♎

Kommunikative Diplomatie

Man tritt jetzt taktvoll auf und wählt seine Worte mit Bedacht. Auf diese Weise lassen sich jetzt gut Konflikte lösen. Entscheidungen trifft man nun allerdings nicht so gerne.

☿tr ♏

Kommunikativer Tiefgang

Man bohrt jetzt und stachelt im Gespräch. Hintergründe werden angesprochen. Ein wahrer Forschergeist entbrennt. Und manche Leiche wird man im Keller finden, auch dort, wo in Wirklichkeit gar keine vorhanden ist.

☿tr ♐

Kommunikative Reisen

Man kann sich jetzt zum großen Redner aufschwingen, vermittelt und gibt gerne etwas von seinem breiten Wissen preis. Allerdings kommt man dabei auch schnell von Hölzchen zum Stöckchen, verliert sich in Nebensächlichkeiten.

☿tr ♑

Kommunikative Konzentration

Man ist nun etwas wortkarg. Nur dann, wenn es um wirklich wichtige Dinge geht, zeigt man sich gesprächsbereit.

☿tr ♒

Kommunikative Dialektik

Nun kommuniziert und diskutiert man derart abstrakt, dass es schwer wird, zu folgen. Die Lust am intellektuellen Gespräch ist groß. Um den Disput anzuheizen, ist man stets bereit, einen konträren Standpunkt einzunehmen.

☿tr ♓

Kommunikative Fantasien

Man kann sich jetzt sehr stark in andere hineindenken. Doch zugleich zieht man sich in die Innerlichkeit zurück, entwirft eine Traumwelt und zieht sich intellektuell weitgehend von seinen Mitmenschen zurück.

Aspekte des Merkur im Lunar

☿tr ♀tr ⚹△☌

Elegante Sprache

Sie können sich jetzt elegant ausdrücken, auch in Schriftform. Liebe und Kunst sind bevorzugte Themen.

Kraftvolle Sprache

Es ist jetzt einfach für Sie, sich sprachlich durchzusetzen, und auch in der Schriftform kommt eine gewisse Dynamik zum Ausdruck. Sportlich sind Sie topfit. Manchmal lassen sich Verletzungen nicht vermeiden.

☿tr ♂tr □☍

Ruppige Sprache

Sie versuchen jetzt zwar, sich sprachlich durchzusetzen oder etwa in Briefen Ihre Meinung und Ihren Willen ganz klar zum Ausdruck zu bringen. Doch ist Ihre Art recht provozierend und wirkt manchmal sogar verletzend. Das erzeugt Widerstand und kostet Sympathiepunkte.

☿tr ♃tr ⚹△☌

Philosophische Sprache

Es ist jetzt einfach, weitreichende Gedanken darzulegen, sich mit fremden Kulturen zu verständigen und in fremden Sprachen auszudrücken. Sie denken in größeren Zusammenhängen.

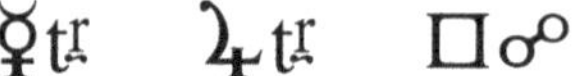

Ausschweifende Sprache

Es fällt jetzt richtig schwer, Worte mit Sinn zu erfüllen. Man kann schwer beim Thema bleiben und verliert sich in Details.

☿tr ♄tr ⚹△☌

Trockene Sprache

Es ist jetzt ganz einfach, sich auf das Wesentliche zu konzentrieren. Man vermeidet schwammige Begriffe, spricht nur das an, worum es wirklich geht. Fakten zählen, sonst nichts. Das fördert das logische Denken.

☿tr ♄tr □☍

Reduzierte Sprache

Schwer fällt es Ihnen nun, den Geist auf ein einziges Ziel auszurichten und eine stringente Logik zu entwickeln. Sie sind einerseits zu verkrampft und andererseits zu nervös, um eine wirklich kontinuierliche Leistung zu erreichen.

Selbst reflektierte Sprache

Leicht fällt es Ihnen, eigene Schwächen und Mängel zuzugeben. Sie erwähnen Ihre Macken ganz locker im Gespräch, ohne daran zu verzweifeln.

☿tr ⚷tr □☍

Selbstkritische Sprache

Es ist jetzt überhaupt nicht leicht, die eigenen Schwächen und Mängel zuzugeben. Sie werden im Gespräch selten erwähnt. Sie möchten nicht, dass man an Ihrer Person verzweifelt, und Sie möchten auch selbst nicht an sich selbst verzweifeln.

☿tr ☽tr ⚹△☌

Leidenschaftliche Wortwahl

Nun fällt es leicht, genau jene Worte zu gebrauchen, die absolut notwendig sind, um die dunklen und tiefen Aspekte der menschlichen Existenz anzusprechen.

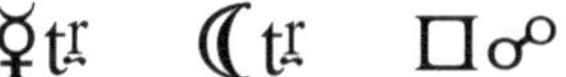

Peinliche Wortwahl

Jetzt werden nicht immer genau jene Worte gebraucht, die erforderlich sind, um die Schattenseiten der menschlichen Existenz zum Ausdruck zu bringen. Und das macht es momentan so schwierig.

☿tr ♅tr ⚹△♂

Neu erfundene Sprache

Ganz leicht gelingt es jetzt, sich die Zeit einzuteilen. Man kann sich wirklich schnell entscheiden. Und dann wieder ist es kein Problem, alles dermaßen in die Länge zu ziehen, dass es sich quasi von selbst erledigt.

☿tr ♅tr □☍

Zerfledderte Sprache

Gar nicht leicht ist es momentan mit dem Zeitmanagement. Man hat ständig Stress und wird auf dem falschen Fuß erwischt. Und im Gespräch springt man auch viel zu schnell hin und her. Reine Nervensache!

☿tr ♆tr ⚹△♂

Romantische Sprache

Man kombiniert Traum und Wirklichkeit auf eine wirklich gekonnte Art und Weise. Und manchmal drückt man das wirklich Wichtige ganz ohne Worte aus.

☿tr ♆tr □♂

Nebulöse Sprache

Ziemlich schwer fällt es jetzt, Traum und Wirklichkeit auseinanderzuhalten. Und noch schwerer ist es, seine eigenen Träume in Worte zu fassen. Probieren Sie es trotzdem einmal!

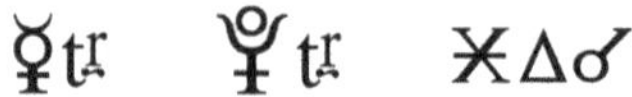

Tabulose Sprache

Man spricht jetzt Themen an, über die normalerweise geschwiegen werden muss. Dazu gehört viel Mut. Der ist jetzt vorhanden, und deshalb baut man sich eine ganz besondere Machtposition auf.

Zwanghafte Sprache

Man spricht jetztpermanent Themen an, über die eigentlich geschwiegen werden müsste. Dadurch erzeugt man ganz erhebliche Widerstände. Nur mit ganz großem Geschick schafft man es, nicht jedermann gegen einen aufzubringen.

Aspekte des Merkur zum Radix

☿^{tr} A^{SC}R^{ad} ⚹△☌

Gute Gesprächsführung

Man verhält sich jetzt ausgesprochen intelligent und geschickt, verfügt über eine großartige Kontaktfähigkeit.

☿^{tr} A^{SC}R^{ad} □☍

Schwierige Gesprächsführung

Nicht alles, was man ausspricht, wirkt ausgesprochen intelligent und geschickt. Vielleicht überprüft und hinterfragt man hin und wieder seine Kontaktfähigkeit.

☿^{tr} M^{C}R^{ad} ⚹△☌

Das Ziel im Auge haben

Ein guter Einsatz der geistigen Kräfte wird besonders im Geschäftsleben äußerst hilfreich sein.

☿tr Mc Rad □♂

Ziele aus den Augen verlieren

Der Einsatz der geistigen Kräfte muss überaus sorgsam und vorsichtig vonstattengehen, wenn er im Geschäftsleben zum Erfolg führen soll, ohne negative Auswirkungen zu hinterlassen.

☿tr ☉Rad ⚹△♂

Wortgewaltig

Sie bringen Ihre eigenen Gedanken jetzt machtvoll und beeindruckend zum Ausdruck. Das sichert Ihnen den Applaus des Publikums.

☿tr ☉Rad □♂

Lautstark

Ihre Gedanken bringen Sie ein wenig zu machtvoll und wortstark zum Ausdruck. Das verstört das Publikum.

☿tr ☽Rad ⚹△♂

Kompromissfähigkeit

Geistig rege und aufnahmefähig sind Sie jetzt. Sie denken gefühlsbetont. Erfolg stellt sich bei kleinen Reisen ein.

☿tr ☽Rad □♂

Überschwemmt von Eindrücken

Klatsch und Tratsch ist angesagt. Sie finden nicht immer den richtigen Ton, leiden unter geistiger Trägheit.

☿tr ☿Rad ⚹△♂

Gute Ausdrucksfähigkeit

Sie sind oft unterwegs, kontakt- und reiselustig, verfügen über geistige Flexibilität und eine schnelle Auffassungsgabe.

☿tr ♀Rad □☍

Schlechte Ausdrucksfähigkeit

Sie sind zu oft unterwegs, übertrieben kontakt- und reiselustig, sind geistig zu sprunghaft und sollten lieber zweimal nachdenken, bevor Sie in Ihrem Ausdruck zu deutlich werden.

☿tr ♀Rad ⚹△☌

Gute Alltagskontakte

Sie genießen gesellige Unterhaltung. Liebesbriefe trudeln ein. Sie haben Spaß an Kurzbesuchen und lieben charmante Pläuschchen.

☿tr ♀Rad □☍

Gute Alltagskontakte

Sie finden kaum wirklich gesellige Unterhaltung. Telefonsex kann auf die Nerven gehen. Kurzbesuche erzeugen Stress.

☿tr ♂Rad ⚹△☌

Handwerkliches Geschick

Sie können nun gutplanen und kraftvoll zupacken. Arbeiten werden rasch erledigt.

☿tr ♂Rad □☍

Unbedachtsamkeit

Möglicherweise haben Sie Auseinandersetzungen mit Handwerkern. Manche Unbedachtsamkeit erhöht die Unfallgefahr.

☿tr ♃Rad ⚹△☌

Klugheit

Sie verfügen über planerisches Geschick. Gute Geschäftskontakte eröffnen Kooperationsmöglichkeiten.

☿tr ♃Rad □☍

Vorurteile

Stören könnten Sie jetzt Bluffs, Blendereien und leere Versprechungen. Es gibt Missverständnisse im Schriftverkehr.

☿tr ♄Rad ⚹△☌

Geistesdisziplin

Sie können sich nun gut konzentrieren und methodisch vorgehen, arbeiten gründlich.

☿tr ♄Rad □☍

Geistesdisziplin

Die Stimmung ist melancholisch bis zynisch. Man bekommt überwiegend schlechte Nachrichten und muss sich mit langweiligen Aufgaben beschäftigen.

☿tr ⚷Rad ⚹△☌

Perfektionsanspruch

Man redet über Probleme und versucht, sie zu lösen. Doch vielleicht liegt das Problem ja darin, dass man Unlösbares nicht akzeptieren kann?

☿tr ⚷Rad □☍

Perfektionsanspruch

Man redet über Probleme und versucht, sie zu lösen. Doch vielleicht liegt das Problem ja darin, dass man Unlösbares nicht akzeptieren kann?

☿tr ☽Rad ⚹△☌

Reizthemen

Man fühlt sich gedrängt, der eigenen Natur einen verbalen Ausdruck zu verleihen. Heftige Emotionen müssen in Worte gefasst werden, die wirklich beeindrucken.

☿tr ☾Rad □☍

Skandalthemen

Allzu sehr fühlt man sich gedrängt, der eigenen Natur gerecht zu werden. Unangenehm heftige Emotionen beeindrucken nicht unbedingt alle und jeden.

☿tr ♅Rad ⚹△☌

Blitzreaktion

Man kommuniziert mithilfe moderner Technik. Das bringt meistens den Erfolg. Neue Ideen sind wichtig.

☿tr ♅Rad □☍

Nervosität

Unangenehme Zwischenfälle und technische Pannen erfordern schnelle Reaktionen. Man neigt zu einer eigensinnigen Haltung. Manche stören sich an intellektueller Arroganz.

☿tr ♆Rad ⚹△♂

Einfühlsamkeit

Man liest zwischen den Zeilen und korrespondiert auf einer ganz subtilen Ebene.

☿tr ♆Rad □☍

Übersensibilität

Es kommt zu Verwirrungen und Täuschungen. Man sollte sich vor Betrug in Acht nehmen.

☿tr ♇Rad ⚹△♂

Hintergrundwissen

Man bekommt neue Informationen aus bislang unbekannten Quellen. Das wird einem helfen, die eigenen Pläne durchzusetzen.

☿tr ♇Rad □♂

Verleumdungen

Man wird mit Macht und Psychospielchen konfrontiert, sollte aber keinesfalls Gewaltlösungen anstreben.

Venus

♀

In Beziehung treten

Im Lunar-Horoskop zeigt uns die Position der Venus, wie wir in diesem Monat mit der Welt in Beziehung treten möchten. Der Planet der Liebesgöttin gibt Aufschluss darüber, wie wir Nähe herstellen können, einerseits zu uns selbst und andererseits zu unserer Umwelt.

Ohne eine gewisse Eigenliebe lässt es sich schlecht leben. Man muss den eigenen Körper und das gesamte eigene Wesen schon lieben oder zumindest akzeptieren können. Übersteigerte Selbstliebe jedoch kann vollkommen phlegmatisch machen, eigenblind und gefühlskalt gegenüber den Mitmenschen.

Denken wir an den altgriechischen Mythos von Narziss, der sich in sein eigenes Spiegelbild verliebte und im Wasser ertrank, um ihm näher zu kommen, bzw. sich zu Tode erschreckte, als ein Blatt ins Wasser fiel und er sich fortan für hässlich hielt.

Beziehen wir uns nur auf uns selbst, führt dies zu geistiger und emotionaler Verödung. Sich ständig mit seinen Mitmenschen zu beschäftigen, ist jedoch auch keine Lösung. Man verliert sich im anderen und büßt an eigener Identität ein. Es geht bei Venus also um die richtige Balance zwischen dem Ich und dem Du.

Lunar-Venus in den Häusern

♀tr ♈

Eroberungsdrang

Ganz den Moment genießen, spontan und nur für den Augenblick. Solches begehrt die Widder-Venus. Sie ist stürmisch. Und wen sie begehrt, den erobert sie, ohne lange zu warten.

♀tr ♉

Genießerdrang

Ein stundenlanges Festmahl, sich ganz langsam steigernde Erotik und ein stets volles Bankkonto. All dies begehrt die Stier-Venus. Sie verweigert sich gerne, um auf diese Weise die Lust zu steigern. Bis zum letzten Moment hält sie ihr Gegenüber auf Distanz, um sich dann zu öffnen und absolut alles zu geben.

♀tr ♊

Spieltrieb

Ständige Abwechslungen, Gespräche mit flirtendem Unterton oder vor allem Unverbindlichkeit. All dies liebt die Zwillings-Venus. Sie treibt sich überall herum und ist ständig auf der Suche nach Neuem. Ein bisschen flatterhaft ist sie schon. Mit der Treue ist das also so eine Sache.

♀tr ♋

Fruchtbarkeitsdrang

Eine gemütliche, kuschelige, familiäre und heimelige Atmosphäre, voller Vertrautheit. Dies ersehnt sich die Krebs-Venus. Sie ist im Gegenzug bereit, sehr viel Wärme und Gemütlichkeit zu geben. Etwas Zeit braucht sie schon, bevor sie sich öffnen kann. Wen sie aber erst einmal in ihr Herz geschlossen hat, den gibt sie nicht mehr her.

♀tr ♌

Darstellungstrieb

Viel Schmuck, Auftritte von Show-Charakter und am liebsten großes Theater, auf der Bühne und im wahren Leben. Dafür lebt die Löwe-Venus. Sie ist gerne großzügig und gibt alles, was sie hat. Dafür verlangt sie uneingeschränkte Aufmerksamkeit. Sie sehnt sich nach einem dankbaren und ergebenen Publikum. Wer sie liebt, muss sie ins Rampenlicht stellen und zu ihr aufschauen.

♀tr ♍

Perfektionstrieb

Alles muss am rechten Platz sein. Ausgefeilte Techniken und ganz spezielle Tüfteleien erhöhen das Vergnügen. Leicht ist die Jungfrau-Venus nicht zu erregen. Wer es kompliziert mag und sich auf die Feinheiten des altindischen Kamasutras oder des klassisch-chinesischen Tao der Liebe versteht, hat bei ihr allergrößte Chancen.

♀tr ♎

Verführungsdrang

Ein ästhetisches, künstlerisch und mit Augenmaß gestaltetes Äußeres, das dann elegant entblättert werden kann, zieht die Waage-Venus ganz besonders an. Sie sucht nach perfekter Übereinstimmung und hasst Disharmonien. Konflikte werden unter den Teppich gekehrt. Eleganz und Schönheit sind ihr oberstes Gebot.

♀tr ♏

Kontrollgenuss

Nie ganz die Kontrolle verlieren, zugleich aber gefesselt sein durch starke Leidenschaften und Zwänge. Das liebt die Skorpion-Venus. Sie hasst oberflächliches Herumgeplänkel und kommt schnell zur Sache. Das Psychologische spielt bei ihr eine große Rolle. Sie lebt sich in inneren Bildern aus. Allein die Vorstellung von einem erotischen Abenteuer versetzt sie in höchste Erregung.

♀tr ♐

Abenteuerlust

Um wirklich genießen zu können, braucht die Schütze-Venus Vertrauen, Toleranz und Großzügigkeit. Auch passen in ihren Augen Sport, Erotik und Abenteuer ganz wunderbar zusammen. Sie braucht auf jeden Fall eine positive Grundstimmung. Alles ist gut bzw. wird gut werden. Wer daran glaubt, hat bei der Schütze-Venus wirklich gute Chancen.

♀tr ♑

Statusdrang

Nicht die Masse macht es. Es zählt vielmehr das Ausgesuchte, Erlesene und Edle, also kurzum alles, was sich bereits bewährt hat. Sind diese Voraussetzungen erfüllt, kann die Steinbock-Venus unbeschwert genießen. Sie ist ungeheuer treu und lässt sich deshalb nur zögerlich auf eine Affäre ein.

♀tr ♒

Experimentierlust

Die Wassermann-Venus fühlt sich stets vom Kuriosen, ein bisschen Verrückten angezogen. Sie liebt die Abwechslung und teilt gerne mit Freunden, manchmal auch in der Liebe. Sie lässt sich auf keinen Fall einschränken. Wer versucht, ihr Fußketten anzulegen, hat wirklich keine guten Karten.

♀tr ♓

Versteckspiel

Die Fische-Venus liebt bevorzugt im Verborgenen, benutzt Schleier und Verhüllungen, setzt unterstützend geheime Essenzen ein. Sie ist nicht abgeneigt, die Opferrolle zu übernehmen, provoziert dies sogar, weil Sie in dieser Position die stärkste Macht ausüben kann. Sie spielt gerne das Engelchen und ist nur im Verborgenen hin und wieder ein Teufelchen.

Lunar-Venus in den Zeichen

♀tr ⊥

Liebreizendes Auftreten

Ihre äußere Erscheinung wirkt in diesen Wochen harmonisch und liebenswürdig. Sie können leicht Kontakte aufbauen. Allerdings besteht die Gefahr der eitlen Selbstbespiegelung. Was die Liebe betrifft, so ist es Zeit, auf Eroberung zu gehen.

♀tr II

Liebreizende Vermögensverhältnisse

Sie erlangen in diesen Wochen durch Ihre Kooperationsbereitschaft finanzielle Vorteile, haben generell Freude an eigenem Besitz. Allerdings besteht die Gefahr, dass Sie zu große Ausgaben für Vergnügungen und Kleidung tätigen. Was die Liebe betrifft, so ist es Zeit, in die eigene Schönheit zu investieren.

♀tr III

Liebreizende Neuigkeiten

Sie pflegen in diesen Wochen einen harmonischen Kontakt zu Verwandten und Nachbarn, mögen kurzweilige amouröse Liebesabenteuer, Ausflüge und Kurzreisen.

Allerdings besteht die Gefahr, dass schwankende Gefühle Ihr Urteilsvermögen trüben. Auch kann die Weitgespanntheit der Interessen zu einer gewissen Geschmacklosigkeit führen. Was die Liebe betrifft, so ist es Zeit, auf Wanderschaft zu gehen.

♀tr IV

Liebreizende Gemütlichkeit

Sie verschönern in diesen Wochen Ihr Heim auf eine äußerst angenehme Weise. Zudem verbessern Sie den Kontakt zu den Eltern und kümmern sich ums häusliche Wohlergehen. Allerdings besteht die Gefahr der Verschwendung von Ressourcen beim Ausbau und der Verschönerung der Wohnung. Was die Liebe betrifft, so ist es Zeit, eine begehrenswerte Person zu sich nach Hause einzuladen.

♀tr V

Liebreizende Vorführungen

Sie erfahren in diesen Wochen Glück in der Liebe und oder Glück im Spiel. Das Gesellschaftsleben ist ausgeprägt. Sie pflegen eine sinnliche Ausstrahlung und haben reges Interesse an der Kunst. Allerdings kann es jetzt zu Missverständnissen im Liebesleben kommen. Sie schätzen Ihr eigenes Auftreten falsch ein. Was die Liebe betrifft, so ist es Zeit für einen ganz großen Auftritt.

♀tr VI

Liebreizende Ordnung

In diesen Wochen ist das Arbeitsklima gut. Und auch privat kommt es zu angenehmen zwischenmenschlichen Kontakten, manchmal im Zusammenhang mit heilerischen oder pflegerischen Tätigkeiten. Allerdings besteht die Gefahr, dass Sie sich wegen privater Sympathien in Ihrer Arbeitskraft ausbeuten lassen. Was die Liebe betrifft, so ist es Zeit, die Situation zu analysieren und gegebenenfalls zu verbessern.

♀tr VII

Liebreizende Kontaktaufnahme

In diesen Wochen pflegen Sie ein sinnlich erotisches Verhältnis zu Ihren Partnern. Und Sie betätigen sich künstlerisch. Gleichzeitig besteht jedoch die Gefahr von Verirrungen im sexuellen Bereich. Eine ganz reale Bindung mit allen Konsequenzen scheuen Sie. Es ist Zeit, einem gewissen Menschen ganz tief in die Augen zu schauen - jetzt!

♀tr VIII

Liebreizende Intensität

Finanzielle Vorteile durch eine feste Partnerschaft oder Teilhabe an Unternehmungen sind in diesen Wochen besonders wichtig. Allerdings besteht auch die Gefahr des zwanghaften Aneinanderklammerns mit daraus resultierenden ernsthaften Beziehungskrisen. Was die Liebe betrifft, so ist es Zeit, eine grundlegende Entscheidung zu treffen.

♀tr IX

Liebreizendes Fernweh

Sie werden in diesen Wochen Kontakt mit fremden Kulturen und fremden Völkern haben. Auch besuchen Sie gerne Ausstellungen und große Kulturveranstaltungen. Allerdings besteht eine gewisse Verschwendungsneigung. Auch ist es nicht ratsam, jedem Vertrauen zu schenken. Was die Liebe betrifft, so ist es Zeit, positiv zu denken und einen großen Sprung zu wagen.

♀tr X

Liebreizende Tradition

Gute Geschäftsbeziehungen sind für Sie in diesen Wochen garantiert. Sie haben Erfolg im Kunstsektor und verbessern die allgemeine berufliche Stellung. Allerdings könnten sich Beruf und Partnerschaft gegenseitig stören. Vor Flirts am Arbeitsplatz sollten Sie sich in Acht nehmen. Was die Liebe betrifft, so ist es Zeit, Privates und Berufliches zu trennen.

♀tr XI

Liebreizender Freundeskreis

Wohlwollende Unterstützung durch Freunde dürften Sie in diesen Wochen erfahren. Das Eingebundensein in eine Gruppe kann finanziell von Vorteil sein. Allerdings könnten Freundschaften aufgrund sexueller Untreue auseinandergehen.

Und Sie haben auch recht kostspielige Wünsche. Was die Liebe betrifft, so ist es Zeit, etwas ganz Außergewöhnliches zu wagen.

♀tr XII

Liebreizendes Versteckspiel

Sie werden in diesen Wochen den Wunsch verspüren, sich zurückzuziehen, ohne Gefühle von Einsamkeit zu entwickeln. Ihre Sensibilität ist derart groß, dass Sie den Aufenthalt unter sehr vielen Menschen nicht gut ertragen. Doch zu ganz wenigen Personen, die Ihnen jetzt nahe sind, werden Sie eine innige Nähe spüren. Was die Liebe betrifft, so ist es Zeit, alle Grenzen aufzugeben.

Aspekte der Venus im Lunar

♀tr ♂tr ⚹△☌

Aktiv und passiv

Einige ganz wunderbare Erlebnisse, voller Lust und Leidenschaft. Es ist jetzt einfach, initiativ zu werden und zugleich harmonisch zu wirken.

♀tr ♂tr □☍

Aktiv oder passiv

Lust und Schmerz liegen eng beieinander. Es ist jetzt nicht einfach, initiativ zu werden und zugleich harmonisch zu wirken.

♀tr ♃tr ⚹△☌

Genießend und wohlhabend

Das Schlaraffenland lockt. Man erfreut sich jetzt an Genuss, der in Fülle auftritt und nie zu enden scheint.

♀tr ♃tr □☍

Genießend oder wohlhabend

Zuviel ist zu wenig. Man kann sich jetzt schwerlich an Genuss erfreuen, der ausufert und mit innerer Leere verbunden zu sein scheint.

♀tr ♄tr ⚹△♂

Verbindlich und verantwortlich

Sparsam die Lust einsetzen, sich nicht an jeden und alles verschwenden. Man ist jetzt ganz besonders bestrebt, menschliche Beziehungen auf Dauer zu erhalten.

♀tr ♄tr □☍

Verbindlich oder verantwortlich

Freundlichkeit zahlt sich nicht jedem gegenüber wirklich aus. Es gelingt jetzt gar nicht so gut, menschliche Beziehungen auf Dauer zu erhalten.

♀tr ⚷tr ⚹△♂

Lust und Versagen

Man liebt jetzt ganz besonders das Improvisierte und die inszenierte Schieflage. Das ist das wahre Leben, wie es nun mal so ist.

♀tr ⚷tr □☍

Lust oder Versagen

Man kommt jetzt nicht so gut klar mit dem Improvisierten, der inszenierten Schieflage, also dem Leben mit all seinen Widrigkeiten und Mängeln.

♀tr ☾tr ⚹△☌

Gemeinsamkeit und Tiefe

Man findet Menschen, die jene tiefen Gefühle und Leidenschaften, die man in sich verborgen hält, wirklich verstehen. Man wird angenommen. Geteiltes Leid ist halbes Leid, geteilte Freude doppelte Freude.

♀tr ☾tr □☍

Gemeinsamkeit oder Tiefe

Im zwischenmenschlichen Kontakt wird man nun vor die Entscheidung gestellt, seine tiefsten Gefühle und Leidenschaften um des lieben Friedens willen zu verleugnen - oder ganz einfach mal zu verzichten.

♀tr ⛢tr ⚹△☌

Erotik und Abwechslung

Man möchte jetzt einfach spontan in menschlichen Beziehungen agieren können. Dazu bedarf es eines Partners, der sich nicht so schnell vereinnahmen lässt.

♀tr ⛢tr □☍

Erotik oder Abwechslung

Man findet es jetzt ungeheuer anstrengend, Spontaneität in menschlichen Beziehungen zuzulassen. Dazu benötigt man einen Partner, der sich nicht so schnell vereinnahmen lässt.

♀tr ♆tr ⚹△☌

Lust und Träume

Die Frage dieser Wochen ist, ob es gelingt, lustvolle Erlebnisse nicht nur in der Fantasie auszuleben, sondern sie auch ganz real zu erfahren, im Alltag, hier und jetzt.

♀tr ♆tr □☍

Lust oder Träume

Fraglich ist es in diesen Wochen, ob es gelingt, lustvolle Erlebnisse nicht nur in der Fantasie auszuleben, sondern sie auch ganz real zu erfahren, im Alltag, im Hier und Jetzt.

♀tr ♇tr ⚹△☌

Liebe und Ehrlichkeit

Die Lust wird in all ihren Tiefen ausgelebt. Es ist jetzt recht einfach, auch in einer leidenschaftlichen Beziehung ohne Lügen auszukommen.

♀tr ♇tr □☍

Liebe oder Ehrlichkeit

Die Lust wird in all ihren Tiefen ausgelebt. Doch ist es jetzt fast unmöglich, in einer leidenschaftlichen Beziehung ohne Lügen auszukommen.

Aspekte der Venus zum Radix

♀tr Asc Rad ⚹△♂

Charmant

Sie gehen Liebesverbindungen leichter als sonst ein. Erfolg haben Sie bei Werbung und Marketing. Der persönliche Einsatz ist absolut notwendig.

♀tr Asc Rad □☍

Indisponiert

Ihre persönliche Ausstrahlung ist nicht so optimal. Etwas an Harmonie fehlt.

♀tr Mc Rad ⚹△♂

Protektion

Sie machen im Beruf und im Geschäftsleben manch charmante Bekanntschaft. Eine Partnerschaft gewinnt Konturen. Jemand möchte Sie fördern.

♀tr MC Rad □♂

Nachlässigkeit

Sie wissen, dass amouröse Affären der Karriere schaden. Und man vernachlässigt darüber seine Pflichten.

♀tr ☉Rad ⚹△♂

Eleganz

Strahlend stehen Sie im Mittelpunkt und sonnen sich im Glanz Ihres gekonnt gestylten Auftritts. Kann man mehr verlangen?

♀tr ☉Rad □♂

Kitsch

Sie stellen Dinge in den Mittelpunkt, die Sie selbst als schön empfinden, die jedoch nicht unbedingt den Qualitätsansprüchen Ihrer Mitmenschen entsprechen.

♀tr ☽Rad ⚹△☌

Zärtlichkeit

Sie pflegen gute Kontakte zu Ihren Mitmenschen, besonders zu Kindern. Erfolg haben Sie bei fürsorglichen Zeitgenossen. Es wird gemütlich.

♀tr ☽Rad □☍

Unpässlich

Ein unästhetisches, eventuell auch schlampiges oder hinterwäldlerisches Auftreten wirkt sich störend aus. Sie müssen darauf achten, wem gegenüber Sie sich öffnen.

♀tr ☿Rad ⚹△☌

Unbeschwertheit

Sie haben viele rege Kontakte, lassen sich gerne einladen und erstatten interessanten Leuten Besuche. Die Lust auf Unterhaltung ist ungebrochen.

♀tr ☿Rad □☍

Wegreden

Sie finden Geschwätzigkeit und Oberflächlichkeit kränkend. Besuche bei unangenehmen Leuten lehnen Sie ab. Ebenso unangenehm empfinden Sie übertriebene Vergnügungssucht.

♀tr ♀Rad ⚹△☌

Erotik

Sie besuchen angenehme Menschen, besonders welche mit einer sinnlichen Ausstrahlung. Bei denen können Sie auch Ihr Interesse an Kunst und Kultur stillen.

♀tr ♀Rad □☍

Unerfüllt

Sie erleben Verschwendungssucht bis hin zum Konsumrausch, leisten sich Fehlkäufe und erlangen keine wirkliche Befriedigung.

♀tr ♂Rad ⚹△☌

Kaufentscheidungen

Sie spüren jetzt eine starke Sinnlichkeit und können sich selbst auch gut verkaufen. Härte und Gefühl sind eine interessante Kombination.

Liebesleid

Sie spüren, wie eng Lust und Gewalt beieinanderliegen. Beziehungen, in denen es nur Opfer- und Täterrollen gibt, schwächen die Persönlichkeit.

♀tr ♃Rad ⚹△☌

Gönnerschaft

Sie spüren jetzt eine große Toleranz und Gutmütigkeit bei Ihren Mitmenschen. Förderung durch geschäftliche und private Beziehungen.

♀tr ♃Rad □♂

Ersatzvergnügen

Ihnen droht Gefahr durch Verschwendung und Maßlosigkeit. Tätigen Sie keine überflüssigen Investitionen. Schätzen Sie Ihren Selbstwert nicht falsch ein.

♀tr ♄Rad ⚹△♂

Aufbauend

Treue Partnerschaften haben einen großen Wert. Sie üben sich in Geduld und wahren höfliche Distanz. Auf Dauer ist das eine sehr gute Strategie.

♀tr ♄Rad □♂

Ernüchterung

Sie fühlen sich innerlich sehr alt und eine gewisse Traurigkeit macht es unmöglich, mit den anderen mitfeiern zu können. Manche Liebe wird jetzt erkalten. Aber danach kommt sicherlich neues Glück.

♀tr ⚷Rad ⚹△♂

Verwunderung

Je mehr Sie sich einem Menschen nähern, umso stärker rücken auch seine Fehlerund Schwächen in den Blickpunkt. Doch bleiben dem anderen auch Ihre eigenen Mängel nicht länger verborgen.

♀tr ⚷Rad □☍

Verwundungen

Sie kommen anderen Menschen zu nahe und erkennen unangenehme Fehlerund Schwächen. Ihre eigenen Mängel können Sie nicht verbergen.

♀tr ☾Rad ⚹△♂

Verlockungen

Die Macht des Weiblichen zieht Sie in ihren Bann. Ob sich dies positiv oder negativ auswirkt, hängt von Ihrer Unerschrockenheit ab.

♀tr ☾Rad □☍

Verfehlungen

Die Macht des Weiblichen kann auch destruktive Kräfte entwickeln. Sie werden erschrecken und müssen Distanz wahren.

♀tr ♅Rad ⚹△☌

Seitensprünge

Sie verlassen die gewohnte Linie und sind bereit, sich völlig neu zu orientieren. Der Zufall spielt eine große Rolle.

♀tr ♅Rad □☍

Rufschädigung

Ihnen wird es nicht unbedingt gestattet sein, gesellschaftliche Grenzen ohne die damit einhergehenden Konsequenzen zu überschreiten.

♀tr ♆Rad ⚹△☌

Lebenskünstler

Große Feinfühligkeit zeichnet Sie aus. Platonische oder heimliche Liebschaften bereichern Ihr Leben.

Betrügereien

Hüten Sie sich vor geheimen Liebesabenteuern mit unangenehmen Folgen. Die Abhängigkeit vom Triebleben ist zu groß.

♀tr ♇Rad ⚹△☌

Beziehungspoker

Sie erleben die Magie der Liebe und haben Kontakt zu machtvollen Persönlichkeiten. Eventuell stellt sich infolgedessen Erfolg bei finanziellen Transaktionen ein.

♀tr ♇Rad □♂

Obsessionen

Sie könnten in ungute Spiele von Macht und Ohnmacht verwickelt werden. Es besteht die Gefahr der Verschuldung.

Mars

Sich durchsetzen

Mit den Füßen stehen wir alle auf der Erde. Unsichtbare Wurzeln reichen tief hinab in den Boden und verbinden uns mit allen Menschen. Doch mit dem Kopf schauen wir hinauf zu den Sternen. Mit diesem Teil unserer Persönlichkeit können wir uns vollkommen frei entwickeln, Persönlichkeitsanlagen entfalten, die uns einzigartig machen und von allen anderen unterscheiden.

Mars im Lunarhoroskop zeigt an, wie es uns im Prognosemonat gelingen kann, unsere Einzigartigkeit durchzusetzen. In der Astrologie symbolisiert der Planet Individualität. Mit der Energie dieses Planeten schneidet man die unsichtbare Nabelschnur ab, die einen mit dem Kollektiv verbindet. So löst man sich geistig und emotional von seiner Herkunft. Dies ist ein aggressiver und oft auch verletzender Akt, aber unbedingt notwendig, um das eigene Ich zu entwickeln. Manchmal muss hierfür eine ganze Menge Kraft investiert werden. Man braucht Mut, um die Einsamkeit zu ertragen, die sich einstellt, wenn man seinen eigenen Weg geht und sich nicht mehr anonym in der Masse bewegt.

Der Lohn für diese Anstrengung ist Handlungsfähigkeit. Man ist nicht mehr von seiner Familie oder seinen Partnern abhängig, kann sich überall in der Welt frei bewegen, selbstständig gestalten und ganz eigenständig neue Beziehungen aufbauen.

Lunar-Mars in den Häusern

♂tr I

Betonung des Willens

Charakteristisch ist ein aktives und affektgesteuertes Verhalten. Man hat eine gesteigerte Aktivität, ist reizbar und streitbar, voller Spannungen. Diese Aufgeregtheit und Ungeduld macht die ganze Persönlichkeit etwas unharmonisch. Doch dafür wird man handlungsfähig und braucht nicht mehr die Unterstützung anderer, um etwas auf die Beine zu stellen.

♂tr II

Kämpferisches Taktieren

Charakteristisch ist jetzt das Ringen um Erfolg in finanzieller Hinsicht. Man zeichnet sich durch Fleiß und Tapferkeit aus, wagt mutige Investitionen. Materielle Nachteile werden in Kauf genommen. Man tätigt vorschnell Ausgaben und lässt sich auf unvorsichtige Spekulationen ein.

♂tr III

Gewandtheit

Charakteristisch ist jetzt eine aktive Vermittlungstätigkeit, beispielsweise als Vertreter oder Handlungsreisender. Das Denken und Handeln ist willensbetont. Die Persönlichkeit durchlebt einen Widerstreit unterschiedlichster Interessen, ist reizbar im Alltag. Streit unter Verwandten und mit Nachbarn ist möglich.

♂tr IV

Arbeit zu Hause

Charakteristisch ist jetzt die handfeste Unterstützung der eigenen Familie. Man arbeitet am und im eigenen Heim. Auseinandersetzungen zu Hause sind möglich. Es besteht ein starkes Bedürfnis, Hand anzulegen und zu gestalten. Dabei ist man nicht besonders kompromissfähig.

♂tr VI

Leistungssteigerung

Charakteristisch ist jetzt der Mut beim Zeigen der eigenen Kreativität. Man widmet sich dem Sport, geht auch Wetten ein. Auch ist man bereit, im Glücksspiel große Risiken einzugehen.

Die Persönlichkeit will sich jetzt mit Macht in den Vordergrund stellen und ist dabei nicht besonders zimperlich.

♂tr VI

Energischer Arbeitseinsatz

Charakteristisch ist jetzt das Streben nach Erfolg. Die Persönlichkeit zeichnet sich durch eine enorme Arbeitswut aus. Strenge gegenüber Angestellten und Untergebenen ist möglich. Auseinandersetzungen am Arbeitsplatz als Folge dessen lassen sich nur mit Geschick vermeiden. Es besteht die Gefahr, dass man sich überanstrengt. Auch sollte man sich vor Arbeitsunfällen hüten.

♂tr VII

Arbeitsgemeinschaft

Charakteristisch ist jetzt der Mut, auf andere zuzugehen und gemeinsam etwas zu wagen. Die Persönlichkeit konzentriert sich vollkommen auf ihr jeweiliges Gegenüberund möchte hierbei ihre Eigenständigkeit besonders betonen. Es kann zum harten Konkurrenzkampf kommen. Rechtliche Auseinandersetzungen sind möglich.

♂tr VIII

Willensantrieb

Charakteristisch ist jetzt ein aktives Finanzgebaren, besonders wenn es um Geldmittel Dritter geht. Die Persönlichkeit möchte ihre ganz eigenen Vorstellungen durchsetzen, auch juristisch. Streit ums Erbe. Die Sexualität will spontan und machtvoll ausgelebt werden.

♂tr IX

Abenteuerreisen

Charakteristisch ist jetzt die erfolgreiche Darstellung der eigenen Ideen. Die Persönlichkeit entwickelt einen Hang zum Missionieren. Geschäftliche Expansion ist möglich, speziell im Export. Auf Reisen kann es zu Auseinandersetzungen kommen.

♂tr X

Konkurrenzkampf

Charakteristisch ist jetzt besonders zielstrebiger Einsatz im Berufsleben. Unternehmerisches Risiko wird bewusst eingegangen, wenn die Karriere damit weiter getrieben werden kann. Die Persönlichkeit verteidigt ihre eigene Position mit großen Anstrengungen.

♂tr XI

Soziales Engagement

Charakteristisch ist jetzt die gemeinsame Arbeit mit dem Ziel, etwas Handfestes zum Wohle der Allgemeinheit zu schaffen. Die Persönlichkeit schließt schnell Freundschaften, die sie jedoch leichtfertig wieder auf Spiel setzen kann. Idealistische Vorstellungen werden diskutiert. Auseinandersetzungen auf Verbandsebene sind möglich.

♂tr XII

Kraft im Verborgenen

Charakteristisch ist jetzt die Bereitschaft, große Opfer zu bringen. Man setzt sich für Schwache und Randgruppen der Gesellschaft ein. Die Persönlichkeit neigt dabei zur Kraftverschwendung und es besteht die Gefahr, dass man sich selbst schädigt. Das Traumleben ist sehr rege.

Lunar-Mars in den Zeichen

♂tr ♈

Streitlustig

Der Widder-Mars möchte ganz spontan handeln, hat Mut und wirft sich selbst gerne in die Bresche, wenn Not am Mann ist. Seiner Tatkraft stellt man sich am besten nicht in den Weg.

♂tr ♉

Widerstandskraft

Der Stier-Mars möchte überlegt und beherrscht handeln. Er bremst gerne die Tatenlust anderer und verfügt über eine aufbauende, ausdauernde Kraft. Seine Tatkraft ist voller Ausdauer und immer am Konkreten ausgerichtet.

♂tr ♊

Bewegungsdrang

Der Zwillings-Mars möchte rein aus dem Intellekt heraus handeln. Er erfindet gerne und ist fantasiereich im Gespräch. Das macht ihn trickreich und manchmal auch unglaubwürdig. Seine Tatkraft ist an vielseitigen Interessen ausgerichtet und es fällt ihm schwer, sich dauerhaft auf eine einzige Sache zu konzentrieren.

♂tr ♋

Gefühlskampf

Der Krebs-Mars möchte entsprechend seiner jeweiligen Stimmungslage handeln können. Er agiert ganz aus dem Instinkt heraus. Seine Tatkraft ist schwankend. Doch worauf er sich emotional eingelassen hat, das lässt ihn nicht so schnell wieder los.

♂tr ♌

Egozentrik

Der Löwe-Mars möchte stets den großen Auftritt haben. Er ist stolz, spielt sehr gerne und gibt sich lebenslustig. Geht es ihm schlecht, dann lässt er einen das nicht merken und zieht sich zurück. Seine Tatkraft ist groß. Aber stets handelt er subjektiv und mit einer gewissen Eigenblindheit.

♂tr ♍

Kritikwütig

Der Jungfrau-Mars möchte Fehler sofort und ohne weitere Rückfrage beseitigen. Er handelt vernunftgesteuert, führt seine Kämpfe bewusst und überlegt aus. Die Tatkraft ist nicht besonders ausgeprägt. Er zögert und versichert sich nach allen Seiten, bevor er sich einlässt.

♂tr ♎

Geisteskämpfer

Der Waage-Mars möchte lange abwägen und scheut überstürztes Handeln. Er sucht in allem, was er tut, stets nach Zustimmung bei seinen Mitmenschen. Schreitet er schließlich zur Tat, dann ist man erstaunt über seine geistige Schärfe.

♂tr ♏

Ideenverhaftet

Der Skorpion-Mars möchte seine eigenen Vorstellungen sofort verwirklichen. Er ist meist felsenfest von seiner Meinung überzeugt und neigt leider dazu, sie anderen aufzuzwingen. Er agiert am liebsten in Hintergrund und im Verborgenen.

♂tr ♐

Bewegungsdrang

Der Schütze-Mars liebt die großen Bewegungen. Er reist gerne in die Ferne und bevorzugt das Exotische. Für Sport und Reisen ist er immer zu haben. Generell plant er im großen Stil. Seine Tatkraft ist sehr von der Motivation abhängig.

♂tr ♑

Konkurrenzkampf

Der Steinbock-Mars möchte sich auf das Wesentliche konzentrieren und wirklich Dauerhaftes schaffen. Seine Kraft ist eher begrenzt. Sie entfaltet sich erst im Lauf der Zeit. Dafür hat er die Kraft eines Langstreckenläufers und lässt nicht ab von einem angestrebten Ziel.

♂tr ♒

Geistestäter

Der Wassermann-Mars möchte möglichst originelle Ideen verwirklichen. Er verabscheut Routine, ist meist unruhig und nervös. Sein Aktivitätsmuster ist schlecht vorausberechenbar. Er kann lange Zeit vollkommen passiv bleiben, dann aberurplötzlich handeln.

♂tr ♓

Traumkämpfer

Der Fische-Mars möchte seine Stimmungen ausleben, voller Begeisterung und wie im Rausch. Er kämpft für Gefühle und um Gefühle. Seine Kraft holt er aus der Fantasie. Seine Tatkraft ist von inneren Motivationen bestimmt, die nur wenige Menschen verstehen können.

Aspekte des Mars im Lunar

♂tr ♃tr ⚹△☌

Kraft und Optimismus

Es ist jetzt relativ einfach, eine wirklich sinnvolle Aktivität zu entfalten. Man geht mit viel Schwung an die Arbeit, voller Hoffnungen und mit-positiven Gedanken.

♂tr ♃tr □☍

Kraft oder Optimismus

Es ist jetzt überhaupt nicht einfach, eine wirklich sinnvolle Aktivität zu entfalten. Man geht mit zu viel Schwung an die Arbeit, ist schnell erschöpft und verliert dann die Lust.

♂tr ♄tr ⚹△☌

Kraft und Disziplin

Man möchte in dieser Zeit konkrete Aktivitäten entwickeln und ist auch in der Lage, Widerständen zu trotzen. Besonderes Geschick entfaltet man im Umgang mit Ämtern und Institutionen.

♂tr ♄tr □☍

Kraft oder Disziplin

Man schafft es in dieser Zeit nurunter großen Anstrengungen, konkrete Aktivitäten entwickeln. Innere und äußere Widerstände müssen überwunden werden. Doch es hat überhaupt keinen Zweck, mit dem Kopf durch die Wand zu gehen.

♂tr ⚷tr ⚹△☌

Kraft und Hilfe

Momentan setzt man viel Energie in die Unterstützung von Hilfsbedürftigen und verzeichnet auch einige Erfolge. Gerade weil man selbst um seine eigenen Schwächen und Nöte weiß, kann man sich gekonnt um die Probleme der anderen kümmern.

♂tr ⚷tr □☍

Kraft oder Hilfe

Momentan investiert man zu viel Energie in die Unterstützung von Hilfsbedürftigen. Aber es fällt schwer, Erfolge zu verzeichnen. Ganz wichtig ist es, dass man sich auch mit den eigenen Unzulänglichkeiten beschäftigt und nicht in die Rolle des hilflosen Helfers abgleitet.

♂tr ☾tr ⚹△☌

Kraft und Leidenschaft

Es ist eine Zeit, in der sich tiefe und starke Gefühle nicht mehrunterdrücken lassen. Es gelingt, ihnen einen kraftvollen und konstruktiven Ausdruck zu verleihen.

♂tr ☾tr □☍

Kraft oder Leidenschaft

Momentan fühlen Sie sich wie unter einem Zwang. Sie wollen und müssen Ihren tiefen und starken Gefühlen Ausdruck verleihen. Allerdings kann das rechte Maß verfehlt werden. Wutausbrüche und starke Rachegefühle verschrecken Ihre Mitmenschen. Suchen Sie nach konstruktiven Wegen, sich psychisch abzureagieren.

♂tr ♅tr ⚹△☌

Kraft und Geschwindigkeit

Nun möchte man wirklich handeln, und das sofort. Auch unter Stress erreichen Sie eine hohe Effektivität. Sie können blitzartig die Richtung wechseln. Das ist von großem Vorteil.

♂tr ⛢tr □☍

Kraft oder Geschwindigkeit

Nun bemüht man sich sehr um effektives Handeln. Doch aufkommender Stress macht es wirklich ziemlich schwierig. Auch neigen Sie dazu, sich in Ihren Interessen zu zersplittern.

♂tr ♆tr ⚹△☌

Kraft und Fantasie

Es ist Ihnen ein starkes Bedürfnis, fantasievoll zur Tat zu schreiten. Dabei hilft einem die eigene Intuition sehr. Auch ist es möglich, dass Sie aus der Welt der Träume Kraft schöpfen, die Ihnen hilft, den Alltag zu bewältigen.

♂tr ♆tr □☍

Kraft oder Fantasie

Leider sind Sie momentan etwas phlegmatisch und leben zu sehr in einer inneren Welt. Damit blockieren Sie viele Möglichkeiten, in der Außenwelt etwas Schönes und Sinnvolles zu gestalten. Frust kommt auf. Ihre eigene Sensibilität steht Ihnen arg im Wege.

♂tr ♇tr ⚹△☌

Kraft und Macht

In diesem Monat möchten Sie einiges schaffen. Und das wird Ihnen auch gelingen, denn Sie können auf die dafür notwendigen Energiereserven zurückgreifen.

♂tr ♇tr □☍

Kraft und Macht

Momentan überfordert man sich dadurch, dass man versucht, notwendige Energiereserven anzuzapfen, die für andere Zwecke da sind. Sie verwickeln sich in Kämpfe, die eigentlich überflüssig sind und es fällt Ihnen schwer, den Lauf des Schicksals zu akzeptieren.

Aspekte des Mars zum Radix

♂tr Asc Rad ⚹△☌

Leistungsbereitschaft

Sie verfügen über eine stark erhöhte körperliche Leistungskraft. Und Sie können und müssen sich stärker durchsetzen. Ihre derzeitigen Initiativen sind Erfolg versprechend.

♂tr AscRad □♂

Vertragsprobleme

Sie erleiden Schaden durch Auseinandersetzungen, wollen überhastet Ihren Willen durchsetzen. Wichtig ist, dass Sie sich nur auf Kämpfe einlassen, die Sie auch gewinnen können. Alles andere ist zwecklos.

♂tr McRad ⚹△♂

Karriereschub

Ihre Tatkraft und persönliche Energie steigern sich. Mit Leistung bringen Sie Ihre Karriere voran. Sie pflegen Kontakte mit dynamischen Geschäftspartnern. Fleiß zahlt sich aus.

♂tr McRad □♂

Rückschläge

Sie befinden sich im einen harten geschäftlichen Konkurrenzkampf. Es kann zu Streit im Beruf kommen. Misserfolge durch übertriebenen Ehrgeiz sind möglich. Auch könnte man Schaden durch Mitbewerber erleiden.

♂tr ☉Rad ⚹△☌

Kraftausdruck

Sie zeigen alles. Niemand wird Sie jetzt übersehen. Und Sie verfügen in diesem Monat über ein ungeheueres Kraftreservoir. Also wird man Ihnen kaum Widerstand entgegensetzen.

Kraftmeierei

Eine große Impulsivität bestimmt diese Zeit. Ihre Kraft kommt manchmal zu ungebremst zum Ausdruck. In solchen Momenten können Sie einiges erreichen. Doch die Gefahr, dass unnötig Porzellan zerschlagen wird, ist riesengroß.

Triebenergie

Sie verfügen über eine starke Vitalität und guten Hunger. Die Triebenergie ist gesteigert und die sportliche Leistungskraft erhöht sich. Gefühl und Wille sind eins. Und so kommen Sie bei vielen Menschen gut an.

♂tr ☽Rad □♂

Kräfteverschwendung

Sie erleben Auseinandersetzungen im Alltag. Ihre Affekte können Sie schwerlich kontrollieren. Ihre Gefühle werden verletzt und auch Ihnen selbst fällt es nicht leicht, auf die Befindlichkeiten anderer Rücksicht zu nehmen.

♂tr ☿Rad ⚹△♂

Mutterwitz

Sie erledigen jetzt den lang hinausgeschobenen Schriftverkehr und sind ziemlich schlagfertig. Ihr Business ist erfolgreich, weil Sie wenig Angst vor Menschen haben und einfach das sagen, was Sie wollen.

Auseinandersetzungen

Eine starke Impulsivität kann von Nachteil sein. Möglicherweise haben Sie Probleme mit Handwerkern. Gefahr droht im Straßenverkehr. Keine gute Zeit für wichtigen Schriftverkehr.

♂tr ♀Rad ⚹△☌

Attraktivität

Es ist eine gute Zeit, um eine Liebesaffäre zu beginnen. Sie führen jetzt vielleicht sogar ein stürmisches Sexualleben. Man neckt sich und verletzt sich, allerdings auf eine recht lustige Art. Eine exzellente Zeit für Werbekampagnen.

♂tr ♀Rad □☍

Überhitzung

Es ist eine Zeit des überhitzten Trieblebens. Auch unfreiwillige Fruchtbarkeit ist möglich. Sie könnten unter Brutalität im Liebesleben leiden. Falsche Impulsivität beeinflusst einige Kaufentscheidungen in negativer Weise.

Initiativleistung

Sie haben zurzeit genug Kraft, um sich auch schwierigen Angelegenheiten zu widmen. Und Sie machen neue Pläne, ergreifen die Initiative.

♂tr ♂Rad □☍

Koordinationsstörungen

Sie setzen Ihre Energie möglicherweise falsch ein und streiten sich leicht. Es besteht eine Neigung zu Unfällen, Entzündungen und Verletzungen.

♂tr ♃Rad ⚹△☌

Schaffensfreude

Sie haben Erfolg beim Start unternehmerischer Aktivitäten. Diese Zeit ist gut für Bewerbungen und den Start einer Reise. Viel Optimismus kennzeichnet diese Zeit.

♂tr ♃Rad □☍

Rechthaberisch

Sie setzen Ihre Ressourcen möglicherweise falsch ein. Vertrauen kann zerstört werden. Eine rechthaberische Haltung führt zu unangenehmen Reaktionen. Probleme entstehen durch das Nichterkennen eigener Aggressivität.

♂tr ♄Rad ⚹△☌ ☌

Selbstbeherrschung

Ihre langfristige Arbeit an schwierigen Projekten ist von Erfolg gekrönt. Dabei brillieren Sie durch ökonomischen Kräfteeinsatz und eine gute Selbstbeherrschung.

Störung bei Langzeitprojekten

Überall treffen Sie auf Widerstand und wollen mit dem Kopf durch die Wand. Die Folge ist ein geringer Ertrag bei gleichzeitig hohem Krafteinsatz. Auch besteht die Gefahr von Verlust, Trennungen und persönliche Härten.

Leistung im therapeutischen Bereich

Sie erleben, wie schlagartig alte Wunden aufbrechen. Es ist jetzt nicht an der Zeit, darüber zu verzweifeln. Sie finden die richtige Medizin. Nur müssen Sie sich wirklich bemühen.

♂tr ⚷Rad □☍

Störung im therapeutischen Bereich

Sie leiden darunter, dass schlagartig alte Wunden aufbrechen. Es kann sein, dass Sie daran verzweifeln. Doch müssen Sie die richtige Medizin finden. Möglicherweise hilft es, ein unlösbares Problem ganz einfach klaglos zu akzeptieren.

Leistung in Tabubereichen

Sie wagen sich jetzt an Probleme heran, bei denen andere regelrechte Angstgefühle entwickeln. Das gibt Ihnen einen großen Freiraum. Sie müssen allerdings bereit sein, eine Außenseiterrolle anzunehmen.

Störung in Tabubereichen

Sie wollen jetzt handeln, wo eigentlich keine Notwendigkeit besteht. Das macht Sie zum Außenseiter und bringt nicht unbedingt die Vorteile, die Sie sich davon versprechen.

♂tr ♅Rad ⚹△☌

Leistung bei Innovationen

Sie haben Vorteile durch Einsatz von Technik, treffen unkonventionelle Entscheidungen, können rasch zugreifen und zielgerecht handeln. Das Überraschungsmoment ist auf Ihrer Seite.

Störung durch Geschwindigkeit

Sie erleben plötzliche Auseinandersetzungen und neigen zu Unfällen. Körperlich könnten Sie sich verausgaben, auch in der Sexualität. Es ist ganz wichtig, dass Sie Ihre überschüssigen Kräfte konstruktiv abreagieren.

Leistung in Nischenbereichen

Sie haben eine starke Fantasie. Das Traumleben ist rege. Eventuell besteht eine Vorliebe für anscheinend harmlose Rauschmittel. Starke psychische Kräfte leiten Sie.

♂tr ♆Rad □☍

Störung in Nischenbereichen

Mit Gewalt versuchten Sie, eine phlegmatische Lebenseinstellung zu durchbrechen. Es besteht die Gefahr des Drogenmissbrauchs. Auch könnten Sie versucht sein, sich mit illegalen Mitteln durchzusetzen. Menschen aus gesellschaftlichen Randgruppen sind nicht ungefährlich.

♂tr ♇Rad ⚹△☌

Leistung in Machtzentren

Sie erleben hautnah den starken Einfluss von Massenbewegungen. Das weckt Ihr Interesse, denn Sie wollen Ihre eigenen Vorstellungen um jeden Preis durchsetzen.

Der Ehrgeiz ist geweckt. Zudem haben Sie eine Neigung zu suggestiver Machtentfaltung und Mut zum psychologischen Tiefgang.

Störung in Machtzentren

Sie erleben es, wie man radikal versucht, in Machtbereiche einzudringen. Und es gibt Probleme mit der Triebkontrolle. Achten Sie genau darauf, mit wem Sie es zu tun haben.

Jupiter

♃

Motivieren können

Jupiter ist der größte Planet des Sonnensystems und ein am Himmel deutlich sichtbarer Planet. In der griechischen Mythologie nahm er den Platz als oberster aller Götter ein, nachdem er mithilfe seiner Mutter und aller seiner Geschwister den alten Saturn vom Thron gestürzt hatte. In der Astrologie steht Jupiter für die Fähigkeit, die unterschiedlichsten Kräfte durch Toleranz und Wohlwollen zu bündeln und für ein gemeinsames Ziel einzusetzen.

Seine eigene Kraft ist begrenzt. In Krisenzeiten offenbart sich bei ihm eine innere Leere. Nicht zu Unrecht wird sie mit jener des Planeten gleichgesetzt. Der astronomische Jupiter hat zwar größte Ausmaße, zählt jedoch aufgrund seiner geringen Dichte zu den Gasplaneten: Viel Luft in Tüten, wie der Volksmund so sagt.

Im Lunarhoroskop deutet Jupiter auf Chancen und Möglichkeiten, niemals jedoch auf Gewissheiten, wie wir sie von Saturn kennen. Jupiters Talent ist es, Hoffnungen zu wecken und zu überzeugen. Motivation ist seine wahre Stärke. In seinen Haus- und Zeichenpositionen sowie den Aspektierungen zu anderen Horoskopfaktoren erkennen wir im Lunar, welche Optionen und Möglichkeiten wir in diesem Monat haben, in welche Richtung unser Optimismus zielen sollte, worauf wir vertrauen können. Da die Aspekte und Zeichenpositionen Jupiters langfristiger Natur sind, ist im Lunar-Horoskop seine Häuserposition ausschlaggebend.

Lunar-Jupiter in den Häusern

♃tr I

Großzügiges Auftreten

Heiter und verständnisvoll zeigen Sie sich der Welt. Güte und Toleranz versprechen eine erfolgreiche Zeit. Doch geben Sie sich manchmal auch übertrieben optimistisch und neigen allzu sehr zu Spekulation und Verschwendung. Manchmal ist Ihre Selbsteinschätzung etwas naiv. Da blendet dann der edle Schein.

♃tr II

Großzügiges Budget

Finanzgewinn durch Schenkungen, Protektion oder Teilhaberschaft an größeren Projekten. Vieles ist in dieser Zeit möglich. Auf jeden Fall gibt es Kontakt zu Gönnern. Doch zugleich droht Verlust durch Fehlspekulationen. Zudem könnte man zu unüberlegt Investitionen tätigen und sich von Mäzenen abhängig machen.

♃ tr III

Großzügige Informationsvergabe

Sie treffen auf großzügige Verwandte und Bekannte, machen Erfolg versprechende Reisen. Der gesamte Bekanntenkreis erweitert sich schlagartig. Doch begeben Sie sich jetzt auch auf Reisen ohne Sinn und Ziel. Und Ihr Vertrauen könnte von Nachbarn und Familienangehörigen missbraucht werden.

♃ tr IV

Großzügige Behausung

Ihr Familienleben wird reichhaltiger, das Wohnen bequemer. Eventuell kommen Sie in den Genuss von Vergünstigungen beim Immobilienerwerb, doch sind auch Fehlspekulationen möglich. Und im Familienleben könnte es zu einer Vertrauenskrise kommen.

♃ tr V

Großzügige Gestaltung

Sie haben jetzt allgemein eine positivere Einstellung gegenüber dem Leben. Der Umgang mit Kindern macht Ihnen viel Spaß. Und es finden sich Möglichkeiten des kreativen Auslebens. Gefahr droht durch verschwenderischen Lebenswandel. Und falsche Einschätzungen bei Spekulationen könnten zum unternehmerischen Misserfolg führen.

♃ tr VI

Großzügige Arbeitsbedingungen

Sie zeigen gegenüber Ihren Untergebenen eine tolerante Einstellung. Eine Verbesserung der Arbeitsverhältnisse ist zu erwarten. Eventuell kommen Sie in den Genuss von Begünstigungen und Gratifikationen.

Zugleich droht Gefahr durch Vertrauensmissbrauch am Arbeitsplatz. Es kann zu Missverständnissen mit Kollegen kommen. Und zu hohe Lohnforderungen machen unbeliebt.

♃ tr VII

Großzügige Partnerschaften

Sie erleben Förderung durch Geschäftspartner und pflegen ein gutes Verhältnis zu Gönnern. Öffentliche Anerkennung ist möglich. Sie werden populär und erweitern Ihren Bekanntenkreis.

Doch zugleich könnten ausschweifende Sozialkontakte und falsche Versprechungen zu Vertrauensbrüchen führen. Missverständnisse in Partnerschaften sind möglich und in Folge dessen Gerichtsprozesse.

♃ tr VIII

Großzügige Bindungen

Sie erlangen nun Vorteile durch finanzielle Beteiligungen. Sie könnten in den Besitz von Erbschaften kommen oder von der Ausschüttung von Gesellschaftsgewinnen profitieren.

Doch eventuell verzetteln Sie sich in ausufernde Gerichtsprozesse. Tiefe Glaubenskrisen sind möglich. Tabus werden übertreten. Vor Maßlosigkeit muss gewarnt werden.

♃ tr IX

Großzügige Pläne

Sie haben jetzt gute Kontakte zum Ausland und Erfolg auf Reisen. Es gibt Expansionsmöglichkeiten. Sie pflegen eine ethische Grundhaltung und arbeiten an Ihren Zukunftsperspektiven. Probleme könnten durch unrentable Im- und Exportgeschäfte entstehen.

Zu hohe Reisekosten belasten das Budget. Hüten Sie sich vor unglaubwürdigen religiösen oder philosophischen Einstellungen.

♃ tr X

Großzügige Gewissheiten

Sie erleben eine Zeit des öffentlichen Erfolgs, der beruflichen Anerkennung und Förderung. Aufstiegschancen sind möglich, eventuell durch eine Erweiterung der Firmenkapazität.

Doch hüten Sie sich vor den Folgen einer überflüssigen Expansion. Probleme entstehen in der Zusammenarbeit mit Behörden, durch überbordenden Bürokratismus, eine falsche Organisation und Fehlplanungen jeglicher Art.

♃ tr XI

Großzügige Kreise

Sie engagieren sich bei der öffentlichen Wohlfahrt, fördern Kunst und Kultur, verkehren in der sogenannten besseren Gesellschaft. Doch überzogene Wünsche und öffentliche Prahlerei schaden Ihnen. Sie könnten sich verspekulieren und elitären Zirkeln verschreiben.

♃ tr XII

Großzügige Innenwelt

Sie haben jetzt geheime Förderer, genießen Wohltätigkeit aus dem Verborgenen. Arbeit in sozialen Organisationen steht an. Machen Sie eine Heilkur. Schaden könnte Ihnen falsches Vertrauen. Es besteht eine Neigung zur Verschwendung. Hüten Sie sich vor falschem Mitleid.

Lunar-Jupiter in den Zeichen

♃tr ♈

Optimismus

Man ist sportlich und tritt dynamisch auf. Der körperliche Einsatz ist kraftvoll und überzeugend. Man hat großes Interesse daran, Ideen in die Tat umzusetzen.

♃tr ♉

Bequemlichkeit

Sie signalisieren große Stärke und Ausdauer, neigen jedoch zurzeit an Genusssucht und Völlerei. Generell verfügen Sie über große Ressourcen.

♃tr ♊

Sprachgewalt

Man kann sich wortstark in Szene setzen, ist äußerst wissensdurstig und beweglich, liebt kurze Reisen.

♃tr ♋

Familiensinn

Man versteht emotionale Zusammenhänge, ist ein guter Zuhörer und kann schnell das Vertrauen erlangen, besonders bei einfach gestrickten Menschen und im ländlichen Milieu.

♃tr ♌

Festlichkeit

Man liebt den großen Auftritt und ist in der Lage, schnell ein großes Publikum um sich zu scharen.

♃tr ♍

Absicherung

Man hat einen starken Sinn für Details und kann ökonomisch handeln. Stark ist man in der Planung größerer Zusammenhänge. Sie räumen der Gesundheit einen hohen Stellenwert ein.

♃tr ♎

Ästhetik

Man ist äußerst stilsicher und hat einen Sinn für die Kunst. Besonders liebt man das Wahre und Schöne.

♃tr ♏

Forschergeist

Man hat einen Sinn für Geld und Macht, das Sexuelle und das psychologisch Tiefgehende, forscht mit Vorliebe in den Schattenbereichen des Lebens.

Sinnsuche

Man möchte sein Wissen ständig erweitern, genießt das Leben und sucht nach seinem Sinn, glaubt an vieles, pflegt philosophisches Gedankengut, fühlt sich als Weltbürger und befindet sich vorzugsweise auf Reisen.

♃tr ♑

Staatswesen

Man erweitert mit Vorliebe das Institutionelle, kämpft mit den an Regeln und Verordnungen gebundenen Strukturen der Gesellschaft, hat einen Sinn für das Wesentliche und achtet auf Status und Karriere.

♃tr ♒

Experimente

Man bevorzugt das Unkonventionelle, liebt Erfindungen im Allgemeinen und das Außergewöhnliche im Besonderen, hat Humor und experimentiert gerne.

♃tr ♓

Unausgesprochenes

Man hat einen Sinn für das Übernatürliche und Transzendente, verfügt über ein ganz besonderes Feingefühl und Möglichkeiten, die eher im Traumhaften liegen.

Aspekte Jupiters im Lunar

♃tr ♄tr ⚹△☌

Maß und Möglichkeit

Sie finden viele Wege, um das angestrebte Ziel zu verwirklichen, und können innerhalb der vorgegebenen Grenzen optimal agieren.

♃tr ♄tr □☍

Maß oder Möglichkeit

Sie finden wenige Wege, um das angestrebte Ziel zu verwirklichen, und können innerhalb der vorgegebenen Grenzen nur eingeschränkt agieren.

♃tr ⚷tr ⚹△☌

Hoffnung und Skepsis

Sie müssen aufpassen, dass Sie Ihren Optimismus nicht verlieren angesichts der vielen Fehlschläge, die Sie in Ihrem Leben bislang erlebt haben. Zersplittern Sie sich nicht in Teillösungen. Versuchen Sie, trotz allem die große Linie zu finden.

♃tr ⚷tr □☍

Hoffnung oder Skepsis

Es besteht die Gefahr, dass Sie Ihren Optimismus angesichts der vielen Fehlschläge, die Sie in Ihrem Leben erlebt haben, zeitweilig verlieren. Sie zersplittern sich in Teillösungen.

♃tr ☾tr ⚹△☌

Vertrauen und Gefühlstiefe

In dieser Zeit haben Sie den Mut, dunkle Gefühle zuzulassen. Erotische Begierden werden ausgelebt, bis hin zur Ekstase. Und meistens kommt das recht gut an.

♃tr ☾tr □☍

Vertrauen oder Gefühlstiefe

Die Etikette wird jetzt großgeschrieben, nach Ihren Maßstäben viel zu groß. Sie spüren einen unausgesprochenen Zwang, sich wohl zu verhalten und emotional an der Oberfläche zu bleiben.

♃tr ♅tr ⚹△☌

Pläne und Experimente

Sie möchten Ihre Zukunft gestalten und Ihre innere Freiheit gibt Ihnen den Mut, dabei vollkommen neue Wege zu gehen.

♃tr ♅tr □☍

Pläne oder Experimente

Sie möchten zwar Ihre Zukunft gestalten. Doch brauchen Sie zu viel innere Freiheit, als dass Sie wirklich bereit sind, sich auf Experimente einzulassen.

♃tr ♆tr ⚹△☌

Visionen und Träume

Sie möchten Sinnvolles gestalten. Und es gelingt Ihnen sogar, in diesem Zusammenhang ein paar Fantastereien zu verwirklichen, was wirklich außergewöhnlich ist.

♃ tr ♆ tr □☍

Visionen oder Träume

Sie möchten zwar Sinnvolles gestalten. Doch das gelingt Ihnen schwerlich, weil Sie immer wieder in Fantastereien abgleiten und jegliches Maß verlieren.

♃ tr ♇ tr ⚹△☌

Vertrauen und Wahrheit

Sie verfügen nun über ein dermaßen großes Urvertrauen, dass Sie dunkelste Hintergründe erfassen und tiefste Wahrheiten aufdecken können.

♃ tr ♇ tr □☍

Vertrauen oder Wahrheit

Sie verfügen nun nicht über ausreichend viel Urvertrauen, um all die dunklen Hintergründe zu erfassen und jene tiefsten Wahrheiten aufzudecken, die noch im Verborgenen liegen.

Aspekte Jupiters zum Radix

♃ tr Asc Rad ⚹△☌

Zuversicht und Selbstdarstellung

Ihre Stimmung ist heiter und froh. Sie fühlen sich unter anderen Menschen pudelwohl, erfreuen sich guter Gesundheit und sind optimistisch gestimmt.

♃ tr Asc Rad □☍

Zuversicht und Kontaktanbahnung

Sie gehen außergewöhnlich offen auf andere Menschen zu, investieren ungeheuer viel Vertrauen und gehen Gefahr, enttäuscht zu werden.

♃ tr MC Rad ⚹△☌

Zuversicht und Karriere

Sie bemühen sich jetzt um Förderung im Berufsleben und vorteilhafte geschäftliche Verbindungen, sodass Ihnen ein leichter Aufstieg in der Karriereleiter möglich ist.

♃tr MC Rad □♂

Misstrauen und Verwurzelung

Sie befürchten nun Neid und Missgunst durch geschäftliche Konkurrenten, möchten nicht bei Vorgesetzten in Ungnade fallen.

♃tr ☉Rad ⚹△♂

Unbeschwertes Selbstbewusstsein

Mit Leichtigkeit stellen Sie sich ins Zentrum der Aufmerksamkeit. Es ist da so eine gewisse Sicherheit vorhanden, von der Sie sich leiten lassen können und die Sie letztendlich zum Erfolg bringen wird.

♃tr ☉Rad □♂

Übersteigertes Selbstbewusstsein

Manchmal verlieren Sie alles Maß und stellen sich zu sehr in den Mittelpunkt. Das kommt überhaupt nicht gut an. Sie müssen wirklich aufpassen, sich nicht überall ins Fettnäpfchen zu setzen.

♃tr ☽Rad ⚹△☌

Optimistische Gefühlswelt

Man ist vom Gefühl her sicher bei allen Unternehmungen, hat Freude an der Familie und kommt bei der breiten sehr Masse gut an.

♃tr ☽Rad □☍

Ausufernde Gefühlswelt

Man geht zu gefühlsbetont und optimistisch an die Dinge heran, kann keine Distanz halten, ist vielleicht sogar hin und wieder etwas schlampig und verschwenderisch.

♃tr ☿Rad ⚹△☌

Positives Denken

Jetzt denkt man sehr weitreichend. Der eigene geistige Horizont erweitert sich. Es ist eine gute Zeit für Korrespondenz, Verhandlungen und Verträge.

♃ tr ☿ Rad □☍

Zusammenhangloses Denken

Eine gewisse geistige Überheblichkeit kann zu finanziellen und beruflichen Verlusten führen. Eventuell setzt man aufs falsche Pferd und verliert Vertrauen.

♃ tr ♀ Rad ⚹△☌

Opulenter Genuss

Man hat eine große Offenheit in Liebesdingen, neigt ein wenig zur Promiskuität, ist besonders genussfähig und pflegt weitreichende Bekanntschaften zu Förderern und Gönnern.

♃ tr ♀ Rad □☍

Ausschweifender Genuss

Es besteht eine gewisse Neigung zu Völlerei. Man gibt sich dem Konsumrausch hin, verstrickt sich eventuell in überflüssige Liebesabenteuer und erlebt eine Vertrauenskrise in der Ehe.

♃tr ♂Rad ⚹△☌

Mitreißende Energie

Man ist optimistisch und edelmütig, pflegt eine sportliche Note und das Fair Play. Die unternehmerische Initiativkraft ist groß und man scheut sich auch nicht vor persönlichem Einsatz.

Falsches Sendungsbewusstsein

Es kommt zu Auseinandersetzungen mit Banken und Behörden. Verlustgeschäfte sind möglich. Unangenehm empfindet man Rechthaberei und Edeltuerei.

Glücksgefühl

Man pflegt eine optimistische Lebenseinstellung, ist finanziell und auch im Privatleben höchst erfolgreich.

♃tr ♃Rad □☍

Fehleinschätzungen

Man macht viel Aufheben um nichts. Es kommt zu Energie- und Ressourcenverschwendung. Falscher Optimismus provoziert Vertrauensmissbrauch.

♃tr ♄Rad ⚹△☌

Rechtes Maß

Es kommt zur erfolgreichen Verwirklichung von langfristigen Vorhaben, beispielsweise beim Hausbau oder im Beruf. Investitionen werden mit Augenmaß getätigt.

♃tr ♄Rad □☍

Verfehltes Maß

Man macht sich viel Mühe, hat aber wenig Erfolg und arbeitet gegen Widerstände an. Eine Sinnfindungskrise ist voraussehbar. Langfristige Verzögerungen und körperliche Belastungen wären die Folge.

♃tr ⚷Rad ⚹△☌

Kluges Lernen

Man ist in der Lage, die eigenen Schwächen zu akzeptieren und so gekonnt mit ihnen umzugehen, dass es zu einem ganz interessanten Lernprozess kommt.

♃tr ⚷Rad □☍

Schwieriges Lernen

Man ist schwerlich in der Lage, die eigenen Schwächen zu akzeptieren. Dabei kommt es jetzt darauf an, so mit ihnen umzugehen, dass es zu einem wirklichen Lernprozess kommt.

♃tr ☾Rad ⚹△☌

Viele Kleinigkeiten

Sie müssen sehr darauf achten, dass Sie bei aller Expansion Ihrer inneren Natur gerecht werden und auch leidenschaftlichen Neigungen genug Raum geben.

♃ tr ☾ Rad □♂

Aufbrechende Psyche

Sie müssen sehr darauf achten, dass Sie bei aller Expansion Ihrer inneren Natur gerecht werden und auch leidenschaftlichen Neigungen genug Raum geben.

♃ tr ♅ Rad ⚹△♂

Glückhafte Wendung

Es könnte zu einem Durchbruch bei einer ganz bestimmten Erfindung kommen. Vorteile durch Einsatz der Technik sind wahrscheinlich. Man gerät eventuell in Kontakt mit der Avantgarde.

♃ tr ♅ Rad □☍

Verpasste Chancen

Falscher Optimismus kann schaden. Spannungen und innere Unruhe sind nicht ausgeschlossen. Man blendet und wird geblendet werden. Nervenbelastungen sind die Folge.

♃tr ♆Rad ⚹△♂

Spiritueller Idealismus

Man verfügt über einen großen Reichtum an Fantasie, kann mit Ahnungen und Visionen gut umgehen, ihren Sinn erfassen.

♃tr ♆Rad □☍

Spirituelle Schwärmerei

Man kennt keine Grenzen mehr. Ausufernde Schwelgerei ist möglich. Versprechen werden nicht eingehalten.

♃tr ♇Rad ⚹△♂

Zunehmender Einfluss

Dies ist ein starker Reichtumsaspekt. Man hat Vertrauen zu Urgenüssen, pflegt eine gewisse Tabulosigkeit im schöpferischen Sinne und verfügt über großes Organisationstalent.

♃ tr ♇ Rad □ ♂

Überbordender Einfluss

Man leidet unter Destruktivität, entwickelt eventuell einen zwanghaften Machtkomplex. Tabulosigkeit kann destruktive Ausmaße annehmen. Man provoziert den Zusammenbruch und wagt keinen Neubeginn.

Saturn

♄

Konsequent sein

Dieser Planet markierte jahrtausendelang bis zur Erfindung des Fernrohrs die äußerste Grenze unseres Sonnensystems. In der Astrologie symbolisiert er die Grenze des Greifbaren und Machbaren, die sogenannte Realität. Mit Saturn zu arbeiten ist stets mühselig. Er konfrontiert uns mit eigenen Schwächen und Mängeln. Allerdings können wir, wenn wir unsere Kräfte bündeln, durch ihn viel erreichen. Denn seine Qualitäten sind Disziplin, Ausdauer und Beständigkeit. All das, was wir Saturn abtrotzten, wird stofflich und hat auf lange Zeit Bestand.

Saturns Stellung im Lunarhoroskop zeigt, wo wir in diesem Monat Minderwertigkeitsgefühle haben, Begrenzungen und Widerstand erleben. Zugleich zeigt diese Planetenposition auf, wo Chancen sind, ganz real etwas zu gestalten, und wie wir eine maßgebliche Position in der Gesellschaft erreichen können. Seine Position im Tierkreiszeichen ändert sich erst nach zwei Jahren. Für das kurzfristig wirksame Lunar-Horoskop ist deshalb vor allem seine Häuserposition wichtig.

Lunar-Saturn in den Häusern

♄tr I

Durchhaltewille

Zurzeit zeigt man eine ernste und skeptische Grundhaltung. Man übt sich in Selbstkontrolle und hat eine zähe Konstitution. Man muss eingeschränkte Verhältnisse akzeptieren. Eventuell ist die Vitalität geschwächt. Prüfungen stehen an. Man reibt sich an inneren und äußeren Grenzen. Sie werden das Gefühl haben, nur langsam voranzukommen, und werden mit vielen Schwierigkeiten konfrontiert. Doch sind Ihre Ansprüche auch riesengroß. Sie lassen nur das gelten, was wirklich Hand und Fuß hat.

♄tr II

Vorsichtigkeit

Zurzeit pflegt man eine stabile Finanzpolitik, hat Erfolg bei staatlichen Institutionen. Das Streben nach Sicherheit ist groß. Sparsamkeit ist angeraten, da man nur über eine enge Finanzdecke verfügt. Mangel und Armut können auf die Stimmung drücken, bis hin zu Existenzsorgen. Manche Investitionen fallen nicht auf fruchtbaren Boden. Sie machen sich jetzt in finanzieller Hinsicht keine Illusionen. Der Spatz in der Hand ist Ihnen lieber als die Taube auf dem Dach.

♄ tr III

Dienstreisen

Zurzeit zeichnet man sich durch ernsthaftes, gründliches Denken und Planen aus. Ein sorgsamer Schriftverkehr bringt Erfolg im Zusammenhang mit Behördenkontakten. Niedergeschlagenheit und eine gehemmte Stimmungslage behindern den sozialen Kontakt. Das Denken ist sehr am Materiellen ausgerichtet. Sorgen macht der Alltag. Sie fühlen sich etwas gehemmt im sprachlichen Ausdruck und können nur mühselig neue Kontakte aufbauen. Aber Ihre Ansprüche an die Kommunikation sind auch enorm. Sie möchten nur über harte Fakten und Tatsachen sprechen. Für oberflächliche Plaudereien sind Sie nicht zu haben.

♄ tr IV

Einfaches Leben

Zurzeit besteht ein ernsthafterund kontinuierlicher Kontakt zu den Eltern. Ansonsten zieht man sich gerne in die Wohnung oder das Haus zurück. Es kann zu Einschränkungen im familiären Bereich kommen, eventuell durch Trennung oder Verlust von Familienmitgliedern. Die Verwurzelung auf dieser Erde ist Ihnen jetzt ungeheuer wichtig. Sie haben den Wunsch, sich fest zu verankern, was man in den kommenden Wochen ganz konkret an Ihrer Wohnung bzw. in Ihrem Haus sehen wird.

♄tr V

Ernste Einstellung

Zurzeit muss man sich der Verantwortung gegenüber seinen eigenen Kindern stellen. Man erlebt eine ganz nüchterne, knochentrockene Schaffensperiode. Es macht geradezu Spaß, auf Überflüssiges zu verzichten. Eventuell kommt es zu Problemen bei Schwangerschaften oder Einschränkungen durch Kinder.

Generell sind Sie in dieser Zeit höchst unzufrieden mit allem, was Sie bislang erreicht haben. Diese Unzufriedenheit treibt Sie und ist Ansporn, Neues und Großes zu schaffen, das Bestand hat und die Zeit überdauert.

♄tr VI

Pflichtbewusstsein

Zurzeit übt man eine anstrengende Tätigkeit aus. Gegenüber Angestellten und Untergebenen achtet man auf Autorität. Auch ist man bereit zur Übernahme von Verantwortung. Wichtig ist die Einsicht in die Notwendigkeit. Schwer auszukurieren sind Krankheiten, die auch arbeitsbedingt entstehen können.

Die Ernährungslage muss unbedingt verbessert werden, ansonsten vermindert sich die Leistung. Sie sind unzufrieden mit Ihren allgemeinen Lebensverhältnissen und bemühen sich um Verbesserungen jeglicher Art, was langfristig durchaus positive Folgen haben wird.

♄ tr VII

Geistesdisziplin

Zurzeit schätzt man Stabilität in der Beziehung bzw. Treue in der Ehe. Eine sorgsam gepflegte Distanz ermöglicht dauerhafte Nähe. Ungewollte Trennungen sind möglich, ebenso der Verlust des Partners. Einsamkeitsgefühle können aufkommen.

Man muss sich auf vertragliche Komplikationen einstellen. Sie sehen alle Partnerschaften jetzt ganz ungeschminkt, machen sich keine Illusionen mehr. Und Sie fragen sich ganz genau, wer wirklich zu Ihnen passt, und von wem Sie sich lieber trennen sollten.

♄ tr VIII

Solide Veränderungen

Zurzeit gibt es finanzielle Vorteile durch ältere Personen. Eventuell verfasst jemand ein Testament. Ein Todesfall kann belastend wirken. Auch ist der Verlust einer Erbschaft möglich.

Man sollte bereit sein, Grundsätzliches zu verändern. Psychische, finanzielle und materielle Altlasten müssen entsorgt werden.

♄tr IX

Ernsthafte Förderung

Zurzeit reist man aus Pflicht oder hat berufliche Gründe dafür. Die eigene Weltanschauung festigt sich. Eventuell kommt es zu Behinderungen im Ausland und in Folge davon Vertrauensverlust. Trennungen durch Reisen sind möglich. Man hüte sich vor einer pessimistischen Lebensphilosophie und generellem Misstrauen.

♄tr X

Rationalisierungserfolge

Zurzeit erarbeitet man sich beruflichen und geschäftlichen Erfolg durch Zügigkeit und Disziplin. Eine öffentliche Honorierung der eigenen Leistung ist wahrscheinlich. Eventuell kommt es zu Misserfolgen im Geschäftsleben. Erzwungene Produktionsrückgänge und Rangdeklassierung behindern möglicherweise den beruflichen Aufstieg.

♄tr XI

Hilfe in der Not

Zurzeit hat man wenige, aber dafür verlässliche Freunde. Man ist maßvoll in den eigenen Wünschen und Hoffnungen. Eventuell muss man auf einige Freundschaften verzichten und Einsamkeit akzeptieren. Soziale Ächtung könnte zum Problem werden. Vielleicht fühlt man sich zu sehr den eigenen Idealen verpflichtet.

♄tr XII

Innere Emigration

Zurzeit wird zum freiwilligen Verzicht geraten. Man übt sich in innerer Einkehr. Zähe Arbeit im Verborgenen zahlt sich aus. Man übt religiöse Selbstdisziplin bis hin zur Askese. Eventuell kommt einem das Leben wie im Gefängnis vor. Man fühlt sich durch körperliches oder seelisches Leid behindert, spürt eventuell die stille Feindschaft von Älteren und zieht sich in die Isolation zurück.

Lunar-Saturn in den Zeichen

♄tr ♈

Beschränkte Kraft

Sie kämpfen jetzt geduldig und ausdauernd. Haben Sie Mut zur Tradition. Konzentrieren Sie Ihre Energie.

♄tr ♉

Beschränkte Vorräte

Sie sammeln jetzt geduldig und ausdauernd, horten vielleicht einen kleinen Schatz. Es besteht eine Neigung zu Geiz.

♄tr ♊

Beschränkte Ausdrucksfähigkeit

Sie schreiben geduldig und ausdauernd, denken und verhandeln mit Überlegung.

♄tr ♋

Beschränkte Gefühlswelt

Sie sorgen sich geduldig und ausdauernd um die Familie. Und Sie sind vielleicht ein wenig zu streng mit Ihren Verwandten.

♄tr ♌

Beschränkte Kreativität

Sie sind jetzt geduldig und ausdauernd in allen Ihren Unternehmungen. Ein gewisser Egoismus lässt sich nicht vermeiden.

♄ tr ♍

Beschränkte Lebensverhältnisse

Sie sind geduldig und ausdauernd bei komplizierten Aufgaben, lassen große Vorsicht walten. Übertreiben Sie es nicht, denn Sie neigen jetzt zur Pedanterie.

♄ tr ♎

Beschränkte Bindungsfähigkeit

Sie sind geduldig und ausdauernd in diplomatischen Angelegenheiten, was günstig ist, wenn man beispielsweise eine Ehe schließen will.

♄ tr ♏

Beschränkte Risiken

Sie sind geduldig und ausdauernd bei Schicksalsschlägen, zeigen sich ansonsten besonders zäh und von bohrender Hartnäckigkeit.

♄tr ♐

Beschränkte Horizonterweiterung

Sie sind geduldig und ausdauernd in der Sinnsuche. Und Sie streben eine Wahrhaftigkeit an, die Utopien bewusst ausschließt.

♄tr ♑

Beschränkte Zielvorstellung

Sie sind besonders geduldig und ausdauernd in der beruflichen Entwicklung, entscheiden sich bewusst für wenige Ziele und erhöhen so die Erfolgschancen.

♄tr ♒

Beschränkter Freundeskreis

Sie ringen besonders zäh und ausdauernd um Ihre Freiheit und lieben die Unabhängigkeit. Das schränkt den Freundeskreis ein.

♄tr ♓

Beschränkte Innenwelt

Sie können zäh und ausdauernd Schmerzen ertragen und Leid erdulden. Ihre innere Welt ist auf wenige Bereiche reduziert.

Aspekte Saturns im Lunar

♄tr ⚷tr ⚹△☌

Ernste Störungen

Es gelingt durch große Disziplin, an den eigenen Schwächen zu arbeiten und Selbstheilungskräfte zu aktivieren. Stück für Stück kommen Sie voran.

♄tr ⚷tr □☍

Ernste Störungen

Sie müssen sich jetzt ernsthaft mit Ihren Mängeln auseinandersetzen. Es führt kein Weg daran vorbei. Sie sollten auf Ihren Fleiß setzen und sich nicht in Kleinigkeiten verzetteln.

♄tr ☽tr ⚹△♂

Wilde Kräfte

Mit großer Geduld gelingt es Ihnen, sich den dunklen Seiten Ihrer Psyche anzunähern. Es gibt in jedem Menschen triebhafte Kräfte, die ihn überwältigen und beherrschen könnten, wenn man nicht wie ein Raubtierdompteur geschickt mit ihnen umgeht.

♄tr ☽tr □☍

Eingezwängte Leidenschaft

Auf die tiefen und triebhaften Seiten Ihrer Psyche wird ein gewaltiger Druck ausgeübt. Etwas scheint Sie zu zwingen, sehr viel stärker auf die Stimme der Natur zu hören.

♄tr ♅tr ⚹△♂

Langfristige Erneuerungen

Tradition und Neuerung können Sie jetzt gut miteinander vereinbaren. Dies hilft Ihnen, auf lange Sicht zu planen und dabei die nötige Disziplin aufzubringen.

♄tr ♅tr □♂

Zähe Erneuerungsbemühungen

Nur schwerlich lassen sich Tradition und Innovation miteinander vereinbaren. Sie müssen große Anstrengungen unternehmen, auf lange Sichtplanen und dabei viel Disziplin aufbringen.

♄tr ♆tr ⚹△♂

Gründliche Traumarbeit

Fantastische Visionen und harte Alltagsrealität können Sie leicht aufeinander abstimmen. Und die Beschäftigung mit Träumen hilft Ihnen dabei sehr.

♄tr ♆tr □♂

Gründliche Traumarbeit

Fantastische Visionen und harte Alltagsrealitätpassen nicht gut zusammen. Die Beschäftigung mit Träumen lenkt Sie zu sehr ab.

♄tr ♇tr ⚹△♂

Harte Machtspiele

Mit Geduld gelingt es Ihnen, wirklich neue Wege einzuschlagen. Dabei kommen Sie in Kontakt mit wirklich mächtigen Personen, die ganze Berge bewegen können.

Harte Machtspiele

Sie müssen sich darauf konzentrieren, eingefahrene Wege zu verlassen. Nur dann ist ein grundsätzlicher Wandel möglich.

♄tr Asc Rad ⚹△♂

Maßvoller Auftritt

Sie schätzen die körperliche und seelische Stabilität. Äußerst seriös treten Sie auf und legen dabei eine gewisse Zähigkeit an den Tag. Der Erfolg ist Ihnen gewiss, besonders im Umgang mit älteren Menschen, bei Kontakt mit Behörden und in Prüfungssituationen.

Aspekte Saturns zum Radix

♄ tr Asc Rad □☍

Maßvolle Begegnung

Zu sehr setzen Sie auf die Stabilität zwischenmenschlicher Beziehungen. Es wird schwer, wirklich seriöse und langfristige Partnerschaften einzugehen.

♄ tr Mc Rad ⚹△☌

Karriere mit Maß

Sie kommen mit Geduld und Ausdauer zum Erfolg. Ein verdienter Aufstieg in der Karriereleiter ist möglich. Langfristig planen Sie wirtschaftliche Expansion.

♄tr MCRad □♂

Familiensinn mit Maß

Geduld und Ausdauer fehlen jetzt, und deshalb wird es schwer, gerade im beruflichen Bereich. Sie müssen Einschränkungen in Kauf nahmen. Belastungen durch zu viele Aufgaben und Pflichten sind zu erwarten.

♄tr ☉Rad ⚹△♂

Disziplin

Es geht jetzt darum, dass Sie Ihre Kräfte bündeln und auf ein einziges Ziel ausrichten. Dann gelingt es Ihnen, Ansehen und Autorität zu erringen. Der Durchhaltewille ist groß.

♄tr ☉Rad □♂

Krampf

Sie versuchen zu viel, und kommen ans Ende Ihrer Kräfte. Es wäre besser, wenn Sie Ihre Ansprüche zurückschrauben und sich auf das Machbare konzentrieren.

♄tr ☽Rad ⚹△☌

Gefühl mit Maß

Sie haben eine Vorliebe für einfache Leute. Zudem schätzen Sie eine besinnliche Atmosphäre und brauchen viel innere Ruhe. Ihre pädagogischen Fähigkeiten sind ausgeprägt. Man lernt, Ihre Fürsorglichkeit zu schätzen.

♄tr ☽Rad □☍

Gefühl in Grenzen

Sie neigen etwas zu Depressivität und Schwermut. Auch zeigt sich eine gewisse Neigung zu Schwerfälligkeit und Vereinzelung. Eventuell stellen Sie sich innerseelische Existenzfragen. Das Bedürfnis nach Geborgenheit ist enorm.

♄tr ☿Rad ⚹△☌

Austausch mit Maß

Sie verfügen über eine gute geistige Konzentrationsfähigkeit. Und Sie sind überaus geschickt im Gebrauch von Wort und Schrift. Zudem haben Sie jetzt die Fähigkeit zur Differenzierung und können folglich Maßarbeit leisten.

♄ tr ☿ Rad □☍

Austausch in Grenzen

Sie neigen zu intellektueller Überheblichkeit und Besserwisserei. Fehlurteile sind möglich. Eine gewisse Isolation führt zu Misstrauen und geistiger Inflexibilität.

♄ tr ♀ Rad ⚹△☌

Diplomatie mit Maß

Sie achten in zwischenmenschlichen Beziehungen besonders auf Kontinuität. Die Freundschaft mit älteren Menschen schätzen Sie sehr. Und Sie haben eine Vorliebe für Antiquitäten. Treue in der Ehe hat für Sie jetzt einen besonders hohen Stellenwert.

♄ tr ♀ Rad □☍

Diplomatie in Grenzen

Sie frieren Ihre sozialen Beziehungen ein. Es besteht die Gefahr der Trennung mit der Folge von Isolation. Vielleicht üben Sie sich in Triebverzicht. Hüten Sie sich aber vor Frigidität bzw. Rigidität in Folge einer vollkommenen Verneinung von Lust.

♄ tr ♂ Rad ⚹△☌

Arbeitseinsatz mit Maß

Sie zeigen große Zähigkeit im Durchsetzen des eigenen Willens. Geduld und Ausdauer zeichnen Sie aus, besonders im Arbeitsleben. Sie schätzen eine beherrschte Form von Männlichkeit.

♄ tr ♂ Rad □☍

Arbeitseinsatz in Grenzen

Allzu sehr provozieren Sie und suchen Widerstände. Aggressionsstau und Gewaltausbrüche sind möglich. Hinterunbedachten Gesetzesverstößen kann ein unbewusster Wunsch nach Strafe stehen.

♄ tr ♃ Rad ⚹△☌

Expansion mit Maß

Sie haben Glückserlebnisse beim Verfolgen langfristiger Ziele und verfügen über eine große Ausdauer. Mit Sinn und Maß betreiben Sie geschäftliche Expansionen. Es gelingt Ihnen, überall Vertrauen aufzubauen.

♄tr ♃Rad □♂

Expansion in Grenzen

Sie leiden unterunliebsamen Verzögerungen bei großen Vorhaben. Vertrauensverlust ist möglich. Eventuell fällt Protektion weg. Materielle Einschränkungen und infolgedessen soziale Konflikte sind wahrscheinlich.

♄tr ♄Rad ⚹△♂

Disziplin mit Maß

Sie pflegen eine realistische Lebenseinstellung und werden von Amtsträgern akzeptiert. Gut können Sie mit vorhandenen Ressourcen haushalten, unter anderem auch durch Selbstbeschränkung.

Disziplin in Grenzen

Eventuell erleben Sie jetzt unerwartet Schwierigkeiten und Verzögerungen. Es ist eine Phase der Einschränkung und Alterung. Entwicklungskrisen müssen gemeistert werden.

♄^{tr} ⚷R^{ad} ⚹△♂

Hilfeleistung mit Maß

Sie werden um Hilfe gebeten und fühlen sich gezwungen, bis zu einer gewissen Grenze einschreiten. Dabei ist es unbedingt notwendig, dass Sie Ihre eigenen Ressourcen im Blick behalten und sich nicht zu sehr verausgaben.

Hilfeleistung mit Maß

Es scheint, als zwänge man Sie geradezu, Hilfe zu leisten und den Retter zu spielen. Dabei fällt es Ihnen selbst doch so schwer, die eigenen Probleme zu bewältigen.

♄^{tr} ☾R^{ad} ⚹△♂

Leidenschaft mit Maß

Unterdrückte Triebe wollen ausbrechen. Die Stimme der Natur ist unüberhörbar. Und sie hat recht, keine Frage. Es kommt jetzt aber sehr darauf an, in welcher Form sich diese Kräfte entfalten: gewaltvoll oder kanalisiert.

♄tr ☾Rad □☍

Leidenschaft in Grenzen

Die Stimme der Natur scheint verstummt zu sein. Überstarke Disziplin verhindert, dass Triebe und Sehnsüchte frei ausgelebt werden können.

♄tr ♅Rad ⚹△☌

Freiheit mit Maß

Sie kommen jetzt durch geistige Selbstdisziplin besser zum Erfolg. Hilfe bringt Ihnen auch der Einsatz von Technik. Und durch kluge Organisation schaffen Sie sich auch einen größeren Freiraum. Aber wirkliche Freiheit erlebt man erst im Verzicht.

♄tr ♅Rad □☍

Freiheit in Grenzen

Sie erleben jetzt einiges an Nervenbelastung und wahrscheinlich auch beruflich bedingten Stress. Die Unfallneigung ist erhöht. Und Sie spüren den Existenzkampf des Lebens überdeutlich. Es kann zu einer Einschränkung der persönlichen Freiheit kommen.

♄tr ♆Rad ⚹△♂

Fantasie mit Maß

Sie verfügen über seelische Stabilität und großen Feinsinn. Somit lassen sich nun einige Traumziele verwirklichen. Auch ist Hilfe durch Therapeuten oder soziale Organisationen möglich.

Fantasie in Grenzen

Sie erleben große psychische Belastungen. Achten Sie auf chronische Leiden. Störend wirken sich nicht zu lokalisierende Widerstände aus. Und es könnten irrationale Ängste auftreten.

Veränderung mit Maß

Sie pflegen einen guten Kontakt zu machtvollen Gruppen der Gesellschaft. Es ist gerade die Klarheit der eigenen Vorstellung, die überzeugend wirkt.

♄ tr ♇ Rad □ ♂

Veränderung in Grenzen

Verbissenes Machtstreben sollten Sie vermeiden. Erleben Sie sich nicht als Opfer schwieriger Verhältnisse. Zwangsverhalten wirkt störend. Belastungen durch das Finanzamt sind möglich. Gegebenenfalls stehen Verluste ins Haus.

Chiron

⚷

Imperfektion akzeptieren

Der Planetoid Chiron erhielt seinen Namen aus der griechischen Mythologie, von einem Kentauren, also einem jener halb göttlichen und halb sterblichen Fabelwesen.

Es heißt, Chiron sei ein großer Arzt und Lehrmeister gewesen. Doch er selbst litt an einer Wunde, die ihm fürchterliche Schmerzen zufügte und die niemand heilen konnte. Die Wunde hatte ihm sein Schüler Herakles unabsichtlich zugefügt. Das Gift der schrecklichen Meduse konnte er nicht mehr aus seinem Körper bekommen. Und so opferte er seine Unsterblichkeit für Prometheus. Den Göttern imponierte dieses edle Verhalten. Sie erhoben ihn in den Himmel, wo er fortan als Sternzeichen Orion deutlich den Nachthimmel beleuchtet.

Chiron steht in der Astrologie für den Wunsch, jeden noch so kleinen Fehler zu erkennen und zu heilen. Chiron ist der Therapeut und Sozialarbeiter par excellence. Doch sein Drang, zu helfen, ist übermächtig.

Und so setzt er oft jene Wunden, die er später dann heilt, gleich einem Feuermann, der in seiner Freizeit zum Brandstifter wird.

Eine weitere Schattenseite Chirons ist der Perfektionsdrang. Doch nichts auf der Welt ist perfekt. Wir sind nun einmal keine Götter, sondern nur Menschen. Also müssen wir mit Chiron lernen, unsere Imperfektion zu ertragen und zu akzeptieren.

Lunar-Chiron in den Häusern

⚷tr 1

Imperfektion zeigen

Nun entwickelt sich Ihre heilende Kraft. Auch könnten Sie Ihrem Mitmenschen manch klugen Rat geben. Dank ist Ihnen jedoch nicht immer gewiss. Manchmal wird Ihnen sogar vorgeworfen, Sie würden sich aufdrängen und geradezu oberlehrerhaft auftreten.

Das mag Sie frustrieren. Ihre eigenen Probleme spüren Sie deutlich, doch wollen Sie das ganz bestimmt nicht zeigen. Es ist jetzt sehr wichtig, dass Sie Ihre eigenen Ansprüche herunterschrauben. Lernen Sie, sich und Ihre Umwelt in all ihren Schwächen zu akzeptieren.

Ktr 11

Geldprobleme akzeptieren

Je genauer Sie jetzt Ihren Kontostand erforschen, umso penibler Sie bei eingehenden und ausgehenden Überweisungen auf die Zahlen hinter dem Komma schauen, desto häufiger entdecken Sie Fehler. In all dem Wahn könnten Sie Kleinigkeiten derart aufbauschen, dass daraus wirkliche Probleme entstehen.

Ktr 111

Sprachfehler kultivieren

Sie achten jetzt sehr darauf, möglichst glatt und sauber zu kommunizieren. In Briefen, bei E-Mail und SMS fällt Ihnen jeder Tippfehler auf. Sprachlich ringen Sie nach dem perfekten Ausdruck.

Dies kann zu einem sehr sauberen Ausdruck führen, doch besteht auch die Gefahr, dann allzu glatt und langweilig werden. Stattdessen sollten Sie lieber versuchen, Ihren persönlichen Ausdruck zu kultivieren, samt aller Fehlerund Macken. Die machen Sie nämlich liebenswert.

Ꮾtr IV

Familienprobleme akzeptieren

Sie schauen nun sehr genau auf Ihre Herkunft und Ihre Geschichte. Und Sie erkennen, dass Störungen in der Familienstruktur negative Auswirkungen auf das ganze Leben haben können, und dass dadurch die Karriere und Partnerschaft bis ins hohe Alter beeinflusst werden.

Dies stimmt. Jedoch sollten Sie kleine Schwierigkeiten in der Familie nicht zu sehr aufbauschen. Und Sie dürfen nicht gleich jede kleine Unstimmigkeit im häuslichen Zusammenleben zur Katastrophe hochspielen. Lernen Sie, über einige Unpässlichkeiten des Alltags elegant hinwegzusehen.

Ꮾtr V

Mut zur Imperfektion

Man würde jetzt gerne mehr von Ihnen sehen. Doch Sie scheuen sich. Sie kennen Ihre Fehler und verbergen sie. Denn Sie möchten einen möglichstperfekten Eindruck machen. Doch genau das ist es, was nach außen hin lächerlich wirkt: eine verkrampfte Spießigkeit, bei der dem Betrachter ein Schauer über den Rücken läuft.

Lachen Sie über sich selbst, besonders über Ihre kleinen Schwächen. Dieses Lachen wirkt ansteckend und bringt Applaus.

⚷ tr VI

Selbstanalyse

Sie versuchen, Ihre Arbeits- und Lebenssituation auf das Genaueste zu analysieren und die notwendigen organisatorischen Konsequenzen daraus zu ziehen. Bei diesem Optimierungsversuch könnten Sie jedoch übertriebene Perfektionsansprüche stellen. Damit gehen Sie zu weit und erzeugen Kompliziertheiten, die absolut nicht notwendig sind.

Die Gefahr ist groß, dass alles langfristig nur noch schwieriger wird. Verzichten Sie auf absolute Perfektion. Das vermindert die Gefahr körperlicher oder geistiger Ermüdung.

⚷ tr VII

Paartherapie

Ihr Wunsch nach einer perfekten Beziehung ist groß. In Ihnen wächst der Wunsch, endlich einmal mit jemandem zusammen zu sein, der hundertprozentig zu Ihnen passt. Aus diesem Grunde versuchen Sie, Ihre derzeitigen Partner nach einem bestimmten Ideal umzuformen, zu therapieren und zu manipulieren.

Je mehr Sie Ihren Fokus auf die Schwächen des anderen richten, desto mehr Macken entdecken Sie. Aber wer will schon, dass die ganze Zeit an einem herumtherapiert wird. Versuchen Sie lieber, die Schwächen Ihrer Mitmenschen anzunehmen.

Str VIII

Therapiewahn

Sie haben das starke Bedürfnis, sich für Ihren Partner aufzuopfern, ihn zu beschützen und zu heilen, zu pflegen und zu therapieren. Dabei sind Sie auch bereit, in Tabu- und Schattenbereiche vorzustoßen. Sie zeigen sich zunehmend kompromisslos. Manchmal fragen Sie sich, wieso sich trotz solch aufopfernder Pflege Ihr Therapieobjekt einfach nicht verbessert.

Liegt es vielleicht daran, dass Sie sich zu sehr einmischen und den Selbstheilungskräften der Natur nicht vertrauen? Sicherlich geht manches in Ihrer Partnerschaft besser, wenn Sie aufhören, den Therapeuten zu spielen.

Str IX

Elfenbeinturm

Sie sind von einem ungeheuren Fernweh geplagt. Doch je länger Sie sich über jeweilige Reiseländer informieren, umso zahlreicher werden die Probleme, die Sie dort sehen. Seien es die politischen Verhältnisse, oder das Klima, dort vorkommende Infektionskrankheiten, die Kompliziertheit der Sprache oder schwierige Pass- und Zollformalitäten: Nichts von alledem ist wirklich perfekt.

Überall entdecken Sie kleine Macken, die Ihre Reiselust beeinträchtigen. Haben Sie Mut, Ihre Ansprüche herunterzuschrauben. Lassen Sie sich auf das Leben ein, so wie es nun einmal ist. Dann macht Reisen wirklich Spaß.

⚷tr X

Wackelposition

Beruflich steigern sich die an Sie gestellten Ansprüche ganz enorm. Und je mehr Sie sich bemühen, wirklich perfekt aufzutreten und optimal zu agieren, umso stärker fängt Ihre eigene Position an zu wackeln. Mitbewerberum interessante Posten schaffen es als Seiteneinsteiger, mit viel geringerem Aufwand oder bei niedrigerer Qualifikation.

Kann es sein, dass Sie jetzt zu verkrampft und verbissen an der Karriereleiter klettern, und dass dies abschreckend wirkt?

⚷tr X⊥

Gruppentherapie

Sie sehen jetzt große Chancen darin, Problembewusstsein in die Gemeinschaft zu tragen. Anstehende Schwierigkeiten wollen Sie öffentlich ausdiskutieren. Dies bringt sicherlich einigen Erfolg. Doch zugleich entstehen durch diese allgemein kritische Haltung neue Probleme. Bislang tolerierte Unstimmigkeiten werden nicht mehr akzeptiert.

Es wäre jetzt natürlich ein Fehler, gleich die ganze Gesellschaft zu therapieren. Vielmehr sollten Sie lernen, mit Menschen locker zusammenzuarbeiten, die Sie eigentlich für vollkommen unmöglich und unakzeptabel halten.

⚷tr XII

Stimmen aus dem Jenseits

Sie beschäftigen sich nun verstärkt mit spirituellen Problemen und Fragen der menschlichen Existenz. Möglicherweise gedenken Sie Verstorbener. Dies kann so weit gehen, dass Sie in Zwiesprache mit den Geistern geraten. Schließen Sie diesen Dialog nach einer gewissen Zeit wieder ab. Kehren Sie dorthin zurück, wo Sie sich derzeit befinden: zu den Lebendigen.

Lunar-Chiron in den Zeichen

⚷tr ♈

Improvisiert handeln

Ihre besondere Stärke liegt jetzt im vollkommen unkonventionellen Handeln. Sie haben Mut genug, Dinge auszuprobieren, an die andere überhaupt nicht zu denken wagen. Dabei können Sie gekonnt über Ihre eigenen Fehler und Macken hinwegschauen. Und Schwächen münzen Sie ganz bewusst zu Stärken um.

⚷ ♉

Improvisierte Stabilität

Ihre besondere Stärke liegt jetzt im skurrilen und improvisierten Umgang mit Geld. Sie sind sich durchaus bewusst, dass Ihre Finanzen ziemlich im Chaos liegen. Doch mit großer Lockerheit gelingt es Ihnen, jede Schwäche und Macke zu umschiffen. Gerade dieses menschlich-allzumenschliche Hantieren mit den Gegebenheiten macht Eindruck.

⚷ ♊

Improvisierte Kommunikation

Ihre besondere Stärke ist jetzt, in einer ganz besonders ungewöhnlichen Art mit der Umwelt in Kontakt zu treten. Geradezu spielerisch gehen Sie mit einer momentanen Unfähigkeit um. Sie können sich einfach nicht adäquat und treffend auszudrücken. In der Spontaneität und Fehlerhaftigkeit Ihrer Versuche, Kontakt anzubahnen und sich zu artikulieren, liegt ein ganz besonderer Zauber. Sie können Ihre Mitmenschen für sich einnehmen. Lernbereitschaft auf beiden Seiten wird natürlich vorausgesetzt.

⚷tr ♋

Improvisierte Gemütlichkeit

Ihre besondere Stärke liegt jetzt in der Wärme, die Sie im Umgang mit den Unzulänglichkeiten Ihrer Mitmenschen zeigen. Sie wirken überzeugend, denn Sie verbergen Ihre eigenen Schwächen nicht.

So schaffen Sie eine Situation der gegenseitigen Akzeptanz. Und es wird auch möglich sein, das eine oder andere zu verbessern. Was nicht verbessert werden kann, wird stresslos hingenommen. Sie ersparen sich gegenseitige Vorwürfe.

⚷tr ♌

Improvisierte Selbstdarstellung

Ihre besondere Stärke liegt jetzt in der Fähigkeit, sich mit all Ihren Ecken und Kanten darzustellen. Sie verbergen Ihre Fehler nicht, haben keine Angst, wieder einmal zurückgesetzt zu werden.

Innere Blockaden stören Sie nicht. Ganz im Gegenteil gelingt es Ihnen jetzt, aus persönlichen Macken Selbstvertrauen zu ziehen. So wirken Sie glaubwürdig und erhalten unterstützende Rückmeldungen aus dem Publikum.

⚷tr ♍

Improvisierte Lebensbedingungen

Ihre besondere Stärke liegt jetzt in der effektiven Beschäftigung mit Problemen und Problemchen des Alltags. Sie stürzen sich geradezu darauf. Lange hinausgeschobene Reparaturen werden durchgeführt, Papierberge mit unerledigter Korrespondenz durchwühlt. Sie absolvieren schon seit ewigen Zeiten ausstehende Arztbesuche.

Auf all dies können Sie sich jetzt mit einerungeheuren Präzision einlassen. Wichtig ist nur, dass alle aufgestauten Schwierigkeiten vorab in zwei Kategorien aufgeteilt werden: Unlösbares und Lösbares. Beschäftigen werden Sie sich ausschließlich mit Letzterem.

⚷tr ♎

Improvisierte Beziehungen

Ihre besondere Stärke liegt jetzt im Tolerieren von Kleinigkeiten. Sie kennen Macken und Mängel Ihres Partners genau, stochern jedoch nicht überflüssig in offene Wunden.

Dadurch schaffen Sie Harmonie. Und es entsteht eine Atmosphäre, in der Sie gemeinsam durchaus ein paar Verbesserungen erreichen. Wichtig ist, dass Sie nicht nur die Fehler der anderen sehen, sondern auch die eigenen Schwächen im Blick behalten.

⚷tr ♏

Improvisierte Veränderungen

Ihre besondere Stärke liegt im lockeren und zugleich versierten Umgang mit der Macht. Sie vermeiden es, zwanghaft Veränderungen herbeizureden. Lieber gehen Sie Stück für Stück vor und haben dabei stets auch sich selbst im Auge.

Sie haben Macht über sich selbst. Schwächen an sich und anderen können Sie akzeptieren, unlösbare Probleme auf morgen verschieben.

⚷tr ♐

Improvisierte Religiosität

Ihre besondere Stärke liegt jetzt im Finden neuer Möglichkeiten und Chancen. Sie treten als Förderer auf und finden auch für sich selbst Gönner.

Der Trick besteht darin, sich nicht über jede Kleinigkeit aufzuregen. Das große Ganze muss im Blick behalten werden. Diese Toleranz wird Ihr jeweiliges Gegenüber zu schätzen wissen.

⚷tr ♑

Improvisierte Karriere

Ihre besondere Stärke liegt in der Flexibilität, mit der Sie Ihre langfristigen Ziele angehen. Dabei schauen Sie nicht zu sehr aufs Detail und akzeptieren Unzulänglichkeiten, sowohl bei sich selbst als auch in der Gesellschaft. Verantwortung tragen Sie gerne. Sie wissen genau, dass Ihre Untergebenen und Kollegen ihr Menschenmöglichstes geben. Und mehr verlangen Sie auch nicht. Fehler dürfen gemacht werden und können notfalls später noch korrigiert werden.

⚷tr ♒

Improvisierte Gruppenarbeit

Ihre besondere Stärke liegt in der Lockerheit und Toleranz, mit der Sie sich in der Gesellschaft bewegen. Ihnen ist grundsätzlich klar, dass Verbesserungen nicht von heute auf morgen kommen. Dafür muss man Bündnispartner gewinnen, und das am besten durch Toleranz. Viele werden erstaunt darüber sein, wie Sie jetzt mit Problemen umgehen. Je lockerer Sie auftreten, umso größer ist Ihr Rückhalt in sozialen Gruppierungen.

⚷tr ♓

Improvisierte Opferungen

Ihre besondere Stärke liegt jetzt im Rückzug von den Alltäglichkeiten dieser Welt. Sie beschäftigen sich mit sich selbst und Ihren Problemen, jedoch nicht selbstzerfleischend, sondern mit Liebe und Toleranz. So gelingt es Ihnen, Stück für Stück ein klein wenig an Ihrer Situation zu verbessern.

Sie haben erkannt, dass es absolut nicht notwendig ist, perfekt zu sein. Niemand muss das sein. Wichtig ist nur, zu einer gewissen Form von Selbstzufriedenheit zu kommen. Dann kann man das an sich selbst und an der Welt verändern, was veränderbar ist. Und um den Rest braucht man sich sowieso nicht zu kümmern.

Aspekte Chirons im Lunar

⚷tr ☾tr ⚹△☌

Notgemeinschaft

Von unerwarteter Seite kommt Verständnis für die tiefen Schmerzen und Sehnsüchte, die tief in der Seele brodeln. Und tatsächlich lässt sich das eine oder das andere wirklich regeln, lindern und vielleicht sogar heilen.

⚷tr ☽tr □☍

Missverständnis

Nicht alles lässt sich mit analytischem Verstand regeln. Eine Zeit der Missverständnisse und irritierenden Konflikte in einer Welt jenseits des Mainstreams.

⚷tr ♅tr ⚹△☌

Feinschliff

Es könnten jetzt viele Dinge auf einmal geschehen. Zumindest kommt es einem so vor. Es ist ganz wichtig, dass Sie sich nicht in Details verlieren. Bei der anstehenden Feinarbeit sollten Sie sich wirklich nur mit dem Notwendigsten befassen. Es besteht die Gefahr, dass durch übertriebene Pedanterie neue Fehler entstehen.

⚷tr ♅tr □☍

Zersplitterung

Es passiert jetzt absolut zu viel. Zumindest haben Sie den Eindruck. Sie verlieren sich in Details und machen viel mehr, als eigentlich notwendig ist. Es besteht die Gefahr, dass durch übertriebene Detailgenauigkeit neue Fehler entstehen.

⚷tr ♆tr ⚹△♂

Verwundungen

Sie erleben ein reges Traumleben. Leider gelingt es Ihnen nicht, jedes Detail in Ihr Wachbewusstsein hinüberzuretten. Auch könnten verstärkt Nöte und Sorgen auftreten. Sie müssen sich bemühen, in der Vergangenheit erlittene Wunden zu akzeptieren. Es hat keinen Zweck, hektisch in ihnen herumzustochern.

⚷tr ♆tr □☍

Verwirrungen

Sie leiden unter einem komplizierten Traumleben, und es gelingt Ihnen nicht, all das Erlebte in Ihr Wachbewusstsein hinüberzuretten. In Ihren Fantasien könnten verstärkt Nöte und Sorgen auftreten. Es fällt ungeheuer schwer, in der Vergangenheit erlittene Wunden zu akzeptieren.

⚷tr ♇tr ⚹△♂

Manipulationsversuche

Sie haben das Bedürfnis, einiges an Veränderungen durchzuführen. Allerdings sind Sie äußerst skeptisch, was die Herangehensweise betrifft. Sie stellen Macht an sich infrage und spüren, dass ihr Missbrauch auf Sie selber zurückschlagen kann.

⚷$_{tr}$ ♇$_{tr}$ □☍

Manipulationschaos

Wie unter Zwang wollen Sie Veränderungen durchführen. Allerdings finden Sie nicht die richtige Methode. Wichtig ist, dass Sie sich darüber bewusst sind, dass jeglicher Missbrauch von Macht auf Sie selbst zurückfallen könnte.

Aspekte Chirons zum Radix

⚷$_{tr}$ Asc$_{Rad}$ ⚹△☌

An Macken zu arbeiten

Sie zeigen sich von ihrer skurrilsten Seite und legen Ihre Schwachpunkte ganz offen auf den Tisch. Von Äußerlichkeiten lassen Sie sich nicht blenden. Zudem sind Sie sehr hilfsbereit und kümmern sich um viele Menschen.

Dahinter steckt aber das große Bedürfnis, selbst geheilt zu werden. Und noch weiter dahinter der unbewusste Wunsch nach Perfektion.

⚷tr Asc Rad □♂

Viel zu geben

Im Partnerschaftsbereich machen Sie einige Dinge komplizierter, als sie sowieso schon sind. Im zwischenmenschlichen Bereich könnten sich kleine Missverständnisse hochschaukeln. Man konzentriert sich zu sehr auf die Fehler des anderen, pflegt ein übertriebenes Problembewusstsein.

⚷tr MC Rad ⚹△♂

Den Chef therapieren

Sie erleben im Berufsleben jetzt so einiges an Problemen, vor allem mit Vorgesetzten. Gerade dort sehen Sie ganz gewaltige Macken, speziell bei bestimmten Personen.

Das kann Sie verlocken, zu sehr in die Analyse von Charakterschwächen bestimmter hochrangiger Personen einzusteigen. Es kann nur gut gehen, wenn Sie Ihre Erkenntnisse selbstkritisch reflektieren und es vermeiden, charakterliche Veränderungen bei Ihren Vorgesetzten einzuklagen.

⚷ tr MC Rad □☍

Die Familie therapieren

Sie erleben im Privatleben jetzt so manche Probleme, vor allem mit Verwandten. Es lockt Sie, tief in die Analyse der Charakterschwächen bestimmter nahestehender Personen einzusteigen. Das wird wahrscheinlich nicht gut gehen. Selbstkritik ist angebracht.

⚷ tr ☉ Rad ⚹△☌

Zipperlein

Eventuell treffen Sie jetzt auf Mitmenschen, die Verklemmungen in Ihnen auslösen. In deren Gegenwart fühlen Sie sich irgendwie nervös und unsicher, vielleicht sogar peinlich berührt.

Es gibt jetzt nur die Möglichkeit, entweder so schnell wie möglich zu verschwinden oder die Spannung aufzulösen. Dies geschieht am besten, wenn Sie gleichermaßen über die Schwächen des anderen als auch über Ihre eigenen Schwächen hinwegsehen. Nobody is perfect.

⚷tr ☉Rad □♂

Unpässlichkeiten

Bestimmte Menschen lösen Verklemmungen in Ihnen aus. Sie müssen sich mitpersönlichen Schwächen arrangieren. Dies kann ungeheuer schwer werden. Versuchen sie, Ihre eigene Unzulänglichkeit zuzulassen. Dann werden Sie auch toleranter Ihren Mitmenschen gegenüber.

⚷tr ☽Rad ⚹△♂

Innerliche Spannungen

In der Gegenwart einer ganz bestimmten Person spüren Sie sich unsicher und irgendwie haltlos. Versuchen Sie, dies nicht zu verbergen. Sprechen Sie Ihre augenblicklichen Befindlichkeiten offen aus. Sie können sich gegenseitig austauschen und voneinander eine ganze Menge lernen.

⚷tr ☽Rad □♂

Innerliche Zerrissenheit

Sie fühlen sich nicht wohl in Ihrer Haut. Entweder stimmt ihr Körpergewicht nicht, oder Sie haben etwas Unpassendes an, oder es gibt Ernährungsprobleme, oder, oder .... Möglicherweise sind Sie überempfindlich. ›Leider‹ sehen Sie sich gezwungen, sich genau so zu akzeptieren, wie Sie nun einmal sind.

⚷tr ☿Rad ⚹△☌

Sollbruchstellen

Bei gewissen Menschen erleben Sie immer wieder Störungen und Missverständnisse, besonders in der Kommunikation. Es gibt jetzt nicht die Möglichkeit, den Grund hierfür zu erfahren. Nehmen Sie es mit Humor, entwickeln Sie einen Sinn fürs Skurrile.

⚷tr ☿Rad □☍

Nervenaufreibend

Jemand möchte Ihren Arbeitsablauf optimieren und macht dabei alles nur noch komplizierter, als es sowieso schon ist. Sie werden erkennen, dass es nicht möglich ist, die Situation zur Zufriedenheit aller zu lösen.

⚷tr ♀Rad ⚹△☌

Gestörte Harmonie

Manche Menschen wirken stressig auf Sie. Man kommt einfach nicht auf einen gemeinsamen Punkt. Und zu viel wird hinterfragt. Es ist fast wie beim Psychologen.

Vielleicht kennen Sie die verletzlichen Seiten des anderen zu sehr, als dass Sie Distanz halten können. Bemühen Sie sich um gegenseitigen Respekt.

⚷tr ♀Rad □☍

Unmögliche Harmonie

Die momentane Situation scheint Missverständnisse geradezu herauszufordern. Es ist Ihnen unmöglich, mit einer bestimmten Person auf einen Nenner zu kommen.

Versuchen Sie nichts zu erzwingen, was unmöglich ist. Eventuell finden Sie wechselseitig im anderen Schwächen und Fehler, die Sie vor der Welt verbergen wollen.

⚷tr ♂Rad ⚹△☌

Energiekontrolle

Ihre Handlungen sind jetzt stark problemorientiert. Sie wollen in die Räder des Schicksals eingreifen und das Schlimmste verhindern. Aber ist das wirklich nötig? Hüten Sie sich vor überstürzten Handlungen und kämpfen Sie nicht gegen Widersacher, wenn sie Ihre eigenen Schwachpunkte nicht kennen.

Bierernst

Eine Person in Ihrer Nähe legt einen ungeheuren Perfektionswahn an den Tag. Sie müssen schon eine gehörige Prise skurrilen Humor entwickeln, um das akzeptieren zu können.

⚷tr ♃Rad ⚹△☌

Schwachpunkte

Jemand möchte Ihnen helfen, damit Sie neues Vertrauen entwickeln. Problemthemen werden nicht ausgespart. Man wird Ihre Ehrlichkeit honorieren und großzügig über Mängel hinwegschauen. Das gibt Ihnen Kraft, die Situation von Grund auf anzugehen und entsprechend zu verbessern.

Misstrauen

Einer ganz bestimmten Person können Sie nicht das notwendige Vertrauen entgegenbringen. Allgemeine Schwächen akzeptieren Sie gerne. Doch dieser Eindruck verheißt nichts Gutes. Achten Sie darauf, sich selbst im Blick zu haben, und projizieren Sie nicht zu viele der eigenen Schwächen auf den Partner.

⚷tr ♄Rad ⚹△☌

Hilflosigkeit

Man reißt Sie aus dem Alltagstrott. Jemand möchte Ihre Situation verbessern. Sie sollten dies mit Dankbarkeit honorieren und eine gewisse Ehrlichkeit akzeptieren. Jetzt haben Sie genug Kraft, sich auch für Kritik zu öffnen. Und es fehlt auch nicht an der notwendigen Geduld, um Veränderungen im Alltagsleben durchzuführen.

⚷tr ♄Rad □☍

Handlungsgestört

Lassen Sie sich nicht durch lächerliche Kleinigkeiten aus der Fassung bringen. Möglicherweise sind Sie innerlich zu verkrampft und achten zu sehr auf Ihre Sicherheit. Nehmen Sie Hilfsangebote ernst, aber treffen Sie Ihre Entscheidungen vorsichtig und überlegt.

⚷tr ⚷Rad ⚹△☌

Augen auf

Möglicherweise haben Sie sich zu sehr um andere gekümmert und dabei vergessen, wie es um Sie selbst bestellt ist. Ein allzu starker Idealismus kann auch eine Flucht vor den eigenen Schwächen sein. Korrigieren Sie das, was jetzt unbedingt notwendig ist. Aber setzen Sie sich nicht zu sehrunter Druck. Ein übertriebener Perfektionsanspruch würde Sie zur Verzweiflung bringen.

⚷tr ⚷Rad □☍

Selbstheilung

Eventuell spüren Sie sich momentan zu sehr als Opfer und leiden unter einer großen Verletzlichkeit. Akzeptieren Sie Ihre eigenen Fehler. Bemühen Sie sich, trotz allem zufrieden mit dem Leben zu sein. Lassen Sie kein Selbstmitleid zu.

⚷tr ☽Rad ⚹△☌

In Rage geraten

Sie fühlen sich verlockt, Therapeut für eine ganz bestimmte Person zu spielen. Dabei werden Sie sich vielleicht die Finger verbrennen. Es ist ganz wichtig, dass Sie eine gewisse Distanz aufrechterhalten. Gehen Sie mit heißem Herzen an die Sache heran. Aber bewahren Sie zugleich einen kühlen Kopf.

⚷tr ☽Rad □☍

Kompliziertheiten

Ihre Fähigkeit zur Selbstanalyse wird von einer ganz bestimmten Person in Zweifel gezogen. Sie sind irritiert und stellen möglicherweise Ihre ganze Existenz infrage. Das wäre aber völlig übertrieben. Man möchte nur ein Spielchen mit Ihnen treiben und schauen, wie weit Sie zu gehen bereit sind.

⚷tr ⛢Rad ⚹△♂

Selbstaufgabe

Eine Person in Ihrer Nähe verunsichert sie, konfrontiert Sie mit Ihren Ideen und Idealen. Sie fragen sich, wie sehr Sie sich angepasst haben und welche Teile Ihrer Persönlichkeit dabei aus dem Spiel geblieben sind.

Setzen Sie sich zum Wohl der Allgemeinheit ein. Aber verzichten Sie nicht auf die Befriedigung Ihrer eigenen Bedürfnisse.

⚷tr ⛢Rad □♂

Falsche Ideale

Vielleicht treffen Sie jetzt auf Zeitgenossen, die Gutes tun wollen, aber die falschen Mittel einsetzen. Achten Sie darauf, dass Ihre Hilfsbereitschaft und Ihr Idealismus nicht für unlautere Zwecke ausgenutzt werden. Es fällt Ihnen schwer, eine Situation wirklich genau zu analysieren.

⚷ tr. ♆ Rad. ⚹△♂

Skepsis

Sie sind jetzt fürchterlich sensibel und etwas chaotisch. Und es besteht eine gewisse Offenheit für irritierende Einflüsse. Notwendige Abgrenzungsmechanismen sind ausgeschaltet.

Diese Situation kann auch körperlich anstrengend werden. Schauen Sie sich nach alternativen Heilweisen um. Unkonventionelle Methoden sollten in Betracht gezogen werden. Jemand reicht Ihnen eine helfende Hand.

⚷ tr. ♆ Rad. □☍

Verständigung

Ihre Mildtätigkeit und Einfühlsamkeit wird auf eine harte Probe gestellt. Man verlangt zu viel von Ihnen und es fällt Ihnen sehr schwer, sich abzugrenzen. Vielleicht hilft es, darauf hinzuweisen, dass auch Sie nicht perfekt sind, und dass es Grenzen gibt, die Sie zu Recht nicht überschreiten wollen.

⚷tr ♇Rad ⚹△

Überflüssige Provokation

Eine Person in Ihrer Nähe wird versuchen, Sie in dunkle Geheimnisse und machtvolle Kreise einzuführen. Sie sind natürlich misstrauisch. Doch könnte daraus auch der eine oder andere Vorteil entstehen. Lassen Sie sich also ruhig informieren. Und schrecken Sie nicht vor dem etwas ungewöhnlichen Auftreten jenes Informanten zurück.

⚷tr ♇Rad □☍

Richtungswechsel

Manch einer versucht, Ihnen gut gemeinte Ratschläge zu geben. Sie fragen sich vielleicht, warum man sich mit Ihren persönlichen Angelegenheiten beschäftigen will. Misstrauen ist angebracht. Sie sollten sich wirklich gründlich informieren, bevor Sie Ihre Geheimnisse preisgeben.

Lilith

⚸

Die Natur achten

Bei diesem Horoskopfaktor handelt es sich um keinen Planeten, sondern um den astronomischen Schnittpunkt zwischen Sonnen- und Mondbahn. Lilith liegt gewissermaßen im Dunkeln, auf der äußeren Eklipse der beider Gestirne.

Die Astrologie nennt diesen Punkt Lilith, nach einer Göttin aus der jüdischen Mythologie, der ersten Frau Adams. Sie akzeptierte die Herrschaft der Männer nicht und verweigerte es, sich Adam zu unterwerfen. So verbannte der patriarchalische Gott sie aus dem Paradies. Seitdem streift sie umher in den Wäldern, unabhängig von jedweder gesellschaftlicher Moral, tötet hin und wieder Neugeborene, ist aber auch heilkundig und von starker sexueller Kraft.

Im Horoskop steht Lilith für gewaltsam aufbrechende psychische Kräfte, die kaum gesteuert werden können. Sie treten immer dann auf, wenn unsere innerste Natur vergewaltigt und unterdrückt wird. Dann findet der Wunsch nach tiefster Lebendigkeit eruptiv seinen Ausdruck.

Mit Lilith lernen wir, uns mit unseren innersten Triebkräften zu versöhnen und den Leidenschaften eine passende Ausdrucksform zu geben.

Lunar-Lilith in den Häusern

☾ I

Leidenschaftliche Durchsetzung

Momentan würden Sie sich selbst wahrscheinlich als schwach einschätzen. Von außen betrachtet wirken Sie machtvoll, auf manche Menschen sogar angsteinflößend.

Es ist ein dunkles Thema, das Ihnen auf der Stirne geschrieben steht. Man spürt deutlich, dass sich etwas in Ihrem Innersten offenbaren möchte. Allzu schnell sind Sie nicht bereit, die Karten auf den Tisch zu legen.

☾tr II

Leidenschaftliche Abgrenzung

Momentan spüren Sie vielleicht, dass es Ihnen körperlich nicht ganz so gut geht. Probieren Sie es doch mal mit einer körperlichen und seelischen Reinigung. Sie müssen Druck ablassen. Physisches und psychisches Gift muss raus. Jetzt in dieser Zeitphase kann es auch zu materiellen Verlusten kommen. Sie müssen Grenzen setzen, notfalls mit der Kraft Ihrer Emotionen.

☾tr III

Leidenschaftliche Kommunikation

Momentan spüren Sie, dass das Unterschwellige, das nur zwischen den Zeilen Ausgesprochene, eine ganz wichtige Bedeutung hat. Kraftvolle Emotionen brechen hervor. Das wirkt auf die anderen etwas bedrohlich. Vielleicht wissen Sie selbst nicht so genau, wie Sie Ihren starken Gefühlen einen Ausdruck verleihen können.

Es ist wie ein Spiel mit dem Feuer. Zu leidenschaftlich dürfen Sie nicht werden, denn das verschreckt nur. Zu wenig Leidenschaft jedoch würde bedeuten, dass Sie wichtige Herzensangelegenheiten nicht aussprechen.

☾ tr IV

Leidenschaftliche Wurzeln

Momentan gibt es Dinge in Ihrem Privatleben, die zwar eine enorme Bedeutung haben, aber offiziell immer noch mit Tabus behaftet sind. Die Beschäftigung mit diesen Themen lohnt sich. Doch Konflikte werden sich in diesem Zusammenhang kaum vermeiden lassen.

☾ tr V

Leidenschaftlicher Auftritt

Momentan zeigen Sie sich ungewöhnlich leidenschaftlich. Ihr Auftritt ist ein wenig Furcht einflößend, denn Sie gehen auch in Tabubereiche hinein. Sie sollten dennoch versuchen, Ihren Emotionen Ausdruck zu verleihen. Denn die sind es wert.

☾ tr VI

Leidenschaftliche Analyse

Momentan wird die Welt um Sie herum immer enger. Der Anpassungsdruck nimmt zu. Sie müssen etwas dagegen unternehmen und Ihrer wilden Seite mehr Raum verschaffen. Ansonsten würden Sie innerlich ersticken.

☾tr VII

Leidenschaftliche Partnerwahl

Momentan sind Sie fasziniert von Menschen, die abschreckend auf Sie wirken. Einerseits fühlen Sie sich verletzt, andererseits berührt. Die Gründe hierfür liegen tief in Ihrer Seele verborgen. Nehmen Sie die Verletzungen an, dann werden Sie an der Begegnung innerlich wachsen und reifen.

☾tr VIII

Leidenschaftliche Verwandlung

Momentan sind Sie fasziniert von verborgenen Geheimnissen, von Tabus und magischen Vorkommnissen. Sie beschäftigen sich mit Schattenthemen, kommen zu neuen Erkenntnissen und erschließen Kraftquellen. Dort können Sie Ihre Seele neu auftanken. Sie entwickeln eine ganz besondere geistige und emotionale Vorstellungskraft.

☾tr IX

Leidenschaftliche Perspektiven

Momentan sucht Ihre Seele nach einem Platz in anderen Welten, in anderen Kulturen, Philosophien und Religionen. Sie brauchen Mut, um sich in dieses Abenteuer zu stürzen. Es wird Sie bereichern und reifer werden lassen.

☾tr X

Leidenschaftliche Ziele

Momentan müssen Sie sich neu positionieren. Dabei spielen Ihre tiefen, bislang unausgelebten Emotionen eine große Rolle. Wenn Sie psychische Kräfte kraftvoll einsetzen, werden Sie Ihre Karriere ein ganzes Stück voranbringen. Dabei dürfen Rachsucht oder falsche Eitelkeit allerdings keine Rolle spielen.

☾tr XI

Leidenschaftliche Freundschaften

Momentan müssen Sie sehr genau schauen, welchen Idealen Sie hinterherlaufen. Sie wollen Emotionen einen größeren Raum geben. Dies soll in aller Öffentlichkeit geschehen. Aber Skandale sind nur dann zu vermeiden, wenn Sie nicht zu fanatisch auftreten und sich einer künstlerischen Ausdrucksform bedienen.

☾tr XII

Leidenschaftliche Fantasie

Momentan schlägt Ihre Traumwelt Blüten. Verwirrende Gedanken und Bilder gehen Ihnen durch den Kopf. Große Freude wechselt mit tiefer Trauer. Sie sind emotional ungeheuer angreifbar. Schlacken lösen sich von Ihrer verkrusteten Psyche. Gift fließt ab. Ihre Seele entkrampft.

Lunar-Lilith in den Zeichen

☾tr ♈

Negative Resonanz

Es ist jetzt nicht leicht, sich zu behaupten. Man spürt starke Unsicherheiten. Und es gibt Zweifel beim Betreten von Neuland. Diese innerseelische Haltung wirkt sich auf Ihre Umgebung aus. Nur wenn Sie Ihren tiefsten Gefühlen genug Raum geben, werden Sie negative Reaktionen vermeiden können.

☾tr ♉

Selbstzweifel

Sie spüren, wie Minderwertigkeitsgefühle hochkommen. Der Druck der materiellen Verhältnisse scheint Sie zu zwingen, tiefe Leidenschaften aufzugeben, nur um der Sicherheit willen.

Körperlich würde das jedoch starke Belastungen mit sich bringen. Sie müssen Ihre seelischen Werte deutlich zum Ausdruck bringen. Dies ist der einzig richtige Weg.

☾ tr ♊

Verständigungsschwierigkeiten

Sie wollen das, was in Ihnen brodelt, durch Worte oder schriftlich zum Ausdruck bringen. Dies ist gar nicht so leicht, denn es handelt sich um starke Emotionen, die tief in Ihnen wühlen und sich nicht unbedingt intellektuell erfassen lassen.

Folglich ist Ihre Ausdrucksform manchmal eruptiv, dann wieder zurückhaltend und gehemmt. Versuchen Sie, Ihre Kommunikation flexibel zu gestalten. Gebrauchen Sie Bilder und Gleichnisse.

☾ tr ♋

Ungeliebt sein

Sie möchten den anderen jetzt sehr, sehr nahe sein. Auch wildfremden Menschen gegenüber hegen Sie familiäre Gefühle. Dadurch spüren Sie viel Geborgenheit. Allerdings erleben Sie auch genau das Gegenteil, also starke Verlassenheitsgefühle.

Erinnerungen aus der Kindheit steigen auf. Versuchen Sie jetzt nicht, all das, was Sie damals nicht bekommen haben, jetzt und sofort nachzuholen.

☾tr ♌

Zwangsverhalten

Sie bringen Ihre Leidenschaften zum Ausdruck, also all das, was Leiden schafft. Damit berühren Sie die Herzen vieler Menschen, im Positiven wie im Negativen. Sie müssen sich im Klaren sein über die Palette an Wirkungen, die Ihr Auftritt hervorrufen könnte.

Es ist also eine Menge Widerstand zu erwarten. Doch wird Sie das Abschrecken? Sie fühlen sich jetztprimär Ihrer eigenen Seele gegenüber verantwortlich.

☾tr ♍

Imperfektion

Sie werden in diesen Wochen versuchen, gründlich aufzuräumen, in der Innenwelt und in der Außenwelt. Ordnung muss sein, allerdings nicht gemessen nach den sogenannten normalen Kriterien, sondern nach den Maßstäben der Seele. Sie werden überflüssige Konventionen über Bord werfen müssen. Die Ordnung, die sie jetzt anstreben, ist eine Ordnung der Seele und der Natur - und nicht eine der Zivilisation und Kultur.

☾tr ♎

Dominanzbedürfnis

In der Partnerschaft möchten Sie jetzt bildlich gesprochen oben liegen. Sie möchten bestimmen und nicht nur gehorchen, die Initiative ergreifen und nicht nur Befehle ausführen. Dies geht so lange gut, wie man sich an die gesellschaftlichen Konventionen hält. Genau das aber lehnt Ihr Innerstes ab. Wagen Sie ruhig neue Formen der Partnerschaft, spielen Sie mit den Opfer- und Täterrollen.

☾tr ♏

Machtmissbrauch

Sie sind jetzt so nahe an einen Menschen herangekommen, dass sich kaum noch zwischen Ich und Du unterscheiden lässt. Sie könnten ihn auffressen, doch gleichzeitig besteht die Gefahr, dass Sie emotional aufgefressen werden.

Es entsteht ein teuflischer Kreis von gegenseitiger Abhängigkeit. Man fügt sich Verletzungen zu und kann doch nicht voneinander lassen. Genießen Sie die Zeit, denn sie ist intensiv und lässt uns vergessen, dass wir alle doch nur sterblich sind, und Kinder der Zeit.

☾tr ♐

Aufbruchsstimmung

Sie suchen nach dem Sinn des Lebens und geben sich nicht mit den konventionellen Staatsreligionen zufrieden.

Inspiration holen Sie sich im Altertum bei den alten Griechen oder Germanen, oder bei den Naturvölkern, die noch draußen in der Wüste, in der Steppe in den Wäldern oder im Dschungel leben, ganz nahe dran am ewigen Kreislauf zwischen Werden und Vergehen.

☾tr ♑

Selbstfindung

Sie möchten durchaus Karriere machen, haben aber Angst, mit Ihrer ganz besonderen Eigenart abgelehnt zu werden. Erinnerungen an Abweisungserlebnisse in der Kindheit kommen hoch. Überanpassen können Sie sich jetzt nicht, nurunter großen Verkrampfungen, was Ihnen sowieso niemand abkaufen würde. Zeigen Sie also beruflich nur mehr von Ihren Gefühlen. Das wirkt glaubhaft und löst Ihre innere Spannung.

☾tr ♒

Sarkasmus

Sie möchten Ihre wilden Leidenschaften am liebsten in der Gruppe ausleben. Allerdings fällt es Ihnen schwer, Gleichgesinnte zu finden. Sie zeigen zu wenig von sich selbst.

Dies sollten Sie aberunbedingt tun. Denn sonst würden Sie sich frustriert in die Schmollecke zurückziehen. Dann bestände die Gefahr, dass Sie eine ablehnende und verachtende Haltung der Welt gegenüber einnehmen.

☾tr ♓

Opferhaltung

Nur im Rückzug und in der Einsamkeit finden Sie nun denjenigen Freiraum, den Sie zum Ausleben Ihrer tiefsten Gefühle und Leidenschaften brauchen. Ein Gang in die wilde Natur könnte helfen, die Ventile Ihrer Seele wieder zu öffnen.

Aspekte der Lilith im Lunar

☾tr ⛢tr ⚹△♂

Blitzbefreiung

Es gelingt Ihnen, starken Emotionen eine ungewöhnliche Ausdrucksmöglichkeit zu verleihen. Man muss den Mut honorieren, der dazu gehört, derart sein Innerstes nach außen zu kehren.

☾tr ⛢tr □♂

Blitzartige Störungen

Starke Emotionen, die lange unterdrückt wurden, brechen blitzartig auf. Das kann schockierend wirken. Fraglich ist, ob diese abrupte Selbstdarstellung dauerhaft etwas bewirken kann.

☾tr ♆tr ⚹△♂

Märtyrerspiele

Mit starken Gefühlen leben Sie in der Welt der Träume. Und auch im Alltag wird die Fantasie nun eine große Rolle spielen. Doch nicht alles, was Ihnen vor den inneren Augen erscheint, ist liebevoll und sanftmütig. Bislang tabuisierte oder sonst wie unbewusst gebliebene Gefühle drängen hoch. Ein wenig kokettieren Sie mit der Opferrolle, einer machtvollen Position.

☾tr ♆tr □♂

Märtyrerrollen

Nicht alles, was Ihnen vor dem inneren Auge erscheint, ist liebevoll und sanftmütig. Bislang tabuisierte oder sonst wie unbewusst gebliebene Gefühle drängen hoch.

☾tr ♇tr ⚹△♂

Machtgebrauch

Sie bewegen sich jetzt in einer Schattenwelt, in der anscheinend nur Licht und Dunkel existieren, Freund und Feind. Sie wollen nicht zu den Opfern gehören, kokettieren deshalb im Zweifelsfall meist mit der Rolle des Täters.

⚸ tr ♇ tr □☍

Machtmissbrauch

Sie könnten auf ganz erheblichen Widerstand treffen. Der größte Feind ist jedoch Ihre Leidenschaftlichkeit, ein kräftiger Strom, der nur schwerlich in Bahnen gelenkt werden kann.

Aspekte der Lilith zum Radix

⚸ tr Asc Rad ⚹△☌

Keine Angst

Mit merkwürdigen Eigenbrötlern kommen Sie zusammen. Sie sind jetzt besonders offen für jeden, der anders ist, der sich nicht anpasst und dafür auch Armut in Kauf nimmt oder den Ausschluss aus der Gemeinschaft.

☾tr Asc Rad □☍

Angst vor dem anderen

Sie finden Möglichkeiten, eine bestehende Partnerschaft zu erweitern oder neue, ungewöhnliche Menschen kennenzulernen. Allerdings sind diese Kontakte immer besonders intensiv. Sie spüren eine große Scheu in Ihrem Inneren und gehen übervorsichtig auf den anderen zu.

☾tr MC Rad ⚹△♂

Vetternwirtschaft

Sie werden im Berufsleben mit merkwürdigen Menschen konfrontiert. Es erstaunt Sie, wie solche Leute in einflussreiche Positionen kommen. Möglicherweise spüren Sie eine gewisse Ablehnung. Trotzdem bemühen Sie sich, möglichst offen und vorurteilsfrei aufzutreten.

☾tr MC Rad □☍

Knüppel zwischen die Beine

Die jetzigen Probleme am Arbeitsplatz könnten mitpsychischen Krisen zu tun haben, die Ihrem Privatbereich entstammen. Beruf und Familie dürfen sich nicht vermischen. Sie müssen sich mit den aufwühlenden Emotionen in Ihrem Privatleben beschäftigen. Sie sollten die Situation selbstkritisch analysieren und dann dort lösen, wo sie aufgetreten ist: Zu Hause.

☾tr ☉Rad ⚹△♂

Herzenswärme

Für eine gewisse Zeit tritt eine Person in Ihr Leben, die traurige Gefühle einfach nicht mehrunterdrücken kann. Lassen Sie diese starke Emotionalität zu, dann fühlen Sie sich bald seelisch stärker.

Wer etwas Schreckliches erlebt, dies aber im Nachhinein eindrucksvoll und selbstbewusst darstellen kann, erntet viel Applaus. Ein offensichtlich magischer Vorgang.

Schattenseiten des Lebens

Zwar will Sie jetzt niemand angreifen, Sie fühlen sich dennoch verletzt. Die schattenhaften Seiten des Lebens treten in den Vordergrund. Es gelingt Ihnen nicht gut, oberflächlich darüber hinwegzugehen. Sie nehmen viele Dinge sehr persönlich. Die herzlichen Strahlen der Sonne sind momentan vom dunklen Schatten des Mondes verdeckt. Bald wird es wieder heller werden.

☾tr ☽Rad ⚹△♂

Familiäre Verwicklungen

Sie spüren, dass es gewisse dunkle Themen in Ihrer Familie gibt, die aufgearbeitet werden können. Und jetzt ist dafür ein recht günstiger Zeitpunkt. Man möchte sich näher kommen und ahnt, dass dies nur über Ehrlichkeit möglich ist, über das Bearbeiten solch negativer Gefühle wie Neid, Missgunst und Rachsucht. Es geht nicht um gemeinsames Trübsalblasen. Sie wollen nur die häusliche Atmosphäre reinigen. Man wird erstaunt sein, wie leicht das ist.

☾tr ☽Rad □☍

Gift muss raus

Es gibt Dinge, die in Ihnen bohren und Sie quälen. Es ist, als ob Sie etwas Falsches gegessen hätten, nur im übertragenen Sinne. Sie müssen sich mit Gefühlen von Wut, Trauer, Verletzung und Enttäuschung beschäftigen.

Die Art und Weise, wie das geschieht, das ist nebensächlich. Wichtig ist nur, dass Sie nicht ausweichen und sich dem Problem stellen. Nur so kann sich Ihr emotionaler Zustand in den nächsten Wochen verbessern.

☾tr ♀Rad ⚹△♂

Körpersprache

Was Sie jetzt ganz spontan mitteilen wollen, nimmt man sehr ernst. Trotzdem kann es verletzend wirken. Achten Sie sehr auf Ihre Worte. Aber artikulieren Sie sich ruhig auch mit Händen und Füßen, lassen Sie Ihren Körper sprechen. Das hilft, Missverständnisse zu vermeiden. Man verlangt von Ihnen wirkliche Ehrlichkeit.

☾tr ♀Rad □☍

Nerven behalten

Einige unbequeme Wahrheiten müssen ausgesprochen werden. Es kommt nur sehr auf die Art und Weise an, wie dies geschieht. Momentan ist dafür kein optimaler Zeitpunkt.

Wenn Sie dennoch zur Stellungnahme gezwungen werden, müssen Sie vorsichtig sein. Behalten Sie die Nerven und werden Sie nicht hysterisch. Auf ungerechtfertigte Vorwürfe gehen Sie besser gar nicht erst ein.

☾tr ♀Rad ⚹△♂

Schwachpunkte kennen

In diesen Tagen sind sie ungewöhnlich aufgeschlossen gegenüber Menschen, mit denen Sie normalerweise nichts zu tun haben. Diese Leute stochern im Dunklen, sprechen Dinge aus, die zwar wahr sind, deren Erwähnung aber die allgemeine Harmonie stört.

Sie können mit diesen Menschen dennoch gut umgehen, weil Sie wollen, dass es ehrlicher zugeht.

☾tr ♀Rad □♂

Hysterie vermeiden

Es sind einige Probleme unter den Tisch gekehrt worden. Das rächt sich nun. Es kann zu einer Krisensituation kommen. Eventuell droht ein kleiner Skandal, der allen an die Nieren geht. Die Situation wirkt körperlich belastend.

Man akzeptiert keine oberflächlichen Ausreden mehr. Vermeiden Sie Hysterie. Vieles von dem, was man sich jetzt gegenseitig an den Kopf wirft, ist leider wahr. Darauf sollte eingegangen werden.

☾tr ♂Rad ⚹△☌

Brenzlige Situation

Allzu stürmisches Vorwärtspreschen kann sie in eine gefährliche Situation bringen. Sie werden Ihre Impulse vielleicht nur schwer in den Griff bekommen. Mit etwas Glück gelingt es Ihnen, die Situation zu retten. Üben Sie keinen Druck aus und keinen Zwang.

☾tr ♂Rad □☍

Störende Impulse

Allzu stürmisches Vorwärtspreschen kann sie in eine gefährliche Situation bringen. Sie werden Ihre Impulse nur schwerlich in den Griff bekommen. Mit etwas Glück gelingt es Ihnen jedoch, die Situation zu retten. Üben Sie keinen Druck aus und keinen Zwang.

☾tr ♃Rad ⚹△☌

Ungewöhnliche Verbündete

Es nützt Ihnen nichts, wenn Sie den großen Lehrmeister spielen. Gewisse Leute kann man mit rationalen Argumenten einfach nicht gewinnen. Es wäre ein großer Fehler, wenn Sie sich jetzt für etwas Besseres halten und dies auch noch laut herausposaunen.

Vielleicht gelingt es Ihnen, Verbündete für Ihre Ziele zu finden. Sie arbeiten an Projekten, bei deren Verwirklichung Sie auf wirklich jedermann angewiesen sind. Sie sollten sich jene Unterstützung holen, die Sie brauchen. Die Schwächen der anderen müssen akzeptiert werden.

Trotz allem

Es ist sicherlich nicht leicht, mit Ungerechtigkeiten fertig zu werden. Versuchen Sie, zu verstehen, wie Leute aus der Verzweiflung heraus handeln. Es nützt Ihnen nichts, den großen Lehrmeister zu spielen. Gewisse Leute sind mit rationalen Argumenten einfach nicht zu gewinnen. Es wäre ein großer Fehler, wenn Sie sich jetzt für etwas Besseres hielten und dies laut herausposaunten.

Grundsätze überprüfen

Man rüttelt an Ihren Grundsätzen. Ihre gesellschaftliche Stellung wird zwar nicht infrage gestellt, aber Sie müssen ziemlich viel schlucken. Kritik kann dennoch hilfreich sein. Normalerweise identifizieren Sie sich mit der Rolle, die Sie in der Gesellschaft spielen müssen. Doch es besteht die Gefahr, dass Sie an sich selbst vorbei leben.

☾tr ♄Rad □☍

Überflüssiger Ballast

Sie dürfen sich jetzt nicht so sehr an Althergebrachtes klammern. Dadurch verkrampfen Sie nur. In dieser Situation häufen sich die Probleme. Sie sehen sich scheinbarunberechtigter Kritik ausgesetzt. Nutzen Sie die Situation, um sich von falschen Grundsätzen zu trennen. Dann erreichen Sie Ihr Ziel.

☾tr ⚷Rad ⚹△☌

Selbstheilungskräfte

Dies ist eine kraftvolle Heilungsphase. Sie werden für einen kurzen Moment mit all Ihren Schwächen und Macken akzeptiert. Man durchschaut Sie, nimmt Sie aber dennoch ernst. Gemeinsam können Sie viel Gutes für sich und auch für die anderen bewirken. Sie können sogar beides in Einklang bringen.

☾tr ⚷Rad □☍

Selbstlosigkeit

Normalerweise geben Sie die besten Ratschläge und wissen immer eine Lösung. Doch diesmal fühlen Sie sich selbst so hilflos. Jemand stichelt auf Sie ein. Man macht Ihnen deutlich, dass Sie sich in der Vergangenheit zu wenig um Ihre eigenen Probleme gekümmert haben. Sie sollten all das, was Sie anderen raten, auch einmal auf Ihr eigenes Leben anwenden.

☾tr ☾Rad ⚹△♂

Negative Gefühle

Sie können sich jetzt sehr gut mit schmerzlichen Erlebnissen aus Ihrer Vergangenheit auseinandersetzen. Dadurch wird Ihr Leben reichhaltiger. Sie geben natürlichen Impulsen mehr Raum und lassen Spontaneität zu. So bekommen Sie größeren Tiefgang und strahlen bald wieder mehr Fröhlichkeit aus.

☾tr ☾Rad □♂

Unsinnige Schuldgefühle

Sie haben sich etwas in Ihren Leidenschaften verirrt. Und Sie fühlen sich schuldig, vielleicht für Dinge, die jemand anderes getan hat. Das tut weh. Wut steigt in Ihnen auf. Sie müssen wieder lernen, den Lauf der Natur zu verstehen. Machen Sie das Beste aus der Situation. Leicht ist es nicht.

☾tr ⛢Rad ⚹△♂

Natürlichkeit

Sie fühlen sich sehr frei und unabhängig. Doch wird von Ihnen mehr Tiefgang, mehr Einfachheit und mehr Natürlichkeit verlangt. Sie stoßen an gewisse Grenzen und müssen sich eine Auszeit nehmen.

Verändern Sie Ihren ganzen Lebensrhythmus. Dabei werden Ihnen ungewöhnliche Leute helfen. Das Intellektuelle ist nur nebensächlich. Es geht vielmehr um tiefe, dunkle und leidenschaftliche Gefühle.

Unliebsame Zeitgenossen

Es gelingt Ihnen jetzt nicht so gut, Distanz zu wahren, besonders nicht gegenüber scheinbarunangenehmen Menschen. Zeitmangel wird als Ausrede nicht akzeptiert. Vielleicht ist es eine gewisse Unsicherheit im emotionalen Bereich, die Sie davon abhält, sich wirklich zu öffnen. Für Ihr körperliches und seelisches Wohlbefinden ist es notwendig, den Stress zu reduzieren.

Psychospielchen

In der jetzigen Situation sind Sie sehr offen und es fällt Ihnen leicht, mit fast allen Menschen in Kontakt zu treten. Ihr Gefühlsleben hat einen enormen Tiefgang. Sie können auch mit schmerzhaften Gefühlen gut umgehen. Förderlich ist eine Bereitschaft, jenen zu verzeihen, die einem in der Vergangenheit starke Verletzungen zugefügt haben.

☾tr ♆Rad □♂

Falsche Freundschaft

Sie erkennen, dass die Welt kein Paradies ist, und unterziehen sich schmerzhaften Erfahrungen. Es wäre jetzt wirklich nicht gut, gewissen Menschen blind zu vertrauen. Hüten Sie sich vor falschen Freunden. Und lassen Sie sich nicht von Emotionen beherrschen.

☾tr ♇Rad ⚹△♂

Lächerliches Kinderspiel

Sie werden sich jetzt mit Machtspielen auseinandersetzen müssen. Man spielt mit Emotionen und es gelingt Ihnen, auf die Seite der Sieger zu kommen. Verschwenden Sie keine Zeit mehr mit überflüssigen Konflikten. Konzentrieren Sie sich ganz auf den Durchbruch. In gewissen Situationen gelingt es Ihnen, gekonnt Druck auszuüben. Finanzielle Vorteile sind möglich.

☾tr ♇Rad □♂

Konfrontation mit Schmerz

Sie werden machtvoll mit Erlebnissen aus der Vergangenheit konfrontiert, die Sie emotional noch nicht ganz verarbeitet haben. Es gelingt nicht so ohne Weiteres, zur normalen Routine zurückkehren. Verstecken Sie sich nicht in Ihrem Schneckenhaus. Verändern Sie wirklich etwas, und zwar ganz konkret in Ihrem Alltag.

Uranus

♅

Unabhängig sein

Dieser Planet weit außerhalb der Bahn von Saturn, dem bis dato erdfernsten Planeten, wurde zur Zeit der Französischen Revolution entdeckt, mithilfe des damals ganz neu entwickelten Teleskops. Themen wie technische Innovation, Freiheit, plötzliche Veränderung und Revolution spielen bei der Deutung von Uranus‹ astrologischer Stellung eine große Rolle.

Es geht um die geistige Weiterentwicklung des Individuums, die stets einhergehen muss mit der Loslösung aus angestammten Wurzeln, Herkunft und Familie. Dies ist meist verbunden mit der Suche nach Gleichgesinnten, mit denen man seine Interessen teilen kann und denen man sich emotional und geistig näher fühlt als den eigenen Verwandten.

Uranus gehört mit Neptun und Pluto zu den Transsaturniern, jenen Horoskopfaktoren, die der Mensch konkret gegenständlich in seinem Leben nicht erfassen kann. Deshalb erlebt man ihre Wirkung schicksalhaft. Nur über das kollektive Unbewusste findet sich ein Zugang zu ihnen. Zeitliche Auslösungen von Uranus sind im Lunar-Horoskop abrupt und plötzlich. Charakteristisch für diesen Planeten ist ein verändertes Zeitgefühl. Lange Zeit geschieht überhaupt nichts. Was den Uranus zugeordneten Lebensbereich betrifft, so empfindet man oft Leere, Phlegma und Langeweile. Dann auf einmal entlädt sich seine Energie blitzartig und schafft neue Fakten. Es kann zu unwiederbringlicher Zerstörung kommen, wie bei einem Glas, das vom Tisch zu Boden fällt und in tausend kleine Stücke zerbricht.

Oder es geschieht ein Neuanfang. Ketten werden gesprengt, Kerker öffnen sich. Uranus kann mühselig Erbautes in einem Moment zusammenreißen. Aber er verhilft auch zu genialen Geistesstreichen. So schafft die Energie dieses Planeten eine Basis für Erfolg versprechende Karrieren. Sieben Jahre bleibt Uranus jeweils in einem Zeichen. Wichtig für das monatlich wirksame Lunar-Horoskop ist vor allem seine Häuserposition.

Lunar-Uranus in den Häusern

⛢tr ⊥

Unruhiges Auftreten

Es kommt zu Veränderungen in der äußeren Erscheinung. Auch kann sich die ganze Einstellung zu Leben schlagartig verändern. Man will mehr Selbstständigkeit und hat genug Ideen, wie man dafür die Voraussetzungen schafft. Eine große Überspanntheit prägt diese Zeit. Es besteht eine gewisse Unfähigkeit, sich anzupassen, was bis hin zur vollkommenen Unberechenbarkeit geht. Sie neigen zu Exzentrizität und sind ein klein wenig verrückt.

♅ tr II

Unruhige Finanzen

Sie könnten Ihr Geld jetzt genauso schnell verlieren, wie Sie es gewinnen. Bei gewissen Spekulationsgeschäften dürften Sie Vorteile erlangen. Sie sollten überlegen, ob sich nicht Ideen und Erfindungen zu Geld machen lassen. Andererseits kann sich das Glücksrad auch nach unten drehen. Sie werden eventuell schlagartige Verluste hinnehmen müssen, bis hin zu wirtschaftlicher Zerrüttung.

Es besteht eine große Abhängigkeit vom Tagesgeschäft. Und Sie spüren, wie sehr Ihr eigenes Wertgefühl davon abhängt, wie die Gesellschaft Sie einschätzt und welchen Nutzen Sie ihr bringen können. Man wird an Ihren Idealismus appellieren.

♅ tr III

Unruhige Denkweisen

Sie dürften jetztplötzlich zu ein paar kleineren Reisen aufbrechen. Nutzen Sie die Vorteile moderner Kommunikationsmittel. Ihr Bekanntenkreis erweitert sich um ein paar interessante Individuen.

Und eine gewisse Sprunghaftigkeit stellt sich ein. Sie sind nervöser als sonst, neigen zu Unfällen und erleben Störungen durch Nachbarn oder Geschwister. Stress im Straßenverkehr tritt auf. Ihr Geist ist sehr wach. Aber es ist unbedingt notwendig, dass Sie ihn in die rechten Bahnen lenken.

♅tr IV

Unruhige Wohnverhältnisse

Es kann jetzt zu einer Reihe von plötzlichen Veränderungen in Ihrem heimischen Milieu kommen, möglicherweise ausgelöst durch Familienmitglieder.

Sie setzen zu Hause technische Neuerungen ein, die Ihr heimisches Milieu verbessern sollten. Die sorgen aber auch für Unruhe. Gemeinsam mit Freunden könnten Sie Grundbesitz erwerben. Sie müssen oder wollen plötzlich umziehen. Zu Hause kommen Sie schlecht zur Ruhe.

♅tr V

Unruhige Kreativität

Sie verfügen über eine vielleicht geniale Schaffenskraft, die man als unkonventionell bezeichnen könnte. Es kann zu überraschenden Liebesabenteuern kommen, bei denen ungewöhnliche sexuelle Neigungen ausgelebt werden.

Manchmal gibt es jetzt Pech beim Seitensprung. Oder man ist einfach zu nervös, um die Liebe von ganzem Herzen genießen zu können. Anpassen will man sich auf keinen Fall. Man will auffallen, immer und überall.

♅ tr VI

Unruhige Arbeitsbedingungen

Es kann schlagartig zur Verbesserung der Lebensverhältnisse kommen. Grund hierfür ist eventuell der Einsatz technischer Neuerungen, oder aber man macht sich selbstständig. Gleichzeitig tritt erhöhter Stress auf.

Nervliche Belastungen führen ggf. zu Berufskrankheiten oder Unfällen am Arbeitsplatz. Plötzliche Auseinandersetzungen mit Kollegen und Angestellten irritieren.

♅ tr VII

Unruhige Begegnungen

Sie haben interessante Kontakte, die über das Gewöhnliche weit hinausgehen. Eventuell experimentieren Sie mit verschiedenen Formen der Partnerschaft. Oder ganz merkwürdige Menschen bringen Ihnen große Sympathie entgegen.

Sie neigen zu Seitensprüngen. Möglicherweise folgt drauf Stress in der Beziehung, eine plötzliche Trennung oder die Scheidung. Blitzartig lösen sich bestehende Verträge auf und neue werden geschlossen.

⛢ tr VIII

Unruhige Nähe

In festgefahrenen Beziehungen kann es schlagartig Veränderungen kommen, entweder zum Besseren oder zum Schlechteren. Das Ganze hat auf jeden Fall den Charakter von Befreiung.

Psychische Spannungen lösen sich. Erfolg haben Sie jetzt bei der Entwicklung neuartiger Systeme, im Ingenieurwesen oder im Computersoftwarebereich.

⛢ tr IX

Unruhige Entdeckungen

Sie sind jetzt bereit, sich auf völlig neue Geisteshaltungen und Philosophien einzulassen. Die intellektuelle Grundeinstellung verändert sich.

Vielleicht treten Sie jetzt eine große Reise an. Dabei wird es zu Überraschungen kommen, eventuell auch zu Unfällen. Ständiges Experimentieren wird bei Ihnen und Ihren Mitmenschen Stress auslösen.

♅tr X

Unruhige Karrierebedingungen

Sie könnten jetzt als Quereinsteiger auf der Karriereleiter nach oben klettern. Neue Chancen ergeben sich durch Veränderungen im Betrieb, möglicherweise durch einen neuen Chef. Ihr Arbeitsplatzprofil und die Anforderungen ändern sich auf jeden Fall.

Wenn Sie zu sehr am Althergebrachten festhalten, werden Sie mitplötzlichen Schwierigkeiten rechnen müssen sowie mit Rückschlägen durch Unzuverlässigkeit anderer.

♅tr XI

Unruhige Gesellschaftsaktivitäten

Sie erleben eine große Unruhe, die Sie aus dem Haus treibt. Dann schließen Sie plötzlich neue Freundschaften und werden in exzentrische Kreise aufgenommen. Es kann dadurch zu bereichernden Begegnungen kommen. Wahrscheinlich sind aber auch unangenehme Veränderungen im sozialen Milieu und Stress mit neuen Bekannten. Sie müssen krasse Gegensätze in Kauf nehmen können, eventuell Untreue und abrupte Trennungen akzeptieren.

♅tr XII

Innere Unruhe

Sie sind innerlich unzufrieden. Ihre Fantasie lässt Sie nicht zur Ruhe kommen. Eine ständige Nervosität erhöht die Unfallgefahr. Wichtig ist, dass Sie sich jetzt mit Alternativen zur bestehenden Lebensform beschäftigen, ferner mit ökologischem, aber vielleicht auch mit esoterischem und grenzwissenschaftlichem Gedankengut.

Lunar-Uranus in den Zeichen

♅tr ♈

Revolutionäre Energie

Mit Uranus im Widderzeichen werden neue Ideen direkt umgesetzt. Die Kraft entfaltet sich blitzartig. Doch noch viel öfter gibt es Phasen, in denen so gut wie nichts geschieht, abgesehen von einer riesengroßen Leere an Energie und Initiative.

Diese mehrere Jahre geltende Tierkreiszeichenposition des Uranus ist von scharfer, latenter Aggression geprägt. Sie bricht jedoch nur dann aus, wenn das Freiheitsbedürfnis lange unterdrückt wurde. Dann entfaltet es sich abrupt und kann zerstörerisch wirken. Generell jedoch steht Uranus im Widder für den Mut zu Innovationen bis hin zur Revolution, und das im Positivsten aller Sinne.

♅ tr ♉

Revolutionäre Eigentumsverhältnisse

Mit Uranus im Stierzeichen hat man neue Ideen zum Erwerb von Besitz und frönt kuriosen Leidenschaften. Generell ist es eine Zeit, in der die materiellen und geistigen Besitzverhältnisse durcheinander gewürfelt werden und große Umwälzungen geschehen.

♅ tr ♊

Revolutionäre Denkweisen

Mit Uranus im Zwillingszeichen bekommt man neue Ideen, wie sich Sprache und Schrift gebrauchen lassen. Auch ist man zu schnellem Handeln fähig. Generell ist es eine Zeit, in der einerseits ein babylonisches Sprachgewirr herrscht, andererseits jedoch die Fähigkeit zu kommunizieren auf ein sehr viel höheres Niveau gebracht wird.

♅ tr ♋

Revolutionäre Familienbande

Mit Uranus im Krebszeichen hat man neue Ideen zu Erziehung und Familie. Man richtet seine Wohnung nach ganz ungewöhnlichen Gesichtspunkten ein. Generell ist es eine Zeit, in der traditionelle Familienstrukturen infrage gestellt werden, besonders die Rolle der Frau.

♅tr ♌

Revolutionäre Unternehmungen

Mit Uranus im Löwezeichen finden sich neue Ideen, wie man sich selbst darstellen kann. Man startet ganz unkonventionelle Unternehmungen. Generell ist es eine Zeit, in der traditionelle Männerrollen infrage gestellt werden und ein idealistischer Ansatz im Vordergrund steht.

♅tr ♍

Revolutionäre Lebensbedingungen

Mit Uranus im Jungfrauzeichen hat man neue Ideen, wie sich der Arbeitsplatz und die tagtäglichen Lebensverhältnisse gestalten lassen. Generell ist es eine Zeit, in der die Rolle des Befehlsempfängers und Dienstboten infrage gestellt wird, damit auch kleine Leute eine Chance haben, sich aus Abhängigkeiten zu lösen.

♅tr ♎

Revolutionäre Vertragsverhandlungen

Mit Uranus im Waagezeichen hat man neue Ideen, wie Partnerschaften gestaltet werden könnten. Generell ist es eine Zeit, in der man ganz neue Bündnisse eingeht und es wagt, geistig aktiver zu werden und sich aus überkommenen Höflichkeitskorsetten zu lösen.

♅tr ♏

Revolutionäre Gedankenspiele

Mit Uranus im Skorpionzeichen hat man neue Ideen zur Durchsetzung bereits festgelegter Ziele und Pläne. Generell ist man bereit, sich gegen überkommene Machtstrukturen aufzulehnen. Auf Druck und Erpressung reagiert man ungewöhnlich. Man traut sich an die Öffentlichkeit und scheut auch nicht vor Skandalen zurück.

♅tr ♐

Revolutionäre Weltanschauungen

Mit Uranus im Schützezeichen hat man neue Ideen für weite Reisen und öffnet sich gegenüber fremdartigen Philosophien. Generell erweitert man in dieser Zeit seinen geistigen Horizont und lässt sich gerne durch fremde Kulturen inspirieren.

♅tr ♑

Revolutionäre Neustrukturierung

Mit Uranus im Steinbockzeichen finden sich in Bezug auf Beruf und Karriere neue Ideen. Generell wird aber die Ausübung von Autorität infrage gestellt. Man möchte sich selbst in der Gesellschaft verwirklichen und ist bereit, zur Verwirklichung eigener Freiheit sehr viel Verantwortung zu übernehmen. Beispielsweise macht man sich beruflich selbstständig oder wagt es, Entscheidungsprozesse von Einzelpersonen auf ein gleichberechtigtes Team zu übertragen.

♅tr ♒

Revolutionäre Sozialexperimente

Mit Uranus im Wassermannzeichen sucht man nach neuen Ideen für das Leben in der Gemeinschaft. Der Erfindergeist treibt Blüten. Generell denkt man in dieser Zeit weniger lokal denn global. Man ist in der Lage, sich über bestehende Grenzen hinwegzusetzen und global zu vernetzen.

♅tr ♓

Revolutionäre Innenwelt

Mit Uranus im Fischezeichen sucht man nach Ideen, wie man sich innerseelisch befreien kann. Generell spürt man sich in dieser Zeit in große kollektive Strömungen eingebunden und gibt in aller Öffentlichkeit sein Innerstes preis.

Aspekte Uranus im Lunar

♅tr ♆tr ⚹△☌

Neue Sichtweisen

Vielerlei Eindrücke müssen verarbeitet werden. Dies gelingt gut, auch wenn es hin und wieder zu Reizüberflutungen kommt. Gegenüber alternativen Denkweisen zeigt man sich sehr aufgeschlossen.

♅tr ♆tr □☍

Verwirrende Sichtweisen

Zu viele Eindrücke wollen verarbeitet werden. Dies gelingt nurunter großen Schwierigkeiten. Es kommt zu Reizüberflutungen. Irritierende Denkansätze stören die Wahrnehmung.

Aspekte Uranus zum Radix

♅tr ♇tr ⚹△☌

Meinungsveränderung

Man erweitert seinen Horizont und ist in der Lage, mit verschiedensten Denkmodellen zu hantieren. Eine Vielfalt an Möglichkeiten erweitert den Aktionsradius.

♅tr ♇tr □☍

Meinungskampf

Man wird zur Erweiterung des geistigen Horizonts gezwungen. Dabei bricht ein Kampf verschiedenster Denkmodelle aus. Die Vielfalt an Möglichkeiten führt zur Zersplitterung der Energie.

♅tr ASC Rad ⚹△☌□☍

Neue Herangehensweisen

Man fühlt sich positiven Veränderungen ausgesetzt und findet Anschluss an interessante soziale Gruppen. Im Partnerschaftsbereich kommt es zu überraschenden Ereignissen und Ergebnissen.

♅tr MC Rad ⚹△☌□☍

Neue Positionen

Man hat Erfolg durch unkonventionellen Gebrauch von Machtpositionen, was sich beispielsweise im Relaunch der Unternehmensführung zeigen kann. Ein Quereinstieg in die Karriereleiter ist denkbar. Technische Neuerungen werden vorteilhaft eingesetzt.

♅tr ☉Rad ⚹△☌

Glückserleben

Das Rebellische in einem erwacht. Ein Befreiungsschlag kann die Folge sein. Zu gewissen Zeiten fliegen einem blitzartig Ideen zu. Dann wieder ist man hypernervös und ungeduldig. Und es kann auch Phasen geben, in denen man sich innerlich vollkommen energielos fühlt. Man wird dazu verleitet, gegen Autoritäten, Chefs und verkrustete Strukturen anzukämpfen. Doch viel wichtiger ist es, dass man seine Einzigartigkeit betont, die Nervosität in den Griff bekommt und selbstständig handelt.

♅tr ☉Rad □☍

Pechmomente

Man fühlt sich genötigt, ständig etwas Neues auszuprobieren, auch wenn das einem momentan überhaupt nicht ins Konzept passt. Allgemein herrscht eine nervöse, stark elektrisierende Atmosphäre. Man neigt zu sprunghaften Alleingängen und macht unter Zeitdruck Fehler.

Es kommt zu Stress, eventuell auch zu Herzrasen und innerer Unruhe. Man fühlt sich überfordert. Wichtig ist es jetzt, sich selbst nicht zu wichtig zu nehmen, und auch mal über sich zu lachen.

♅tr ☽Rad ⚹△☌

Gefühlsveränderung

Man ist jetzt in der Lage, auch über größere Entfernungen hinweg Gefühlsbeziehungen zu pflegen, also per Brief, Telefon oder Internet. Die Alltagsgewohnheiten ändern sich.

Einengende Routine wird abgeschüttelt. Stress empfindet man stimulierend. Man sucht nach Abwechslung und Veränderung. Emotional fühlt man sich in der Welt zu Hause und bewegt sich sehr gerne unter vielen Menschen.

♅tr ☽Rad □☍

Gefühlsumbruch

Man leidet unter permanentem Alltagsstress, was auf den Magen schlagen kann. Die Ernährungsweise ist improvisiert und ungesund. Eine innere Unruhe lässt sich nur schwerlich abstellen. Geborgenheit zu finden ist in dieser Situation nicht leicht. Man muss bereit sein, Vertrautes zu verlassen und sich für viele neue Eindrücke zu öffnen.

♅ tr ☿ Rad ⚹ △ ☌

Gedankenveränderung

Ihnen fließen jetzt ganz erstaunliche Informationen zu. Sie sind geistig ungeheuer wach und können zwischen den unterschiedlichsten Sachlagen geistige Querverbindungen ziehen.

Ihre Reaktionsfähigkeit ist sehr hoch. Eine Fülle neuer Ideen durchströmt Sie. Für die Kommunikation setzen Sie modernste elektronische und sonstige Hilfsmittel ein. Bei alldem besteht die Gefahr der geistigen Überreizung.

♅ tr ☿ Rad □ ☍

Gedankenumbruch

Nervlich könnte diese Zeit sehr belastend für Sie sein. Ihnen gehen viele Ideen durch den Kopf. Doch es fällt sehr schwer, eine klare Linie zu behalten. Das Denken nimmt spekulativen Charakter an. Stottern oder Sprachstörungen sind möglich.

Man sollte sich intellektuell für größere Zusammenhänge öffnen. Und man sollte versuchen, gleichzeitig in anderen Lebensbereichen auf dem Boden zu bleiben, sich also beispielsweise körperlich durch Sport und Fitness zu erden.

♅ tr ♀ Rad ⚹△☌

Liebesveränderung

Möglicherweise erleben Sie ein ziemlich ungewöhnliches Liebesabenteuer. Auf jeden Fall werden Sie auf recht ungewöhnliche Menschen treffen. Gesellschaftliche Schranken werden mühelos überwunden. Und Unterschiede im Alter spielen auch keine Rolle.

Sie sollten jetzt viel unter Menschen gehen. Das bringt Sie in eine beschwingte Stimmung. Sie werden sehr schnell auf wunderbare Menschen treffen.

♅ tr ♀ Rad □☍

Liebesumbruch

Es kann zu Trennungen kommen. Auf jeden Fall dürfen Sie jetzt nicht mit Treue oder allzu großer Zuverlässigkeit in Liebesdingen rechnen. Entweder ist keine Zeit für die Partnerschaft vorhanden oder die Distanz ist zu groß oder aus anderen Gründen wird emotionale Nähe verhindert. Möglicherweise leiden Sie unter zu viel Distanz. Vielleicht sind Sie es aber auch selbst, der eine Beziehung zum Abkühlen bringt, einfach weil kein Interesse mehr vorhanden ist oder Sie sich zu sehr eingeschränkt fühlen.

♅tr ♂Rad ⚹△☌

Blitzeinsatz

Sie möchten jetzt unbedingt mal etwas anderes machen, und das sofort. Einen wachen Kopf haben Sie, viel Mut und Aktionsdrang. Vielleicht reagieren Sie sich beim Sport ab. Ihr Reaktionsvermögen ist hoch. Handlungsbereitschaft besteht auf jeden Fall. Das Überraschungsmoment liegt auf Ihrer Seite. Es ist wie ein Befreiungsschlag.

Überfall

Viel gestaute Energie kann sich jetzt entladen. Möglicherweise waren Sie in den letzten Wochen zu inaktiv und hatten die wirklich notwendigen Veränderungen noch nicht eingeleitet. Das kann sich jetzt rächen. Auf jeden Fall sollten Sie sich vor spontanen Brachialaktionen hüten und Aggressionsausbrüche vermeiden. Gut wäre es, wenn sie sich jetzt sportlich derart abreagieren, dann es nicht zu Unfällen oder Verletzungen kommt. Die Gefahr von totaler Verausgabung besteht durchaus.

Glücksfall

Mit einem Mal bringt man Ihnen sehr viel Vertrauen entgegen, fast ganz blind. Sie können mit unerwarteter Förderung rechnen und mit günstigen Krediten. Jetzt zeigt sich, wie unabhängig Ihr Denken ist und wie leicht es Ihnen fällt, große Entscheidungen rein aus der Intuition zu treffen, ohne an die eigentlich notwendigen Absicherungen zu denken.

Verpuffung

Ihr Optimismus in allen Ehren. Aber damit kommen Sie jetzt nicht wirklich weiter. Sie sind vielleicht ein bisschen zu positiv eingestellt. Kredite könnten platzen, wenn die notwendigen Rückversicherungen nicht getroffen wurden. Bluffen und Blenden gehören zur Tagesordnung. Hüten Sie sich vor einem völligen Verlust an geistigen Werten. Treffen Sie unter Stress nicht die falschen Entscheidungen.

♅tr ♄Rad ⚹△☌

Geschick

Die Entwicklung ist ungewöhnlich, aber gut vorbereitet. Sie verbinden Individualität mit Konvention, Tradition mit Zukunft.

Wenn Sie sich jetzt auf Ihren Fleiß verlassen, können sie ganz neue, einzigartige Projekte in Angriff nehmen. Und Sie nutzen blitzartig Ihre Chancen. Denn es mangelt nicht an für den Erfolg notwendigem Realismus. Es kann zu einem Karrieresprung kommen.

♅tr ♄Rad □☍

Zersplitterung

Sie befinden sich in einer krisenhaften Situation. Plötzlich werden Sie mit Umständen konfrontiert, bei denen lang aufgebaute Sicherungssysteme außer Kraft gesetzt werden. Es wird nicht leicht sein, die notwendigen Entscheidungen zu treffen.

Dazu gehört auch der Verzicht lieb gewonnener Gewohnheiten. Scheinbarunumstößliche Tatsachen werden infrage gestellt. Erhebliche zwischenmenschliche Spannungen sind zu erwarten. Rückständigkeit erweist sich als Fehler. Stress ist unvermeidbar.

♅tr ⚷Rad ⚹△☌

Nothilfe

Sie haben jetzt die Gelegenheit, sich ganz locker mit alten Fehlern zu befassen, mit Mängeln, die Sie früher nicht abstellen konnten und für die Sie kaum eine Lösung sahen. Vermieden wird ein übertriebener Perfektionsanspruch.

Wenn es Ihnen gelingt, eine größere Toleranz an den Tag zu legen, werden Sie die vorhandenen Mängel zwar nicht beseitigen können. Sie lernen aber, sie zu akzeptieren, und das wird Ihnen sehr viel mehr innere Zufriedenheit geben.

♅ tr ⚷ Rad □☍

Notfall

Ganz plötzlich werden Sie mit alten Fehlern konfrontiert. Diese Mängel konnten Sie früher nicht abstellen. Und auch jetzt sehen Sie kaum eine Lösung. Sie haben einen stark übertriebenen Perfektionsanspruch. Wenn es Ihnen gelingt, eine größere Toleranz aufzubringen, werden Sie die vorhandenen Mängel zwar nicht beseitigen, sie aber akzeptieren und ganz allgemein sehr viel glücklicher werden.

♅ tr ☾ Rad ⚹△☌

Umwälzung

Tiefe Leidenschaften und körperlich-erotische Begierden brechen auf. All das liegt normalerweise unter der Oberfläche des zivilisierten Menschen. Es ist die Frage, welchen Stellenwert Sie Ihren Emotionen und Ihrem Körper beimessen.

Sie müssen Ihren Triebkräften immer wieder freien Lauf lassen. Doch wäre es gefährlich, sein ganzes Leben durch Leidenschaft bestimmen zu lassen.

♅ tr ☽ Rad □ ♂

Ausgrenzung

Bedrohliche tiefe Leidenschaften und körperlich-erotische Begierden, die normalerweise unter der Oberfläche des zivilisierten Menschen liegen, brechen auf. Es ist jetzt die Frage, welchen Stellenwert Sie Ihren Emotionen und Ihrem Körper beimessen. Es ist wichtig, dass Sie Ihren Triebkräften immer wieder freien Lauf lassen. Doch wäre es gefährlich, sein ganzes Leben dadurch bestimmen zu lassen.

Befreiung

Dies ist eine langfristige Phase positiver Veränderungen. Sie bekommen Kontakte mit interessanten Gruppen und Einzelpersönlichkeiten und Anschluss an das aktuelle Zeitgeschehen.

Vor allem aber werden Sie sich in Ihrer ganz individuellen Eigenart ungeheuer weiterentwickeln. Sie haben jetzt mehr Mut denn je. Viel Mut ist vorhanden, um sich an intellektuellen und geistigen Aspekten des Lebens auszurichten. Zu Recht vertrauen Sie Ihrer Intuition.

♅tr ♅Rad □♂

Umbrüche

Dies ist eine Phase problematischer Umstellungen. Die jetzt eingeführten Neuerungen könnten möglicherweise zu einer rapiden Verschlechterung der Lage führen und Krisensituationen hervorrufen. Allerdings sind all diese Veränderungen auch notwendig, zumindest wenn man den größeren Zusammenhang betrachtet.

Sie werden im Nachhinein merken, dass Sie von großem Ballast befreit wurden. Vielleicht gehen Sie in gewisser Weise verjüngt aus dieser Situation hervor.

♅tr ♆Rad ⚹△♂

Inspiration

Sie verfügen schon seit geraumer Zeit über eine große Intuition. Auch gelingt es Ihnen gekonnt, Technik und Poesie miteinander zu verbinden. Sie lernen, ganzheitlich vorzugehen und die Dinge in einem größeren Kontext zu sehen.

Sie orientieren sich jenseits des Normalen. Dies ist eine ungeheure Bereicherung für Ihr Gesamtes.

♅tr ♆Rad □♂

Irritation

Es gibt schon seit geraumer Zeit eine große Reizüberflutung, die zur Orientierungslosigkeit führen kann. Sie müssen hin und wieder den Rückzug antreten und sich in der Isolation von störenden Sinneseindrücken befreien.

Auch körperlich kann diese Zeitphase belastend wirken. Fastenkuren oder ganz spezielle Diäten, die zugleich auch entgiftend wirken, sind sehr zu empfehlen.

Protektion

Sie verfügen über einen großen Idealismus und schließen sich jetzt vielleicht sogar einer gemeinnützigen Organisation an. Auf jeden Fall verfügen Sie über sehr viel Planungs- und Organisationstalent.

Der Umgang mit den elektronischen Massenmedien ist in dieser mehrere Monate dauernden Zeitphase von Erfolg gekrönt.

♅tr ♇Rad □♂

Projektion

Es kann in dieser relativ langen Zeitphase zu grundlegenden Änderungen Ihrer Vorstellungswelt kommen. Eventuell stoßen Sie auf Menschen, die ein wenig größenwahnsinnig sind oder unter einem übersteigerten Sendungsbewusstsein leiden.

Ein falsch verstandener Idealismus bringt die Gefahr von geistigen Übergriffen mit sich und kann zu geistigen Machtkämpfen führen.

Neptun

Fantasie

Dieser Planet wurde Mitte des neunzehnten Jahrhunderts entdeckt. Seiner Entdeckung gingen hoch komplizierte mathematische Berechnungen voraus. Benannt wurde er dann nach dem griechischen Gott der Meere und Träume. In der Astrologie steht Neptun für soziales Engagement und Einfühlsamkeit, aber auch für Fantasie und Spiritualität. Mit ihm verbunden ist die Erkenntnis, dass die gesellschaftliche Realität nur eine Illusion ist.

Dahinter verbirgt sich die für uns Menschen unsichtbare Wirklichkeit des Lebens, eine wahre Welt also hinter den sichtbaren Erscheinungen, voller Wirkkräfte, die sich nur erahnen aber nie konkret erfassen lassen. Ein Drittel unseres Lebens verbringen wir im Schlaf. Es ist jener Teil des Lebens, den wir während des Tages meist verdrängen, aus dem wir aber unsere ganze Kraft ziehen. Im Schlaf regenerieren wir. Dann ordnen und sortieren wir die zahllosen Eindrücke und Gedanken des Wachzustandes, integrieren und verarbeiten sie durch die Welt der Bilder. Ohne Schlaf könnten wir nicht leben.

Im Lunar-Horoskop steht Neptun für die traumhaften Aspekte unseres Lebens während des Prognose-Monats. An Neptuns Position lässt sich erkennen, in welchem Maße wir uns in andere Menschen einfühlen können. Mit Neptuns Energie lösen wir Grenzen auf, um zu tieferen Erkenntnissen zu kommen.

Wir nähern uns der Wahrheit des Lebens. Oder wir täuschen uns, weil sich Traum und Realität miteinander vermischen. Neptunische Energie stärkt die unser Leben bereichernde Fantasie, aber auch die uns verwirrende und in falsche Bahnen lenkende Illusion.

Neptun bewegt sich mehr als ein Jahrzehnt durch ein Tierkreiszeichen. Über die Zeichenstellung sind wir stark mit dem Kollektiv verbunden. Individuell aussagekräftiger ist im Lunar-Horoskop die Häuserstellung Neptuns, die jeweils nur für den entsprechenden Monat gilt.

Lunar-Neptun in den Häusern

♆ tr I

Sensitive Durchsetzungskraft

Man ist offen für einfach alles, mit einer quasi gottgegebenen Einstellung. Das Einfühlungsvermögen ist sehr groß. Und man kann sich sensibel durchsetzen. Allerdings idealisiert man auch gerne und pflegt eine gewisse Opferhaltung.

Man muss sich vor Tendenzen zur Ich-Flucht in Acht nehmen. Die Täuschung anderer geht einher mit Selbstbetrug. Lang anhaltende Entschlusslosigkeit kann zu Phlegma führen.

♆tr II

Sensitive Abgrenzung

Man ist offen für ungewöhnlichste Methoden der finanziellen Bereicherung. Förderung durch soziale Institutionen ist möglich. Man ist bereit, sich mit Geldmitteln sozial zu engagieren.

Problematisch wird es jetzt bei undurchschaubaren finanziellen Verhältnissen. Vor trügerischen Geschäftsverbindungen und unseriösen Geschäftspraktiken sei gewarnt.

♆tr III

Sensitive Ausdrucksweise

Man ist offen für alternative Formen der Kommunikation. Die geistige Aktivität wird durch Fantasie stark angeregt. Allerdings kann es zu sprachlichen Verwirrungen kommen, vor allem durch eine unsichere oderunklare Ausdrucksweise. Das geht hin bis zur geistigen Verwirrung. Man nehme sich in Acht vor Betrug durch Nachbarn, Verwandte oder Bekannte im näheren Umfeld.

♆tr IV

Sensitive Gefühlswelt

Man ist offen für die Sorgen und Nöte der engsten Familienmitglieder. Zu Hause herrscht eine einfühlsame Atmosphäre.

Die Sensibilität untereinander ist stark, man ist seelisch beeinflussbar. Es kann jedoch auch zu Unsicherheit im heimischen Bereich kommen, ausgelöst durch unklare Grundbesitzverhältnisse oder seelische Belastungen von Familienmitgliedern.

♆tr V

Sensitive Selbstdarstellung

Man ist offen für das Zelebrieren romantischer Liebe, besonders mit platonischem Einschlag. Mit feinsinniger künstlerischer Betätigung erfährt man hohe Anerkennung. Sanftes und fantasievolles Liebeswerben ist von Erfolg gekrönt.

Allerdings legt man auch eine Scheu an den Tag, wenn es darum geht, sich ungeschminkt zu zeigen. Die Selbstdarstellung ist etwas sehr diffus. Im Liebesleben neigt man zu Illusionen und es kann sein, dass man sexuell betrogen wird oder selbst Seitensprünge wagt.

♆tr VI

Sensitive Dienstleistung

Man ist offen für die Bedürfnisse der Kollegen und Mitarbeiter, arbeitet am liebsten gemeinsam und ohne störende Autoritätsverhältnisse. Die Arbeit wird zum Hobby bzw. man gibt sich seinen Pflichten vollkommen hin, bis zur Selbstaufgabe.

Alternativen Heilmethoden gegenüber zeigt man sich sehr aufgeschlossen. Allerdings kann es auch zu Intrigen am Arbeitsplatz kommen. Und die eigenen Lebensverhältnisse leiden mit der Zeit unter einer gewissen Schlampigkeit.

♆tr VI

Sensitive Verführungskünste

Man ist offen für jegliche Begegnung bis hin zur spirituellen Vereinigung. Besonders der Einstieg in die Künstler- oder Heilerszene lockt. Im Beziehungsbereich geht man höchst sensibel miteinander um. Es kann jedoch auch zu heimlichen Betrügereien unter den Partnern kommen. Der Institution Ehe droht die Auflösung. Gleiches gilt für Verträge und Abmachungen jeglicher Art.

♆tr VIII

Sensitive Bindungskraft

Man ist offen für den anderen, wenn man sich auf ihn erst einmal wirklich eingelassen hat. Dann entsteht eine seelische Nähe ohne Worte. Man begegnet sich sogar im Traum bzw. träumt voneinander.

Man möchte vollständig mit dem Partner verschmelzen und sucht mystische Nähe. Schwierigkeiten könnte es jetzt in Erbschaftsdingen geben, sowie in allen finanziellen Angelegenheiten, die mit gegenseitiger Verpflichtung verbunden sind. Auch dürfte eine schier grenzenlose Suche nach Gemeinsamkeiten zu psychischen Obsessionen und seelischen Krankheiten führen.

Ψtr ⊥X

Sensitiver Zukunftsblick

Man ist offen für Weltanschauungen mystischer und spiritueller Art. Vertrauen baut man über die Empfindungsebene auf, ganz ohne vordergründige Logik. Man sehnt sich nach fernen Ländern, besonders in Übersee, und tritt möglicherweise eine Schiffsreise an.

Allerdings schleicht sich in gewisses Gefühl der Verunsicherung in bestehende Vertrauensverhältnisse ein. Und eine gefährliche Toleranz gegenüber Drogen könnte zu Komplikationen führen.

Ψtr X

Sensitives Karrierestreben

Man ist offen für ungewöhnlichste Methoden, die zu Macht und Ansehen führen. Beruflicher Erfolg lockt bei künstlerischen Aktivitäten, in der Beschäftigung mit Esoterik und Heilkunde. Heimliche Förderer verhelfen zum Aufstieg. Idealismus ist erwünscht und manchmal auch echt. Gefahren drohen durch Betrug in öffentlicher Stellung.

Manche Vergünstigungen werden erschlichen. Man achte auf Intrigen und Verleumdungen, meide unsichere Geschäftspartner.

♆tr XI

Sensitives Gesellschaftsengagement

Man ist weit offen für idealistische und soziale Strömungen der Gesellschaft, bewegt sich gerne in Künstlerkreisen und tritt vielleicht sogar spirituellen Gemeinschaften bei. Das Engagement in Friedensprojekten oder ökologisch orientierten Gruppierungen lockt.

Man hüte sich vor falschen Idealen. Durch die soziale Gruppe wird man stark beeinflussbar. Im Vereinsleben kann es zu Missverständnissen und Intrigen kommen.

♆tr XII

Sensitiver Rückzug

Man ist offen für so gut wie jeden Menschen: Und das wird einem dann hin und wieder wirklich zu viel. Deshalb zieht man sich gerne mal zurück. Ideale in dieser Zeitperiode sind gelebte Nächstenliebe, spirituelle Empfänglichkeit und natürlich Religiosität.

Man hüte sich vor destruktiven Psychokulten und Sekten. Es besteht eine Tendenz zum Leben in Scheinwelten. Auch Drogenmissbrauch ist möglich.

Lunar-Neptun in den Zeichen

♆tr ♈

Kraft ohne Grenzen

Diese Zeichenposition symbolisiert über mehr als ein Jahrzehnt das Bedürfnis, wie aus dem Rausch heraus zu handeln, rein aus dem Impuls heraus. Es treibt einen eine sehr von der Fantasie geleitete Energie. Die Kraftressourcen sind stark, kommen aber nur schwankend zum Ausdruck.

♆tr ♉

Besitz ohne Grenzen

Diese Zeichenposition symbolisiert über mehr als ein Jahrzehnt das Bedürfnis, rauschhaft mit den Ressourcen umzugehen.

Man will rein aus dem Impuls heraus die materielle Welt mit all ihren Schönheiten genießen. Es besteht eine Neigung zur Genusssucht. Das Finanzbudget schwankt erheblich.

♆tr ♊

Kommunikation ohne Grenzen

Diese Zeichenposition symbolisiert über mehr als ein Jahrzehnt das Bedürfnis, sich vollkommen spontan und mithilfe von Bildern und Gefühlen auszudrücken. Die Geisteshaltung ist schwankend.

Man verfügt über eine literarische Fantasie, hat aber Probleme mit exakten Formulierungen.

♆tr ♋

Heimat ohne Grenzen

Diese Zeichenposition symbolisiert über mehr als ein Jahrzehnt den Wunsch, überall auf der Welt seine Heimat finden zu können. Man sucht bei so gut wie allen Menschen Geborgenheit. Und man verfügt zwar über ein reiches Seelenleben, doch die Stimmungslage ist mehr als schwankend.

♆tr ♌

Vergnügen ohne Grenzen

Diese Zeichenposition symbolisiert über mehr als ein Jahrzehnt das Bedürfnis, sich rauschhaft in den Mittelpunkt zu stellen. Rein aus dem Impuls heraus startet man großartige Unternehmungen. Man ist verführbar und begeisterungsfähig, verbunden mit einer gewissen Naivität.

♆tr ♍

Hilfsbereitschaft ohne Grenzen

Diese Zeichenposition symbolisiert über mehr als ein Jahrzehnt das Bedürfnis, zu helfen und zu heilen, einzig aus rein idealistischen und altruistischen Motiven heraus. Man ist etwas chaotisch in der Organisation, verfügt aber über gute heilende Fähigkeiten.

♆tr ♎

Liebesspiel ohne Grenzen

Diese Zeichenposition symbolisiert über mehr als ein Jahrzehnt den Traum nach der perfekten Beziehung. Man idealisiert die Partnerschaft und schaut infolgedessen hin und wieder enttäuscht auf die Realität des alltäglichen Beziehungsclinchs. Schwankend ist man in seinen Liebesneigungen und pflegt einen ganz besonderen Ästhetizismus.

♆tr ♏

Macht ohne Grenzen

Diese Zeichenposition symbolisiert über mehr als ein Jahrzehnt den Wunsch, sich für eine starke Idee aufzuopfern. Die Willenskraft schwankt und ist stark von irrationalen Gefühlen abhängig. Auf Sexualität verzichtet man entweder ganz oder man erlebt sie wie im Rausch.

♆ tr ♐

Fernweh ohne Grenzen

Diese Zeichenposition symbolisiert über mehr als ein Jahrzehnt den Wunsch, Grenzen von Raum und Zeit zu überwinden. Man fühlt sich zu fremden Kulturen und Religionen hingezogen. Das Interesse am Übersinnlichen ist groß. Lehrer werden zu Gurus erklärt und manche Sinnsuche entpuppt sich im Nachhinein als Illusion.

♆ tr ♑

Staaten ohne Grenzen

Diese Zeichenposition symbolisiert über mehr als ein Jahrzehnt das Bedürfnis, ohne politische oder wirtschaftliche Grenzen auszukommen. Man empfindet sich als Weltbürger und lehnt starre Herrschaftsstrukturen ab. Der Realitätssinn ist eher schwankend. Aber man hat auch einen guten Sinn für das Machbare und ist äußerst flexibel.

♆ tr ♒

Gemeinschaft ohne Grenzen

Diese Zeichenposition symbolisiert über mehr als ein Jahrzehnt den Wunsch, sich geistig mit möglichst vielen Menschen zu verbinden bzw. überall auf der Welt mit Gleichgesinnten zusammenzutreffen.

Man handelt sehr intuitiv und hängt ständig neuen Utopien nach. Aber man hat auch einen guten Sinn für soziale Strömungen und schließt sich gerne verschiedensten Gruppen an.

♆tr ♓

Mitgefühl ohne Grenzen

Diese Zeichenposition symbolisiert über mehr als ein Jahrzehnt das Bedürfnis, sich ganz hinzugeben und die Ich-Grenzen aufzulösen. Man schwankt zwischen großer Sensibilität und Rückzug in eremitenhafte Innerlichkeit hin und her. Es besteht die Gefahr, dass man sich diversen Suchtmitteln hingibt.

Aspekte Neptuns im Lunar

♆tr ♇tr ⚹△☌

Machtvolle Freunde und Feinde

In dieser sehr lange dauernden Zeitphase ist man sich oft nicht bewusst, welch großartige Unterstützung man von vielen Seiten erhält, auch und gerade von mächtigen Zeitgenossen, die einen unter die Fittiche nehmen. Dies ist ein sehr weicher, sensibler Planetenaspekt, den Sie jetzt mit vielen Menschen Ihrer Altersgruppe teilen.

♆tr ♇tr □☍

Machtvolle Freunde und Feinde

In dieser lange über die Zeit des Lunars hinaus geltenden Phase ist man sich oft nicht bewusst, in welche harten Machtkämpfe man hineinverwickelt wird. Man sollte sich jetzt immer wieder vor Augen halten, dass niemand eine Insel ist, dass jeder Mensch nur über einen geringen Teil seines Lebens frei entscheiden kann. Das Leben ist stets viel größer und mächtiger.

Aspekte Neptuns zum Radix

♆tr AscRad ⚹△☌

Durchsetzungsschwäche

Man ist äußerst sensibel und kann sich mit ungewöhnlichen Mitteln durchsetzen. Beispielsweise operiert man wie unter einer Tarnkappe, stellt nach außen hin ein vollkommen anderes Bild zur Schau, als es dem eigenen Inneren entspricht. In dieser Zeitphase kann man sich gut auf seinen Instinkt verlassen. Aber es gelingt selten, sich in der direkten Konfrontation durchzusetzen.

♆ tr Asc Rad □♂

Liebessehnsucht

Man sehnt sich jetzt sehr nach dem perfekten Partner und wird sicher auch ein paar ganz interessante, mitunter auch wirklich magische bzw. mystische Begegnungen erleben. Doch man täuscht sich auch in Partnerschaften. Uns so besteht die Gefahr, dass man Opfer der eigenen Wünsche und Projektionen wird.

♆ tr Mc Rad ⚹△♂

Karriereträume

Es fällt jetzt erstaunlich leicht, als Geschäftsmann oder Jobsucher passende Marktlücken und Marktnischen zu finden. Besonders bei Randgruppen der Gesellschaft findet man Zustimmung.

Die Fantasie hilft bei Verwirklichung der Ziele. Aber in puncto Karriere könnte man auch Opfer der eigenen Wunschvorstellungen werden.

♆ tr Mc Rad □♂

Karriereschwächen

Es fällt jetzt nicht leicht, als Geschäftsmann oder Jobsucher Marktlücken und Marktnischen zu finden. Bei Randgruppen der Gesellschaft sollte man es besser nicht versuchen. Die Fantasie kann sich störend auf die Verwirklichung der eigenen Karriereziele auswirken. Leicht wird man Opfer von Intrigen.

♆ tr ☉ Rad ⚹△♂

Traumtänzer

Eine lange Zeit, in der das Materielle eine untergeordnete Rolle spielt. Man lebt in einer Welt der Träume, möchte eben jene im Alltag verwirklicht sehen. Nicht jeder kann ein Popstar werden. Doch zumindest kann man es ja mal probieren.

Sandburgen

Es scheint während der langen Zeit, in der dieser Planetenaspekt vorherrscht, so gut wie unmöglich, etwas von Bestand zu schaffen. Man ist übermäßig von der Fantasie beeinflusst und verliert immer wieder den Kontakt zur Realität.

♆ tr ☽ Rad ⚹△♂

Gefühlsträumerei

Man möchte aus dem Gespür heraus leben. Sanfte Träume und Sehnsüchte versöhnen mit dem Leben. Man erlebt großes Einfühlungsvermögen, Mitleid und Rücksichtnahme, ist höchst fürsorglich.

♆ tr ☽ Rad □☍

Gefühlsverwirrung

Die seelische Abgrenzungsfähigkeit ist kaum noch vorhanden. Umso stärker ist der Wunsch nach Ich-Entgrenzung. Man neigt zu Selbstaufgabe und Hörigkeit. Masochismus, Mimosenhaftigkeit und sonstige Gefühlsverwirrungen können das Leben dieser Tage unterschwellig bestimmen.

♆ tr ☿ Rad ⚹△☌

Fantasievolle Gespräche

Man verfügt jetzt über eine ziemlich poetische Ader. Vielleicht ist man sogar in der Lage, seine Träume aufzuschreiben. Auch das musikalische Talent ist ausgeprägt. Eine gewisse Ahnungsfähigkeit macht es möglich, zwischen den Zeilen zu lesen und das Unausgesprochene zu erahnen.

♆ tr ☿ Rad □☍

Verwirrende Gespräche

Eine gewisse Hypersensibilität kann zu zeitweiliger geistiger Verwirrung führen. Es mangelt an intellektueller Differenzierung. Probleme im Schriftverkehr, bei Gesprächen, in Telefonaten und bei der Buchhaltung sind möglich. Die Technik spielt verrückt.

♆tr ♀Rad ⚹△☌

Romantische Liebe

Man erlebt ungewöhnliche erotische Abenteuer. Auch entwickelt man ein gewisses Talent, wenn es darum geht, heimliche Liebschaften unentdeckt zu lassen. Doch dieser Planetenaspekt kann sich auch in der rein platonischen Liebe verwirklichen. Zudem entwickelt sich jetzt ein umfassendes Verständnis für Malerei und Musik.

♆tr ♀Rad □☍

Irritationen in der Liebe

Es kann zu Intrigen kommen, welche die Harmonie in der Partnerschaft erheblich beeinträchtigen. Auch haben erotische Verstrickungen möglicherweise schwere Folgen. Es mangelt an Abgrenzung. Suchttendenzen und eine gewisse Lasterhaftigkeit könnten sich einschleichen.

♆tr ♂Rad ⚹△☌

Fantasievolles Handeln

Man setzt sich selbstlos für die Interessen anderer ein. Große Energie fließt in soziales Engagement. Die körperliche Leistungskraft wächst in dem Maße, wie man zufrieden und glücklich ist.

♆tr ♂Rad □☍

Chaotisches Handeln

Phlegma und Antriebslosigkeit können sich einschleichen. Eventuell verschwendet man seine Kraft in Drogen. Handlungslähmung wäre die Folge. Andererseits kann eine verminderte Affektkontrolle zu Gewaltausbrüchen führen.

♆tr ♃Rad ⚹△☌

Romantischer Idealismus

Man sieht sich als Weltenbürger, quasi überall und nirgendwo zu Hause. Ein großes Verständnis für Kunst und Kultur entwickelt sich. Und rein intuitiv kann man mit fast jedem ein Vertrauensverhältnis aufbauen.

♆tr ♃Rad □☍

Falscher Idealismus

Zwar hätte man es gerne, dass jeder einem vertraut, doch gibt es wenig gemeinsame Interessen. Oft entsteht nur eine Scheinharmonie, die an Heuchelei grenzt. Missverständnisse sind an der Tagesordnung und folglich Enttäuschungen vorprogrammiert.

♆ tr ♄ Rad ⚹△♂

Sensibler Realismus

Man übt sich in ganz praktischer, tätiger Nächstenliebe. Notfalls verzichtet man freiwillig zugunsten Bedürftiger. Dadurch wirkt man auf viele Menschen glaubwürdig und kann eine ganze Menge erreichen. Auf eine eigenartige Art und Weise übt man Autorität aus.

♆ tr ♄ Rad □♂

Unklare Strukturen

Es kann in dieser Zeit zur schleichenden Auflösung bestehender Verhältnisse führen, bis hin zum Ruin der wirtschaftlichen oder physischen Existenz. Es ist jetzt sehr wichtig, dass man sich ein gesundes Misstrauen zulegt und immer wieder Illusionen aus dem Wege räumt.

♆ tr ⚷ Rad ⚹△♂

Sanfte Heilung

Man kann sich sehr sanft und liebevoll mit den eigenen Schwächen und Mängeln beschäftigen. Heilung entsteht auch dadurch, dass man die eigenen Unzulänglichkeiten akzeptieren lernt. Dadurch kommt es zu innerer Zufriedenheit.

♆tr ⚷Rad □☍

Unklare Verletzungen

Immer wieder versucht man jetzt, auf innere und äußere Verletzungen adäquat zu reagieren. Doch es ist eine Sisyphusarbeit. Alte Wunden wollen sich nicht schließen, neue brechen auf. Eine seelische und körperliche Entgiftungskur wird angeraten.

♆tr ☾Rad ⚹△☌

Gefühlsvielfalt

Es ist jetzt leichter als sonst möglich, einen Zugang zu den starken irrationalen Kräften im eigenen Inneren zu finden. Leidenschaften können konstruktiv ausgelebt werden. Auch negative Gefühle werden zugelassen und schöpferisch verwandelt.

♆tr ☾Rad □☍

Gefühlswirrwarr

Man kann sich in dieser Zeitphase seinen eigenen Trieben und Leidenschaften vollkommen ausgeliefert fühlen. Wichtig ist, dass man nicht jedem Impuls sofort nachgibt und Formen findet, wie Verbitterung und Wut konstruktiv ausgelebt werden können.

♆ tr. ♅ Rad. ⚹△☌

Transzendente Perspektiven

Es ist eine Zeit großer geistiger Inspiration. Man interessiert sich für Denkmethoden und Heilweisen, entdeckt Begabungen im musischen Bereich und in der Kunst.

♆ tr. ♅ Rad. □☍

Reizüberflutung

Dieser Planetenaspekt ist eine permanente Aufforderung zu innerer Klarheit. Nur so können Verwirrungen und Orientierungsschwächen in Grenzen gehalten werden. Es besteht eine Neigung zu Allergien, körperlich und auch im übertragenen Sinne.

♆ tr. ♆ Rad. ⚹△☌

Traumleben

Diese Zeit ist voller Sanftheit und Einfühlungsreichtum. Die Grenzen zwischen Traum und Realität verwischen auf angenehme Art und Weise.

♆tr ♆Rad □♂

Traumleben

Man neigt zur Verwirrung und ist negativ beeinflussbar. Gefahr geht von Drogen aus, die man jetzt unbedingt vermeiden sollte. Auch kann die Fantasie Blüten treiben, bis hin zu Wahnideen. Wichtig ist jetzt, durch Disziplin und Arbeit immer wieder auf die Erde zu kommen.

♆tr ♇Rad ⚹△☌

Auflösungserscheinungen

Es besteht eine angenehme Empfänglichkeit für die Urbilder der Seele, jene Archetypen, die unsere Seele mit dem kollektiven Unterbewusstsein und damit der gesamten Menschheit verbinden.

♆tr ♇Rad □☍

Auflösungserscheinungen

Es besteht eine übergroße, belastende Empfänglichkeit für die Urbilder der Seele, Archetypen genannt, die unsere Seele mit dem kollektiven Unterbewusstsein und damit der gesamten Menschheit verbinden.

Pluto

Regenerieren können

Dieser Himmelskörper ist derart klein, dass ihm die Astronomen vor einiger Zeit den Status als Planet absprachen. Innerhalb der Astrologie behält er jedoch diesen Status. Seine Wirkung ist trotz der Winzigkeit und großen Erdferne im Horoskop gewaltig. Schließlich spielt für die Mächtigkeit eines Gestirnsfaktors nicht nur die Größe eine Rolle, sondern auch seine Kontinuität und Bahnregelmäßigkeit.

Pluto liegt exakt in der vor mehr als zweihundert Jahren errechneten Titius-Bode-Reihe, in die sich fast alle Planeten des Sonnensystems einordnen. Das zeigt sich auch in der Bahnresonanz der Transneptunier. Braucht Uranus circa 80 Jahre für eine Durchwanderung des Tierkreises, so sind es bei Neptun etwa 160 und bei Pluto circa 240. Ebenso wie bei Uranus und Neptun erstrecken sich Plutos Zeiträume für einen Tierkreiszeichenaufenthalt über mehrere Jahre, zwischen ein und zwei Jahrzehnten. Die Häuserposition Plutos im Lunar bildet sich jedoch Monat für Monat neu. Sie ist bei der Lunardeutung von ganz besonderem Interesse.

Pluto symbolisiert astrologisch das Festhalten an geistigen Inhalten und steht zugleich für grundlegende Wandlungen. Das geschieht nicht immer freiwillig und ohne Schmerz. Je stärker wir an lieb gewonnenen Inhalten, Dingen und Menschen festhalten, umso stärker schmerzt ihr Verlust. Nicht zufällig erhielt der Planet seinen Namen vom griechischen Gott der Unterwelt.

Letztendlich jedoch hilft uns Pluto, Ballast abzuwerfen und zu regenerieren. Dadurch werden gewaltige Kräfte frei. Pluto war bei den alten Griechen zugleich Gott des Reichtums und der Fülle. Solche Geschenke erhält man, wenn man Plutos Forderung erfüllt, wirklich loszulassen. Dies ist schwer, weil wir uns psychisch ständig in Projektionen verwickeln. Oft unterscheiden wir nicht zwischen unserem Partner und dem, was wir nur an eigenen Inhalten in ihn hineinprojizieren.

Lunar-Pluto in den Häusern

♇tr ⊥

Machtvoller Auftritt

Sie fixieren sich auf unpersönliche Ideen und sind deshalb besonders belastungsfähig. Alle Energie wird auf ein einziges Ziel gelenkt. Von außen hat man den Eindruck, dass Sie schier übermenschlichen Idealen hinterher eifern. Von innen ergibt sich jedoch eher das Bild eines Überlebenskampfes gegen schier übermächtige Gegner. Dass man durch sein Auftreten diese Feinde überhaupt erst aus der Reserve geholt hat, begreift man meist erst im Nachhinein. Gefährlich wird es, wenn man sich auf Feindbilder fixiert, Teil einer destruktiven Massenbewegung wird oder an sogenannte dämonische Kräfte zu glauben beginnt. Entweder bestimmt Angst das Leben oder man schaut genauer hin.

♇ tr II

Mächtiger Besitz

Sie erlangen finanzielle Vorteile direkt oder indirekt durch die Verwendung der Massenmedien bzw. die Vermarktung von Massenprodukten. Wichtig sind kluge, ausgefeilte Strategien und psychologische Kenntnisse.

Bei ungünstigen Aspekten könnte es sein, dass Sie unter der allgemeinen Wirtschaftslage leiden, Opfer der Verhältnisse werden und in die Zahnräder der Geschichte geraten. Generell sind Sie körperlich und mit ihrem ganzen Besitz in große gesellschaftliche Strömungen eingebunden. Entweder macht Ihnen das Angst, oder Sie binden sich in das größere Ganze ein.

♇ tr III

Machtvolle Kontaktaufnahme

Möglicherweise macht Ihnen die Arbeit in den Massenmedien Spaß. Sie genießen die Intensität und das bewusste Umgehen mit Sprache, Bild und Ton. Alles geschieht wie auf einer großen Bühne. Ganz allgemein beschäftigen Sie sich jetzt mit Kommunikationspsychologie. Sie wissen, dass man daraus Nutzen ziehen kann, beispielsweise indem man sprachlich oder schriftlich Druck ausübt.

Problematisch wird es, wenn Manipulation destruktiv wirkt, wenn geistige Macht missbraucht wird. Entweder schnürt nun Angst Ihre Kehle zu oder sie sprechen aus, was wirklich Sache ist.

♇ tr IV

Mächtige Gefühle

Man spürt jetzt die Macht der Familie, des Clans und der Herkunft. Großen Einfluss könnte man durch Grundbesitz erlagen oder die Teilhabe an Immobilienfonds, auch unter treuhänderischer Verwaltung. Ererbter Besitz spielt eine Rolle.

Allerdings leidet man auch unter dem Druck der gesellschaftlichen Verhältnisse. Und das könnte sich auf die Wohn- und Familienverhältnisse negativ auswirken. Entweder bestimmt nun Angst das häusliche Leben oder man schaut es sich genauer an.

♇ tr V

Machtvolle Präsentation

Sie können jetzt erfolgreich Druck ausüben und verfügen über eine große kreative und vielleicht sogar sexuelle Potenz. Mit Reichtum wollen Sie Macht ausüben, verführen und erobern. Sie erleben bei Ihren Mitmenschen eventuell eine gewisse Lust am Quälen und der Gewaltausübung.

Auch Sie selber könnten solche Gefühle bei sich erleben. Zwang wird auf Dauer negativ auf denjenigen zurückwirken, der sie ausübt. Entweder übt man jetzt selbst Macht aus oder man lässt sich von seinen Ängsten bestimmen.

♇ tr VI

Machtvoller Arbeitseinsatz

Sie könnten jetzt gewaltige Leistungsressourcen am Arbeitsplatz freisetzen. Mit Massenartikeln stellt sich geschäftlicher Erfolg ein. Im Bereich der Heilkunst ist eine gewisse Magie förderlich. Sie arbeiten unter großen Druck, werden eventuell ausgebeutet bzw. beuten sich selber aus.

Es besteht ein gewisser innerer Druck, sich den Forderungen der Umwelt anzupassen. Entweder macht einem das Angst, oder man verändert die Verhältnisse.

♇ tr VII

Mächtige Umwerbung

Sie reiben sich an einem machtvollen Partner, nehmen Kontakt mit großen wirtschaftlichen oder politischen Organisationen auf. Eventuell treten Sie in den Medien auf. Vertragsverhandlungen werden überwiegend von psychologischen Momenten bestimmt.

Man sollte sich hüten, Zwangsverhältnisse einzugehen oder sich fremden Vorstellungen zu unterwerfen. Generell intensiviert sich der Kontakt mit anderen Menschen. Entweder hat man Angst vor ihnen oder man schaut sie genauer an.

♇tr VIII

Mächtiges Wissen

Sie spüren den Einfluss psychischer Macht und geheimen Wissens. Am liebsten würden Sie ein System vernetzten Denkens entwerfen. Sie befürchten oder wünschen, in den Sog der Massenmedien zu geraten und Opfer von Fremdbestimmung zu werden.

Sie gehen jetzt sehr nahe an andere Menschen heran, spüren sich in sie ein bzw. nehmen sie in sich auf. Es ist ein gegenseitiges Durchdringen von großer Leidenschaft. Opfer- und Täterrollen wechseln. Entweder haben Sie davor Angst oder Sie schauen Sie Ihr Gegenüber genauer an.

♇tr IX

Mächtiger Glauben

Sie werden sich reicher fühlen. Vielleicht führt das dazu, dass sich auch in der Realität ein wenig mehr Reichtum einstellt. Sie könnten gewaltige Kräfte anzapfen. Durch okkulte Praktiken haben Sie Erfolg, wenn das geheime Wissen richtig angewendet wird.

Passen Sie auf, dass Sie nicht in destruktive Massenbewegungen hineingeraten. Es besteht eine gefährliche Toleranz gegenüber Tabubereichen. Sie könnten sich fanatisieren lassen. Entweder glauben Sie nun an die Angst oder Sie schauen sich die sogenannten Dämonen genauer an.

♇tr X

Machtvolle Position

Sie könnten jetzt in eine bedeutende gesellschaftliche Stellung erlangen, die allerdings mit einem gewissen Pferdefuß verbunden ist. Wenn Sie diesen Schatten akzeptieren können bzw. wollen, werden Sie erfolgreich sein. Eine psychologisch geschickte Geschäftstaktik ist auf jeden Fall wichtig.

Durch unterlassene Reorganisation könnten allerdings massive berufliche Probleme auftreten. Auch werden Sie von höherer Gewalt beeinflusst. Entweder haben Sie nun Angst oder Sie schauen sich Ihre berufliche Situation genauer an.

♇tr XI

Mächtige Massenbewegung

Unter vielen Menschen fühlen Sie sich jetzt ausgesprochen geborgen. Es kann auch sein, dass Sie selbst einen großen Einfluss auf Gruppen ausüben. Vielleicht spielen Sie sogar den revolutionären Guru. Aberunter dem Druck der Gruppe bzw. Ihre eigenen Ideale leiden Sie auch. Verbauen Sie sich Ihre Zukunft nicht.

Ob Sie Anhänger einer Massenideologie werden wollen, bleibt Ihnen überlassen. Die Masse Mensch kann Ihnen entweder Angst machen oder Sie schauen sich dieses Phänomen genauer an.

♇tr ♓ 12

Machtvolle Suggestion

Sie spüren die geheime Kraft der Massensuggestion. Tiefe psychologische Kenntnisse sind vonnöten, um dieses Phänomen wirklich zu verstehen. Möglicherweise fühlen Sie sich psychisch vollkommen ausgeliefert. Möchten Sie wirklich Opferunter Opfern werden, mit dem Massenelend in Berührung kommen? Entweder haben Sie jetzt Angst vor der Angst oder Sie schauen genauer in sich selbst hinein.

Lunar-Pluto in den Zeichen

♇tr ♈

Umwandlung der Energie

Dies ist eine Dekade an Jahren, in denen Machtkämpfe zur Tagesordnung gehören. Es geht in erster Linie um Ich-Durchsetzung. Die Massen wollen begeistert werden. Nur dann stellt sich Erfolg ein. Große Umwälzungen sind möglich.

♇ tr ♉

Umwandlung der Werte

Dies ist eine Dekade an Jahren, in denen sich Macht durch Besitz verkörpert. Der Begriff Plutokratie steht für die Ausübung von Herrschaft durch Geld, sehr viel Geld. Extreme Gewinne und Verluste sind möglich. Und es geht um Verfügungsgewalt über Ressourcen wie Bodenschätze, Trinkwasser und Öl.

♇ tr ♊

Umwandlung der Kommunikationskanäle

Dies ist eine Dekade an Jahren, in denen Macht durch Wort und Schrift ausgeübt wird, vor allem durch den Zugang zu Wissen. Geschwister und Nachbarn spielen dabei eine große Rolle.

♇ tr ♋

Umwandlung der Heimat

Dies ist eine Dekade an Jahren, in denen Machtkämpfe im Elternhaus, in der Region oder innerhalb einer bestimmten ethnischen Gruppe ausgefochten werden.

♇ tr ♌

Umwandlung der Schöpferkraft

Dies ist eine Dekade an Jahren, in denen Macht durch die Kraft der Persönlichkeit und durch egozentrische Persönlichkeiten ausgeübt wird.

♇ tr ♍

Umwandlung der Produktion

Dies ist eine Dekade an Jahren, in denen Machtkämpfe am Arbeitsplatz eine große Rolle spielen. Sachkompetenz und der Grad an Bildung spielen eine große Rolle.

♇ tr ♎

Umwandlung der Beziehung

Dies ist eine Dekade an Jahren, in denen Machtkämpfe in der Partnerschaft eine große Rolle spielen. Und man ist bereit, sich rigiden Schönheitsidealen zu unterwerfen.

♇ tr ♏

Umwandlung durch Regeneration

Dies ist eine Dekade an Jahren, in denen Macht per se eine große Rolle spielt. Man zeigt eine gewisse Todesverachtung, wenn es darum geht, die eigenen Ideen an den Mann zu bringen. Tiefe Veränderungen sind möglich. Oft führen sie dazu, dass man sich vollkommen verändert. Man kann viel verlieren, aber auch zurückkehren zu eigenen Quellen und neue Kraft gewinnen.

Umwandlung der Weltanschauungen

Dies ist eine Dekade an Jahren, in denen Macht durch Religion und Weltanschauung eine große Rolle spielt. Bildung wird sehr wichtig, denn Wissen ist Macht. Unwissen führt zur Ohnmacht.

♇ tr ♑

Umwandlung der Verantwortung

Eine Dekade, in denen Autorität eine große Rolle spielt. Einerseits verstärkt sich das Bedürfnis, zu herrschen und Autorität auszuüben. Anderseits bzw. gleichzeitig spielt die Mutterbindung und die Prägung durch das Elternhaus eine große Rolle. Und es geht auch darum, wer bei begrenzten Ressourcen die Verfügungsgewalt erhält. Die Fähigkeit, freiwillig zu verzichten, ist ein Weg heraus aus diesem Dilemma.

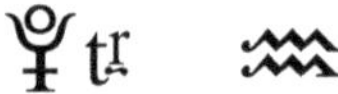

Umwandlung der Ideale

Dies ist eine Dekade an Jahren, in denen die Macht von Gruppen eine große Rolle spielt. Starker Idealismus kann förderlich sein. Doch auch extreme Gefühlskälte ist für manche ein Weg zum Erfolg.

♇ tr ♓

Umwandlung des Unterbewusstseins

Dies ist eine Dekade an Jahren, in denen Macht vor allem auf geheime und subtile Weise ausgeübt wird, beispielsweise durch Manipulation des kollektiven Unterbewusstseins.

Aspekte Plutos zum Radix

♇ tr Asc Rad ⚹△♂

Psychologischer Auftritt

Man muss sich in dieser Zeit verstärkt durchsetzen: Psychologische Kenntnisse setzt man direkt in der Partnerschaft ein.

♇ tr Asc Rad □☍

Psychologische Begegnung

Man ist nun gezwungen, stärker eine eigene Meinung zu entwickeln und zu vertreten. Von falschen Fixierungen sollte man jedoch loslassen.

♇ tr Mc Rad ⚹△♂

Psychologische Karriere

In Beruf und Privatleben werden psychologische Kenntnisse klug eingesetzt. Man weiß, was man will.

♇tr McRad □♂

Psychologische Familienstruktur

Die eigene Meinung ist im Beruf und im Privatleben mehr denn je gefragt. Allerdings geht es gleichermaßen um die Fähigkeit, seine Anschauungen grundlegend zu wandeln.

♇tr ☉Rad ⚹△♂

Mut zur Wahrhaftigkeit

Gefühl und Wille passen gut zusammen. Es fällt jetzt leicht, eine Ausgeglichenheit in Ehe und Partnerschaft zu erreichen.

Zwang zur Wahrhaftigkeit

Gefühl und Wille passen kaum zusammen und es fällt schwer, eine Ausgeglichenheit in Ehe und Partnerschaft zu erreichen.

♇ tr ☽ Rad ⚹△☌

Druck der Gefühle

Man beschäftigt sich jetzt sehr viel stärker mit seinen Emotionen. Und daraus gewinnt man viel Kraft.

♇ tr ☽ Rad □☍

Gefühle unter Druck

Zu viele Emotionen. Das kostet zu viel Kraft.

♇ tr ☿ Rad ⚹△☌

Worte beeindrucken

Man kann nun seine eigene Meinung in Wort und Schrift vehement vertreten. Damit lässt sich positiv Macht und Einfluss ausüben.

♇tr ☿Rad □♂

Kampf der Worte

Man muss in dieser Zeit von fixen Ideen loslassen können. Zugleich ist es aber auch wichtig, eine neue geistige Orientierung aufzubauen.

Liebesmacht

Gerade in Partnerschaften kann man nun sehr psychologisch vorgehen. Und im finanziellen Bereich lassen sich besser denn je eigene Interessen durchsetzen.

Liebesleid

Tabuthemen in der Partnerschaft sollten jetzt angesprochen und bewältigt werden. Finanziell ist ein neues Konzept nötig.

♇tr ♂Rad ⚹△☌

Gewaltiger Druck

Mitpsychologischem Geschick wird man sich besonders gut durchsetzen können. Auch körperlich ist viel Kraft vorhanden.

Druck durch Gewalt

Gut wäre, wenn sich ein gesundes Ventil für alle bislang unterdrückten Aggressionen finden ließe. Man muss für seine Wut Verantwortung übernehmen.

♇tr ♃Rad ⚹△☌

Kraft durch den Glauben

Man verfügt über ein großes Organisationstalent und kann mit gewaltigen Ressourcen umgehen. Eventuell verwaltet man fremde Gelder oder profitiert von Erbschaften. Es spielt eine große Rolle, woran man glaubt.

♇tr ♃Rad □☍

Fixierung auf den Glauben

Es ist jetzt ganz schwierig, dass man echtes Vertrauen zu seinen Mitmenschen aufbaut. Das Leben muss sinnvoller gestaltet werden.

Kraft der Verantwortung

Es lässt sich durch psychologisches Geschick und mit guter Planung vieles erreichen, beruflich und privat.

♇tr ♄Rad □☍

Zwang zur Verantwortung

Nun sollte man zu grundsätzlichen Umgestaltungen bereit sein und auch bereit sein, bestehende Pläne umzuschmeißen.

♇tr ⚷Rad ⚹△♂

Ende der Schmerzen

Man ist jetzt sehr auf die eigenen Mängel und Macken konzentriert. Dies kann belastend sein, doch man ist auch in der Lage, mit der eigenen Unzulänglichkeit sehr viel besser umzugehen.

Ende mit Schmerzen

Man fühlt sich jetzt durch die eigenen Mängel und Macken blockiert. Das kann belastend sein, doch man ist auch in der Lage, mit der eigenen Unzulänglichkeit sehr viel besser umzugehen.

Wettlauf der Leidenschaften

Man fühlt sich jetzt stärker denn je Leidenschaften und tiefsten Begierden ausgesetzt. Es ist wichtig, dass man sich nicht vollkommen von ihnen bestimmen lässt, der innersten Natur aber eine Möglichkeit gibt, sich in der Außenwelt schöpferisch zu artikulieren.

♇tr ☾Rad □♂

Konfrontation der Leidenschaften

Man kann jetzt leicht Opfer der eignen Leidenschaften und Begierden werden. Man darf sich nicht vollkommen von ihnen bestimmen lassen, muss der innersten Natur aber eine Möglichkeit geben, sich schöpferisch zu artikulieren.

♇tr ♅Rad ⚹△♂

Kraft der Freiheit

Mitpsychologischem Geschick gelingt es jetzt, andere Menschen von den eigenen Ideen zu begeistern, sie zu überzeugen und auf ein Ideal einzuschwören.

Zwang zur Freiheit

Mit Zwang ist es nun bestimmt nicht möglich, die Mitmenschen für die eigenen Ideen wirklich zu begeistern. Man darf nicht missionieren.

♇ tr ♆ Rad ⚹△♂

Kraftvolle Rücksichtnahme

Es ist jetzt möglich, dass man sich bewusster darüber wird, wem man Hilfestellung geben sollte und gegenüber welchen Menschen man auf Distanz gehen muss.

Ende der Rücksichtnahme

Man ist jetzt ganz besonders sensibel und muss sehr aufpassen, dass man in seinem Wunsch, zu helfen, nicht übermäßig ausgenutzt wird.

Geburt und Tod

Es fällt jetzt sehr viel leichter, strategisch geschickt vorzugehen und sich auf das zu konzentrieren, was im Leben wirklich wichtig ist.

♇ tr ♇ Rad □ ♂

Geburt oder Tod

Es fällt nun ziemlich schwer, die richtigen Veränderungen einzuleiten. Doch genau dieser Forderung des Lebens muss man sich jetzt stellen.

Anhang

Nachwort

Das Lunar ist ein Prognoseinstrument, welches Monat für Monat neu eingesetzt werden kann. Natürlich ist es weder mit dieser astrologischen Voraussagetechnik noch mit irgendeiner anderen möglich, die Zukunft exakt vorherzubestimmen.

So sehr wir Menschen uns auch eingebunden fühlen in äußere Zwänge, so unendlich sind wir jedoch auch frei, jeweils das Beste aus einer Situation zu machen, die Initiative zu ergreifen und aus scheinbar ausweglosesten Situationen noch das Beste herauszuholen.

»Der Weise regiert die Sterne« heißt es seit uralten Zeiten in der Kunst der Horoskopie. Diese Texte sind als Anregung zu verstehen, genauer auf die Qualität der Zeit zu schauen, um so ein Gespür für den rechten Moment zu erlangen.

⊗

Bislang erschienen

Melanchthons Astrologie – Der Weg der Sternenwissenschaft zur Zeit von Humanismus und Reformation. Katalog zur gleichnamigen Ausstellung im Reformationsgeschichtlichen Museum Lutherhalle Wittenberg. Drei Kastanien, Wittenberg 1997, ISBN 3-9804492-8-9, Neuauflage ArsAstrologica, Görlitz 2021, ISBN 978-9403622217

Astrologie der Reformationszeit. Faust, Luther, Melanchthon und die Sternendeuterei. Zerling, Berlin 1998, ISBN 3-88468-069-2, Neuauflage ArsAstrologica, Görlitz 2021, ISBN 978-9403622200

AstroEuros - eine gänzlich unwahre Geschichte. Spielfilm 90 min. Making-of 60 min. deutsch/englisch/polnisch. ArsAstrologica, Görlitz 2007, AN 0700621849186

Astronomia Teutsch – Himmels Lauff, Wirkung und natürliche Influenz. Mittelalter-Astrologie in moderner Transkription. ArsAstrologica, Görlitz 2021, ISBN 978-9403623627, E-Book ISBN 978-9403623894

Berufshoroskop - Jobchancen und astrologische Prognose. ArsAstrologica, Görlitz 2021, ISBN 978-9403623764

Lunarhoroskop - Die Geburt des Mondes. ArsAstrologica, Görlitz 2021, ISBN 978-9403623757

Flirthoroskop - Sterne in flüchtiger Begegnung. ArsAstrologica, Görlitz 2021, ISBN 978-9403623726

Astrologie-Kompendium für schnelle Horoskopdeutung. ArsAstrologica, Görlitz 2021, ISBN 978-9403623733, E-Book ISBN 978-9403623900

In Vorbereitung

Der Astrologe - ein gänzlich unwahre Geschichte
Thriller, ca. 500 Seiten. Erscheint im Sommer 2021 als Hardcover, Paperback, eBook und Hörbuch, auch in Englisch und Polnisch.

Als Software

Zahlreiche Deutungstexte von JGH Hoppmann und Portierungen namhafte astrologischer Autoren wie Alexander von Pronay, Akron C.F. Frey und Dr. Baldur Ebertin wurden u.a. für die Softwareplattformen PCA Argus von Electric Ephemeris, Hermes, Sunlight Through Windows, Galiastro und AstroGlobe erstellt. Weiteres siehe Autorenwebsite.

ArsAstrologica.com

Inhaltsverzeichnis

Dieses Buch wurde in Übereinstimmung mit den GPSR-Richtlinien der EU zur Sicherheit von Produkten erstellt.

Die Verordnung über die allgemeine Produktsicherheit ist der aktualisierte Rahmen der Europäischen Union, um sicherzustellen, dass alle Verbraucherprodukte, einschließlich Bücher, für Verbraucher sicher sind.

Dieses Buch wurde von Libri Plureos GmbH gedruckt. Der Drucker hat Sicherheitszertifikate für die verwendeten Materialien wie Tinte, Papier und Kleber ausgestellt.

Die Produktkennung ist: 9789403623757

Der Autor ist für den Inhalt des Buches verantwortlich und hat das Buch von Bookmundo produzieren lassen.

Sollten Sie Fragen zur Sicherheit des Produkts haben, kontaktieren Sie uns bitte.

Bookmundo
Delftsestraat 33
3013AE Rotterdam
Die Niederlande
info@bookmundo.com